国家高端智库

中国宏观经济研究院 · 国家发展和改革委员会综合运输研究所 | 研究成果

交通基础设施
高质量发展战略与政策研究

向爱兵 著

RESEARCH ON HIGH-QUALITY DEVELOPMENT
STRATEGIES AND POLICIES
FOR TRANSPORTATION INFRASTRUCTURE

人民交通出版社
北 京

内 容 提 要

交通基础设施是国民经济发展的基础和命脉,推动交通基础设施高质量发展关系到经济社会高质量发展和中国式现代化的实现。本书以习近平新时代中国特色社会主义思想为指导,深入剖析了交通基础设施高质量发展的时代内涵、主要特征和内在逻辑,研究提出了推动我国交通基础设施高质量发展的使命目标、基本原则、战略路径和主要策略,系统梳理了推动交通基础设施高质量发展的技术政策、产业政策、区域政策、开放政策、治理政策等,以期为国家制定有关政策和地方实践提供参考。

图书在版编目(CIP)数据

交通基础设施高质量发展战略与政策研究/向爱兵著.—北京:人民交通出版社股份有限公司,2023.10

ISBN 978-7-114-19081-0

Ⅰ.①交… Ⅱ.①向… Ⅲ.①交通运输建设—基础设施建设—研究—中国 Ⅳ.①F512.3

中国国家版本馆CIP数据核字(2023)第205573号

Jiaotong Jichu Sheshi Gaozhiliang Fazhan Zhanlüe yu Zhengce Yanjiu

书　　名:交通基础设施高质量发展战略与政策研究
著 作 者:向爱兵
责任编辑:司昌静
责任校对:孙国靖　宋佳时
责任印制:刘高彤
出版发行:人民交通出版社
地　　址:(100011)北京市朝阳区安定门外外馆斜街3号
网　　址:http://www.ccpcl.com.cn
销售电话:(010)59757973
总 经 销:人民交通出版社发行部
经　　销:各地新华书店
印　　刷:北京印匠彩色印刷有限公司
开　　本:710×1000　1/16
印　　张:16.25
字　　数:236千
版　　次:2023年10月　第1版
印　　次:2023年10月　第1次印刷
书　　号:ISBN 978-7-114-19081-0
定　　价:80.00元

—前　言—

高质量发展是全面建设社会主义现代化国家的首要任务，实现高质量发展是中国式现代化的本质要求之一。进入新发展阶段，我国经济已转向高质量发展轨道。经济社会发展必须以推动高质量发展为主题。推动高质量发展，是遵循经济发展规律、保持经济持续健康发展的必然要求，是适应我国社会主要矛盾变化、解决发展不平衡不充分问题的必然要求，是有效防范化解各种重大风险挑战、以中国式现代化全面推进中华民族伟大复兴的必然要求。

交通基础设施是国民经济发展的基础和命脉。推动交通基础设施高质量发展，是经济社会高质量发展的内在要求，关系到中国式现代化的实现。本书跳出交通看交通，遵循经济与交通深层次内在逻辑，围绕"支撑现代化经济体系建设需要交通基础设施高质量发展"命题进行深入研究。研究认为，交通基础设施高质量发展是社会生产力和各种现代交通方式均发展到一定水平的必然要求，是交通基础设施伴随新一轮科技产业革命和经济社会转型发展加速迭代演进的必然趋势，是新时代经济社会高质量发展的应有之义。从供需两侧和投入产出过程看，交通基础设施高质量发展是人们对高品质交通运输需求的目标体现，是交通基础设施供给侧不断深化结构性改革的过程，是以高效率、高效益的生产方式为交通运输生产活动提供高品质供给的发展，在产品、产业、系统、体系和宏观、中观、微观维度上展现出良好的适配性。交通基础设施高质量发展是螺旋式上升和波浪式前进的演化过程，其发展轨迹遵循历史演化过程中与科学技术进步、经济社会发展已然形成的互动规律。

推动交通基础设施高质量发展，应以为中国人民谋幸福、为中华民族谋复兴为逻辑起点，坚持中国共产党的统一领导和正确指引，坚持马克思主义世界观方法论，尊重以供需均衡原理为核心的经济规律，走崭新的可持续发展之路。推动交通基础设施高质量发展，应立足新发展阶段，完整、准确、全面贯彻新发展理念，把支撑构建新发展格局作为战略基点，以深化供给侧结构性改革主线，以整体优化、协同融合为导向，以系统性提质增效为根本要求，解决好时代机遇与风险挑战、建设规模与发展节奏等重大问题，处理好存量盘活与增量创新、交通布局与产城融合、设施建设与环境约束、新基建加快建设与老基建持续发力等重大关系，着力优化交通基础设施布局、结构和功能，强化系统集成和融合发展，推进交通基础设施网络化、精细化、人本化、绿色化、智慧化发展，全面提升交通基础设施的系统效率、整体效益和质量水平，为现代化经济体系建设提供优质设施支撑和创造良好运输服务创新载体。

本书以习近平新时代中国特色社会主义思想为指导，深入剖析了交通基础设施高质量发展的时代内涵、主要特征和内在逻辑，研究提出了推动我国交通基础设施高质量发展的使命目标、基本原则、战略路径和主要策略，系统梳理了推动交通基础设施高质量发展的技术政策、产业政策、区域政策、开放政策、治理政策等，以期为国家制定有关政策和地方实践提供参考。本书包括九章三十七节，内容框架沿循“为什么——是什么（怎么看）——怎么办（怎么干）”的叙事逻辑展开。第一章为导论，重点论述推动交通基础设施高质量发展的必然性和迫切性；第二章至第三章为理论认识，深入剖析交通基础设施高质量发展的内涵特征、内在逻辑等基本性理论问题；第四章为实践认识，在客观认识我国交通基础设施发展现状水平、存在问题和准确把握新发展阶段面临新机遇、新挑战的基础上，研究提出推动我国交通基础设施高质量发展的战略思路、应对策略等；第五章至第九章为行动指南，主要结合中央和地方政策实践，重点研究梳理推动交通基础设施高质量发展的政策导向。

本书撰写充分借鉴吸收了国家发展和改革委员会综合运输研究所科研项目交通基础设施高质量发展战略研究、经济社会高质量发展下交通运输变革研究、“十四五”时期交通基础设施优化创新发展思路和重点任务研究等研究成果，感谢汪鸣、吴文化、王东明、李连成、罗仁坚、肖昭升等专家学者对本研究给予的专业性指导，感谢课题组成员苏斌、樊桦、程世东、樊一江、陈晓博、张广厚、丁金学、蒋中铭、王淑伟、刘昭然、李名良、马艺菲、马德隆、唐幸、李卫波、赵欣苗等同人的大力支持。研究过程中借鉴了同业观点及国内外相关资料，在此一并向相关作者表示感谢！

由于研究水平所限，书中可能存在不少疏漏和不足之处，一些观点尚不成熟，希望各界同人不吝批评指正！

向爱兵

2023 年 8 月 10 日

目　录

第四章　59

交通基础设施高质量发展的总体战略

第五章　101

技术政策——培育交通基础设施高质量发展新动能

第六章　135

产业政策——创新交通基础设施高质量发展新模式

第一章

导　论

内容摘要

交通基础设施是中国式现代化建设的先行领域,推进中国式现代化要求交通基础设施领域实现高质量发展。从世界范围看,交通基础设施发展遵循科技变革和经济社会转型一般规律。当前全球交通基础设施发展正处于代际更迭的新阶段,推动实现高质量发展已成为当前和未来世界各国交通基础设施发展的共同趋势。一方面,我国已经站在由“交通大国”迈向“交通强国”的新起点上,具备了由量的积累转向质的提升的物质基础,同时也存在一些与高质量发展要求不符的矛盾和问题;另一方面,新时代新征程赋予了交通运输新的战略定位、时代内涵和历史使命,经济高质量发展、区域协调发展、城乡融合共享、科技创新发展、生态绿色发展等要求加快推动交通基础设施高质量发展,使交通成为中国式现代化的开路先锋。

交通基础设施高质量发展战略与政策研究

RESEARCH ON HIGH-QUALITY DEVELOPMENT
STRATEGIES AND POLICIES
FOR TRANSPORTATION INFRASTRUCTURE

第一节

实现高质量发展是中国式现代化的本质要求之一

习近平总书记在党的二十大报告中指出,“从现在起,中国共产党的中心任务就是团结带领全国各族人民全面建成社会主义现代化强国、实现第二个百年奋斗目标,以中国式现代化全面推进中华民族伟大复兴”[1]。中国式现代化是中国共产党领导的社会主义现代化,是人口规模巨大的现代化,是全体人民共同富裕的现代化,是物质文明和精神文明相协调的现代化,是人与自然和谐共生的现代化,是走和平发展道路的现代化。中国式现代化的本质要求是,坚持中国共产党领导,坚持中国特色社会主义,实现高质量发展,发展全过程人民民主,丰富人民精神世界,实现全体人民共同富裕,促进人与自然和谐共生,推动构建人类命运共同体,创造人类文明新形态。

从逻辑关联看,高质量发展与推进中国式现代化的内在逻辑具有一致性。习近平总书记强调,“没有高质量发展,就谈不上社会主义现代化”①。高质量发展本质上是体现新发展理念的发展。中国式现代化具有人口规模巨大、全体人民共同富裕、物质文明和精神文明相协调、人与自然和谐共生、走和平发展道路五方面中国特色,与创新、协调、绿色、开放、共享的新发展理念在内涵上相互贯通,在逻辑上一脉相承[2]。同时,高质量发展体现了我国现代化建设的指导原则,是对推进中国式现代化的动力、方式、路径的注解。

从地位作用看,高质量发展为推进中国式现代化提供更为坚实的物质基础。习近平总书记在党的二十大报告中强调,“高质量发展是全面建设社会主义现代化国家的首要任务。发展是党执政兴国的第一要务。没有坚实的物质技术基础,就不可能全面建成社会主义现代化强国”。从已实现现代化

① 2023年3月5日,习近平总书记在参加十四届全国人大一次会议江苏代表团审议时的讲话。

的国家看，一个共同和显著的特征就是生产力发展水平比较高，经济比较发达、科技比较先进、物质比较充裕。可以说，现代化的重要基础是经济现代化，重点是解放和发展社会生产力、促进和实现人的全面发展，这也是中国式现代化的应有之义[2]。高质量发展对推进中国式现代化具有全局性、战略性地位和作用。

从问题导向看，高质量发展是适应新时代我国社会主要矛盾变化的必然要求，中国式现代化在破解社会主要矛盾中推进。一方面，新时代我国社会主要矛盾已经转化为人民日益增长的美好生活需要和不平衡不充分的发展之间的矛盾，发展中的矛盾和问题集中体现在发展质量上，实现高质量发展成为化解主要矛盾的关键棋手；另一方面，世界现代化在社会主要矛盾转换中演进，推进中国式现代化需要以破解社会主要矛盾为重要前提[3]。当前，我国仍处于社会主义初级阶段，只有坚持走高质量发展之路，才能破解新发展阶段面临的各种困难和问题，才能转换破解社会主要矛盾，推动中国式现代化进程。

从目标实现看，高质量发展是实现我国现代化阶段性战略目标的重要举措。党的二十大报告提出，到2035年我国基本实现社会主义现代化，达到中等发达国家水平；到本世纪中叶，把我国建设成为综合国力和国际影响力领先的社会主义现代化强国。从外部环境深刻复杂变化和我国进入新发展阶段面临的形势看，实现以上目标任务十分艰巨。实现社会主义现代化，需要推动我国经济迈上更高质量、更有效率、更加公平、更可持续、更为安全的发展之路。只有以高质量发展推进中国式现代化，才能为我国实现社会主义现代化建设目标创造条件。

从基础支撑看，高质量发展是中国式现代化行稳致远的重要保障。高质量发展是以安全为前提的发展，而推进中国式现代化必然会遇到各种可以预料和难以预料的风险挑战、艰难险阻甚至惊涛骇浪。只有增强忧患意识，坚持底线思维，居安思危、未雨绸缪，坚持发展和安全并重，实现高质量发展和高水平安全的动态平衡、良性互动，才能有效防范化解现代化进程中的各类风险挑战[2]。同时，高质量发展具有持续强大的内生增长动力，通过优化生产要素配置和组合，着力提升全要素生产率和产业链供应链韧性与安全水平，在推动经济实现质的有效提升和量的合理增长中推进中国式现代化[4]。

从目的蕴意看，高质量发展支撑中国式现代化不断满足人民对美好生活的需要。习近平总书记强调，“共同富裕是中国特色社会主义的本质要求，是中国式现代化的重要特征”①。实现全体人民共同富裕，从根本上体现了党的初心使命、性质宗旨，要求把实现人民对美好生活的向往作为现代化建设的出发点和落脚点。高质量发展是以人民为中心的发展，要求在高质量发展中促进共同富裕。增进民生福祉是发展的根本目的，“人民幸福安康是推动高质量发展的最终目的”②。只有坚定不移走高质量发展之路，下大气力破解不平衡不充分发展的问题，才能不断把人民对美好生活的向往变为现实。

第二节

高质量发展是全球交通基础设施的必然趋势

一、交通基础设施发展遵循科技变革和经济社会转型规律

纵观世界交通史，近现代历次科技和产业革命均引发了交通运输领域的重大变革。新的科学技术变革及其广泛应用，带来了交通运输工具的发明创造和更新换代，进而推动了交通基础设施的代际更迭和跨越式发展。第一次工业（科技）革命时期，蒸汽机车船的出现和广泛使用，推动了运河、铁路网大规模规划建设。第二次工业（科技）革命时期，电力的广泛应用和内燃汽车、远洋轮船、飞机等新交通工具的发明创造，带来了铁路电气化和公路、现代港口、机场等现代交通基础设施大规模建设浪潮。20 世纪四五十年代开始，以原子能、电

① 2021 年 8 月 17 日，习近平总书记在中央财经委员会第十次会议上的讲话。
② 2023 年 3 月 5 日，习近平总书记在参加十四届全国人大一次会议江苏代表团审议时的讲话。

子计算机和空间技术的广泛应用为主要标志的第三次工业(科技)革命极大地改变了世界,显著提升了交通运输装备自动化、标准化和交通基础设施信息化、网络化水平,推动了现代综合交通运输体系的构建与形成。高速公路逐步普及全球,高速铁路从无到有,港口从一代迈向四代,大型喷气运输飞机推动机场改造升级,交通运输组织模式逐步向综合化、一体化演进。从经济社会发展规律看,人类社会沿着"前工业化——工业化——后工业化"轨迹和城镇化诺瑟姆曲线[①]前行,交通运输逐渐由过去"以简单运输生产活动为主"的萌芽业态向以"资本、人力和资源要素密集型"为特征的运输化阶段发展,而后向以"知识、技术、信息等要素密集型"为特征的服务经济方向发展。在经济社会向现代化文明演进过程中,交通基础设施发挥了重要的基础性、支撑性作用,其发展轨迹遵循了工业化、城镇化和人口、国土空间、产业结构变迁的内在规律,逐步向广覆盖、便捷高效、集约高效、普惠人文、绿色智慧方向发展。

二、当前全球交通基础设施发展正处于代际更迭的新阶段

新时期全球新一轮科技革命和产业革命正孕育兴起,以人工智能、脑科学、量子计算、大数据、物联网、第五代移动通信技术(5G)等新一代技术为基础的数字革命是这一轮新科技革命的核心内容,将会显著改变交通运输领域面貌,包括创造出新的交通运输工具、交通运行管理方式、运输服务手段和新型交通基础设施。首先,以自动驾驶汽车为典型代表的新一代交通运输装备研发及应用热度高涨,许多国家均制定了无人驾驶时代到来的详细时间表,交通运输工具正在迎来新一轮的阶跃式变革。其次,由"互联网+"以及业态融合发展产生的新业态、新模式正在对旧有的交通运输管理和运营模式形成巨大冲击,且随着信息、能源等领域先进技术的发展,未来行业间跨界融合的

① 诺瑟姆曲线是1979年美国城市地理学家诺瑟姆(Ray M. Northam)基于欧美城市化历程实证分析提出的城镇化过程曲线,即一个国家和地区的城镇人口占总人口比例的变化轨迹可以概括为一条拉长的S形曲线:在城镇化水平不到30%的初期阶段,城镇化增速缓慢;在城镇化水平介于30%~70%之间的中期阶段,城镇化增速加速;城镇化水平超过70%的后期阶段,城镇化增速缓慢;达到80%后一般就不再增加。国内大部分学者(周一星,1995;李国平,2020等)认为中国城镇化发展过程符合诺瑟姆曲线规律,但也有少部分学者(段学慧,2012等)认为不能照搬"诺瑟姆曲线"来研究中国的城镇化问题。

趋势将更加明显，由此也会产生更多新的业态模式。同时，在交通装备与运输服务均快速革新的背景下，当前交通基础设施发展已进入需要超前谋划布局、同步配套发展的关键阶段。智慧公路、新型轨道、智慧港口、智慧机场等新一代交通基础设施，连同交通运输大数据中心、交通运输智慧平台等新型基础设施，未来将拥有更加广阔的发展空间，以更好适应交通运输工具、交通运行管理和运输服务正在发生深刻变革的需要。

三、高质量发展是未来世界交通基础设施发展的共同特征

展望未来，无论是传统的西方交通强国还是新兴的以中国为代表的交通大国，都将会高度重视交通基础设施的高质量发展，要求以低成本、低消耗、低污染的交通基础设施投入提供高品质、高效率和可持续的交通运输供给。近几十年来，西方现代化先发国家普遍对本国交通基础设施投资不足，导致交通基础设施日益陈旧老化，质量水平无法充分满足新时期发展需求，亟待进行大规模的周期性养护和更新。据美国道路和交通建设者协会数据统计，截至 2022 年美国全国范围内 1/3 以上桥梁需要维修，约 4.3 万座桥状态不佳，存在“结构缺陷”。据法国益普索集团统计，2021 年回答对国内基础设施满意的美国受访者仅占 27%，英国受访者占 35%，低于 28 个国家的平均水平（39%）[5]。日本国土交通省的数据显示，日本全国范围内有 34% 的桥梁修建于 50 年前；2022 年安全检查时发现超过 3.3 万处标记了“亟待修缮”或“早期修复”的桥梁和隧道无人管理[6]。为了防止基础设施水平继续恶化，2018 年以来美国出台了《美国重建基础设施立法纲要》和《基础设施投资和就业法案》，启动道路、桥梁等基础设施修复和重建计划；日本开始实施《高质量基础设施投资计划》和《第五期国土交通省技术基本计划》；2023—2040 年期间法国政府拟投资 1000 亿元对国家老化的铁路网络进行现代化改造并新建综合交通枢纽等；2023 年德国联邦政府投资 450 亿欧元启动自 1994 年以来规模最大、范围最广的铁路基础设施更新改造计划，等等。不难看出，现代化先发国家已陆续启动新一轮大规模交通基础设施更新改造计划，旨在推动交通基础设施朝着高质量方向发展。

同时，推动交通基础设施全生命周期高质量发展将是未来世界各国共同努

力和追求的方向。一方面，通过加强全盘谋划以及更加合理地分配资源，将有助于打造耐久可靠和更高品质的交通基础设施，提升其全生命周期质量水平，全面降低后期养护管理等支出压力。随着科学技术迭代更新加快，交通基础设施技术扩容的重要性相比建设扩容将进一步提升，闲散资源盘活、老旧设施更新、低效设施改造、传统设施数字化智能化升级或更加常见，甚至成为常态，交通运输服务能力的提升将更少依赖增量扩张，而是通过基于存量更新的交通基础设施精细化发展来实现。另一方面，随着人口迅速增长和全球气候变暖，自然灾害的频率和强度增加，交通基础设施面临严峻的自然灾害风险。交通基础设施高质量发展需要从全生命周期视角建立一体协同、高效可靠的韧性交通基础设施系统，形成应对自然灾害和气候变化的基本能力。

第三节

我国亟须加快推动交通基础设施高质量发展

当前，我国已经站在由“交通大国”迈向“交通强国”的新起点上，具备了由量的积累转向质的提升的物质基础。但是，与人民日益增长的美好生活需要的要求相比，我国交通运输发展还存在诸多不平衡、不充分问题，交通运输发展质量有待提升。对交通基础设施领域而言，还存在空间布局不合理、整体质量和运行效率不高、资源利用效率偏低、生态保护和人性化考虑偏弱、财务可持续性和抗风险能力较差、支撑引领作用不强等问题。同时，未来新一代信息技术和智能技术与交通产业加速融合，无人驾驶、共享经济等新技术、新业态、新模式不断涌现，交通运输发展方式面临重大变革，迫切需要交通基础设施发展加快转型升级，推动实现更高质量发展。

一、新阶段我国由“交通大国”逐步迈向“交通强国”

新中国成立以来，我国交通运输领域发生了历史性变化，逐步由“交通大国”向“交通强国”迈进。新中国成立之初，全国铁路总里程仅 2.18 万公里，公路通车里程仅 8.08 万公里[7]，内河等级航道仅 2.4 万公里，民航航线仅有 12 条[8]，交通运输面貌十分落后。新中国成立后 30 年，在中央高度重视和政府政策资金大力支持下，我国交通基础设施网络规模不断扩大，基本形成了全国交通网络雏形，但是交通供给仍滞后于运输需求增长，成为制约国民经济发展的瓶颈之一。1978 年改革开放以来，我国交通基础设施领域全面加速建设发展，交通网络规模持续扩张，运输供给能力显著改善，各种交通方式在各自加快发展的同时开始更加注重方式间、区域间的协调发展。截至 2012 年底，全国铁路、公路营业里程已达到 9.8 万公里和 423.75 万公里，分别是 1978 年的 1.8 和 4.9 倍。其中，高速铁路和高速公路从无到有，已分别跃居世界第一和第二位；港口完成货物吞吐量 107.76 亿吨，连续多年保持世界第一；民航完成运输总周转量 556.46 亿吨公里，成为全球第二大航空运输系统[9]。

党的十八大以来，在中国经济进入新常态转向高质量发展新阶段，交通运输领域无论是基础设施还是运输服务都保持着快速增长态势。交通基础设施网络、运输服务市场规模已然跃居世界前列，中国已成为具有超大规模优势的交通大国。同时，交通工程技术和运输装备水平显著提升，建成了港珠澳大桥、京张高铁、上海洋山港四期码头等一批世界级工程，高速铁路、高寒铁路、高速公路、特大桥隧建造技术等取得重大突破并跃居世界前列。十年来，我国新增铁路、公路营业里程约 110 万公里，新建迁建运输机场 82 个，新增万吨级及以上泊位 773 个，高速铁路和高速公路营业里程、沿海港口总吞吐能力以及旅客周转量、港口吞吐量、快递业务量等均跃居世界第一；新建改建农村公路约 253 万公里，新增邮政邮路总长度(单程) 687.7 万公里，新增快递营业网点 15.2 万处，基本实现了广大农村村村通硬化路和邮政、乡乡设邮政局(所)和快递服务营业网点[8]。截至 2021 年底，“五纵五横”综合运输大通道①、“八纵八

① 2007 年，经国务院同意，国家发展改革委印发《综合交通网中长期发展规划》，提出规划建设“五纵五横”综合运输大通道。其中，“五纵”指南北沿海、京沪、满洲里至港澳台、包头至广州、临河至防城港等运输大通道；“五横”指西北北部出海、青岛至拉萨、陆桥、沿江、上海至瑞丽等运输大通道。

横”高速铁路主通道①和“7918”高速公路主干线②基本贯通,铁路、公路、内河航道、民航航线里程分别达到15万公里、528.07万公里、12.76万公里、689.78万公里,是新中国成立初期的7.2倍、65倍、1.7倍、954倍[10]。

二、高质量发展需要高质量的交通基础设施支撑

交通运输是国民经济发展的基础性、先导性和战略性产业,是现代经济体系不可或缺的重要组成部分;交通基础设施是经济社会运行的基础条件,是各种运输工具赖以运行进而实现人或货物位移的重要载体。新阶段新征程加快构建新发展格局,推动高质量发展,不仅需要高质量的交通运输业支撑引领,而且更需要现代化的交通基础设施网络和高质量的交通基础设施产业作战略支撑。

我国经济进入高质量发展新阶段,经济总量增速逐步放缓并趋于稳定,经济结构不断优化,经济运行质量水平不断提升,消费需求逐步由跟随型排浪式消费向个性化、多样化消费转变,由此带来的运输需求也将发生明显转变。产业结构升级和产品结构变化,机械加工工业、电子工业以及日渐兴起的高加工度、高新技术产业迅速发展,第三产业在国民经济中的占比不断上升,需要运输的农副产品、附加值较高的工业品、家用消费品以及高新技术产品等质轻、价高、高附加值货物越来越多,小批量、多品种运输的需求增加,大众化、常态化旅游的需求增加,对交通运输的便捷衔接、速度质量提出了新的要求。运输需求变化及其适应市场经济和产业结构变化带来的新需求,要求不断优化交通基础设施布局、结构、功能和系统集成,加快构建现代化交通基础设施体系。

高质量发展是区域协调、城乡融合的发展。未来我国深入实施区域协调发

---

① 2016年,经国务院批准,国家发展改革委印发《中长期铁路网规划》,规划提出建设“八纵八横”高速铁路主通道。“八纵”:沿海通道、京沪通道、京港(台)通道、京哈-京港澳通道、呼南通道、京昆通道、包(银)海通道、兰(西)广通道;“八横”:绥满通道、京兰通道、青银通道、陆桥通道、沿江通道、沪昆通道、厦渝通道、广昆通道。

② 2004年,经国务院同意,国家发展改革委印发《国家高速公路网规划》,首次提出国家高速公路网采用放射线与纵横网格相结合的布局方案,形成由中心城市向外放射以及横贯东西、纵贯南北的大通道,由7条首都放射线、9条南北纵向线和18条东西横向线组成,简称为“7918网”,总规模约8.5万公里,其中:主线6.8万公里,地区环线、联络线等其他路线约1.7万公里。

展战略、区域重大战略、主体功能区战略、新型城镇化战略，着力优化重大生产力布局，构建优势互补、高质量发展的区域经济布局和国土空间体系，对交通基础设施网络的可达性、便捷性、高效性和一体化程度提出了更高的要求。未来交通基础设施发展需要从区域协调发展的需求出发，突破行政区域限制，在合理分工基础上优化交通运输资源配置，增强经济圈区际间、城市群城际间、大都市圈城市间交通更加便捷、高效、经济的联系，强化各种运输方式衔接，推动东、中、西部地区交通运输协调发展。此外，交通基础设施还要补齐农村发展短板，加快城乡交通运输一体化，有力支撑乡村振兴战略实施。

科技创新发展要求交通基础设施更加智慧先进。新一轮的科技革命和产业变革将形成历史性交会，互联网技术与传统产业呈现加速融合态势，电子信息、生物工程、航空航天、新材料、清洁能源、绿色环保等高新技术的发展，以及自动驾驶汽车、智慧地球、智慧城市、车路协同等新理念新科技的不断涌现，要求交通基础设施发展必须把握数字化、信息化、网络化、智能化的时代特征，充分运用“互联网 +”思维，借助移动互联网、云计算、大数据、物联网等先进技术与理念，依托互联网的“云”“网”“端”基础设施，推动现代信息技术与交通运输的全面融合，形成具有“线上资源合理分配，线下高效优质运行”的新业态与新模式。新能源技术是科技革命和产业变革的重要突破口，其技术创新已经进入了高度活跃期，要求在与交通运输相关的电源供给、能源互联网、节能与能效技术、先进储能技术等方面取得突破，重点发展绿色低碳能源、高效利用能源。新材料技术可以创造出更轻、更坚韧、更多样化的材料，为交通基础设施、交通运输工具的发展创新提供坚实基础。同时，3D 打印具有分布式制造、大规模定制、快速制造、快速定型等诸多优势，可应用在交通基础设施建设和交通运输工具制造方面。

三、交通基础设施领域的矛盾问题倒逼高质量发展

当前，我国交通基础设施领域不平衡、不充分问题仍然突出。综合交通网络布局不够均衡、结构不尽合理、衔接不够顺畅，互联互通和网络韧性还需增强；区域间、城际间、城乡间交通网络一体化程度不高，重点城市群、都市圈的城

际和市域(郊)铁路存在较明显短板;各种交通方式间衔接不充分,大型交通枢纽换乘不便,农村交通"最后一公里"问题依然突出;交通基础设施资源集约利用水平有待提高,与其他领域基础设施和相关产业协同融合尚需深化,全产业链支撑能力仍需提升;综合交通运输管理体制机制有待健全,制约要素自由流动的体制机制障碍依然存在;部分综合交通项目存在跨行业协调难度大、技术标准不统一、建设不同步等问题,需要进一步完善体制机制、加强协调。

同时,资源生态环境约束对交通基础设施发展的要求越来越高。近些年来,随着交通基础设施规模不断扩大,我国交通用地、用能总量和废水、废气排放量等持续增加,交通基础设施发展与资源生态环境之间的矛盾逐渐加剧。第三次全国国土调查数据显示,截至 2019 年 12 月 31 日,全国交通运输用地 955.31 万公顷(14329.61 万亩),较 2009 年第二次全国国土调查时的数据增加了 20.3%[11]。未来,在全面建设社会主义现代化国家新征程中,推进中国式现代化将会更加注重人与自然的和谐共生,强调以绿色为特征的高质量发展。在新形势新要求下,我国交通基础设施发展与资源环境刚性约束之间的矛盾将进一步凸显。特别是在国土空间规划体系新要求下,交通基础设施规划建设必须要以资源生态环境为根本底线,严格执行"三区三线"政策,与国土空间开发保护叠加"一张图"。土地、能源等资源制约和生态环境容量限制将对交通基础设施建设规模、空间布局、技术标准等提出越来越严格的要求,客观上要求交通基础设施向资源集约节约利用、环境绿色友好方向发展。此外,随着"碳达峰、碳中和"战略决策深入实施,我国交通基础设施建设对绿色低碳发展的要求也会越来越高。

本章参考文献

[1] 习近平. 高举中国特色社会主义伟大旗帜 为全面建设社会主义现代化国家而团结奋斗——在中国共产党第二十次全国代表大会上的报告[M]. 北京:人民出版社,2022.

[2] 郑栅洁. 以高质量发展扎实推进中国式现代化建设[N]. 学习时报,2023-07-10(01).

[3] 欧阳奇. 新时代社会主要矛盾转化与中国式现代化拓展[J]. 教学与研究,2023(06):

31-42.

[4] 王一鸣. 以高质量发展推进中国式现代化[N]. 学习时报,2023-04-07(01).

[5] 新华网新闻. 西方国家基础设施老化问题严重[EB/OL]. (2023-8-15)[2023-08-17]. http://www.news.cn/world/2023-08/17/c_1212257053.htm.

[6] 光明网新闻. 缺钱缺人　日本部分基础设施年久失修[EB/OL]. (2022-12-07)[2022-12-08]. https://m.gmw.cn/baijia/2022-12/08/1303217830.html.

[7] 中华人民共和国国务院新闻办公室.《中国交通运输发展》白皮书[M]. 北京:人民出版社,2016:1-29.

[8] 国家统计局服务业司. 交通运输铺就强国枢纽通途　邮电通信助力创新经济航船——新中国成立 70 周年经济社会发展成就系列报告之十六[EB/OL]. (2019-08-13). https://www.gov.cn/xinwen/2019-08/13/content_5420891.htm.

[9] 中华人民共和国交通运输部. 2013 中国交通运输统计年鉴[M]. 北京:人民交通出版社股份有限公司,2014.

[10] 新华社新闻. 加快建设交通强国、努力当好中国现代化开路先锋——“中国这十年”系列主题新闻发布会聚焦新时代加快建设交通强国的进展与成效发布会[EB/OL]. (2022-06-10). https://www.gov.cn/xinwen/2022-06/10/content_5695150.htm.

[11] 新华社. 第三次全国国土调查主要数据公报[EB/OL]. (2021-08-26). https://www.gov.cn/xinwen/2021-08/26/content_5633490.htm.

[12] 齐志明. 节能降碳,发展绿色物流[N]. 人民日报,2022-03-16(19).

[13] 李晓易,谭晓雨,吴睿,等. 交通运输领域碳达峰、碳中和路径研究[J]. 中国工程科学,2021,23(06):15-21.

[14] 周一星. 城市地理学[M]. 北京:商务印书馆,1995.

[15] 李国平,孙瑀. 面向 2030 年的中国城镇化及其区域差异态势分析[J]. 区域经济评论,2020(04):72-81.

[16] 段学慧,侯为波. 不能照搬“诺瑟姆曲线”来研究中国的城镇化问题[J]. 河北经贸大学学报,2012(04):22-25.

第二章

交通基础设施高质量发展的内涵特征

内容摘要

交通基础设施是支撑现代化经济体系建设的重要载体，交通基础设施高质量发展是经济高质量发展的题中之义，是以人民为中心的发展，是完整、准确、全面贯彻落实新发展理念的发展。从供需两侧视角看，交通基础设施高质量发展，既是精准有效满足人们对高品质交通运输需求的目标体现，又是交通基础设施供给侧结构性改革不断深化的过程以及低成本、高质量、高效率的生产要素投入和高品质、高效率、高效益的交通运输产出过程。交通基础设施高质量发展过程本身具有系统性、动态性和长期性，其多维特征不仅体现在微观层面产品或服务上，还体现在中观层面产业组织、系统运行和宏观层面经济运行、战略支撑乃至更广泛的社会、生态等领域。

交通基础设施高质量发展战略与政策研究

RESEARCH ON HIGH-QUALITY DEVELOPMENT
STRATEGIES AND POLICIES
FOR TRANSPORTATION INFRASTRUCTURE

第一节

交通基础设施概念与技术经济特性

一、交通基础设施概念的界定

从物理功能视角看，交通基础设施是为社会生产和居民生活提供交通运输服务的物质工程设施，是各种运输工具赖以运行进而实现人或货物时空位移的物质基础。交通基础设施主要由铁路、公路、桥梁、隧道、航道、管道、城市轨道、城市道路等交通线路设施和机场、火车站、汽车站、港口、城市轨道交通车站、城市公交站、管道输油（输气）站等枢纽港站设施以及收费公路服务区、车辆检修站、汽车加油站、通信信号、服务平台等配套设施等组成。

从系统构成视角看，交通基础设施是交通运输系统的重要组成部分。交通基础设施系统与交通技术装备系统、运输服务系统、信息管理系统等相互关联、协同运行，共同构建形成完备的交通运输系统。按运输方式划分，交通基础设施系统可以分为铁路基础设施系统、公路（道路）基础设施系统、水运基础设施系统、航空基础设施系统、管道基础设施系统等五种类型；按地域空间划分，交通基础设施系统可分为国际交通基础设施系统、区际交通基础设施系统、城际交通基础设施系统、城市交通基础设施系统和农村交通基础设施系统等五种类型；按方式功能划分，交通基础设施系统可分为单一方式交通基础设施系统和综合交通基础设施系统，其中综合交通基础设施系统主要包括综合运输通道、综合交通枢纽、联程联运配套设施等。

从经济属性视角看，交通基础设施是一种社会先行资本和公共物品，属于生产性经济基础设施，具有一般基础设施（infrastructure）的特性，直接服务于社会生产生活各项活动。在经济学领域里，经济学家对交通基础设施的作用、属性和归属有一个逐步认识过程。亚当·斯密[1]（Adam Smith，1776）较早关注港口等基础设施对经济发展影响的重要作用;罗森斯坦-罗丹[2](Rosenstein-Rodan,1943)将基础设施界定为社会的先行资本,主要包括交通运输、电力、通信和供水等经济基础设施;罗格纳·纳克斯[3](Ragnar Nurkse,1952)拓展了基础设施的外延,认为基础设施不仅包括上述经济基础设施,还应该包括学校、医院和娱乐设施等社会基础设施;阿尔伯特·赫希曼[4](Albert Hirschman,1958)认为基础设施属于社会间接资本,并从狭义和广义角度对基础设施进行分类,其中教育、医疗卫生、法律服务、秩序维护、交通运输、供排水、电力通信等由政府或政府授权的社会机构提供具有公益性或按公共收费标准特性的属于广义基础设施,港口、公路、供电等基础设施具有投资技术不可分、产出投入高等特点的属于狭义基础设施;道格拉斯·格林沃尔德[5](Douglas Greewald,1982)将基础设施定义为"直接或间接地有助于提高产出水平和生产效率的经济活动,其基本要素是交通运输、动力生产、通讯和银行业、教育和卫生设施等系统以及一个秩序井然的政府和政治结构";约瑟夫·E.斯蒂格利茨[6](Joseph E. Stiglitz,1992)认为基础设施是社会存在发展的根本条件,具有外部性和规模经济的特点,包括通信、能源、交通等经济基础设施和政治、法律体制、制度、经济体制;世界银行[7](Wold Bank,1994)认为基础设施是国家社会管理资本,分为经济性基础设施和社会性基础设施,经济性基础设施包括交通设施、水利设施、水电气设施和环境卫生设施等,经济性基础设施以外的定义为社会性基础设施,包括文化教育、医疗卫生等。此外,公共经济学认为,交通基础设施是一种公共物品,具有非竞争性,促进人或资源的流动。国外比较有代表性的观点是由皮特·里特韦尔(Piet Rietveld)和彼得·奈坎普(Peter Nijkamp)[8](1993)提出的,认为交通基础设施受边际递减的约束,并能导致生产成本的下降,在要素配置中发挥着重要作用;国内学者陈建军、郑广建[9](2014)等认为交通基础设施是由政府或公共部门提供的准公共物品,服务于生产和消费;任晓红、张宗益[10](2013)认为交通基础设施具有降低生产和生活成本、提高经济增长效率、增加社会福利、促进经济增长等公共服务功能,影响人口的空间分布和经济活动区位选择。

二、交通基础设施技术经济特性

（一）技术特性

交通基础设施是为交通运输活动提供物理支撑的固定载体，除了具有物理性、系统性、复杂性等一般特点外，还具有专属性、通达性等技术特性。

专属性。交通基础设施是专门为载运工具移动、客货空间位移提供服务的固定设施，一般不作为其他用途。同时，交通基础设施对空间、地域具有极强的依附性，大部分设施一经建成就会持续相当长时间，短时间内难以挪作他用。

通达性。通达性（accessibility）又称可达性、易达性，是指利用一种特定的交通系统从某一给定区位到达活动地点的便利程度。一方面，通达性在空间上反映了某一区域与其他区域之间克服距离障碍的难易程度，通常与区位、空间相互作用和空间尺度等概念紧密相关。另一方面，通达性在时间上反映了不同空间实体之间发生空间相互作用所用时间的长短和时间价值的大小。时间是交通运输中最基本的阻抗因素，交通成本在很大程度上依赖于通行时间的花费，因而通常用时间单位来衡量空间距离。

（二）经济特性

交通基础设施属于经济基础设施，本质上具有资本属性。此外，交通基础设施属于网络型自然垄断行业，具有网络经济性、成本次可加性、沉没成本大等特征。同时，交通基础设施是一种典型的准公共产品，表现出部分非排他性和非竞争性，具有较强的空间溢出性和外部效应。

资本属性。交通基础设施本质上是一种资本，是为整个社会大生产过程提供共同生产条件和流通条件的固定资本。马克思把固定资本分为两类：一类是“以机器的形式直接进入生产过程的那种固定资本”，另一类是“具有铁路、建筑物、农业改良、排水设备等形式的固定资本”[11]。交通基础设施作为第二类固定资本具有特殊性①,为整个生产过程提供共同生产条件。

网络经济性。交通基础设施属于网络型基础设施,随着交通线路、节点的增加逐渐呈现网络结构。交通基础设施只有形成网络,才能拥有更高的通达性,进而发挥更大的使用效率。随着网络结构的不断完善,交通网络提供的运输服务的平均成本会不断降低,运输服务的有效性也会不断增加,即交通基础设施网络具有网络经济性。交通基础设施的网络经济性具体表现为规模经济和范围经济两个方面。规模经济是指随着交通基础设施网络上运输总产出的扩大,平均运输成本不断下降的现象;范围经济是指与分别生产每一种运输产品相比较,共同生产多种运输产品的平均成本可以更低,这可以是指某一运输企业的情况,也可以是指某一运输网络或网络某一部分(如线路、节点、车辆车队等)的情况。其中,交通基础设施网络的规模经济具有如下特点:①线路通过密度经济,即在某一条具体线路上由于运输密度增加引起平均运输成本不断下降的现象;②特定运输产品的线路通过密度经济,即某一特定运输产品产出扩大引起平均运输成本不断下降的现象;③港站(或枢纽)处理能力经济,即随着运输网络上港站吞吐及中转客货量、编解列车、配载车辆、起降飞机、停靠船舶等能力的提高引起平均成本逐渐降低的现象;④运输距离经济,指随着距离延长平均运输成本不断降低,即递远递减的现象[12]。

成本次可加性。由于交通基础设施的初始投入固定成本较高而可变运营成本相对较低,设施网络规模扩大引起平均成本递减,成本函数具有显著的弱增性。同时,交通基础设施具有资产专用性,资产一旦形成即沉淀下来很难自由退出,不能移作他用,沉没成本大,基本没有残值。

准公共产品。交通基础设施属于典型的准公共产品,表现出部分非排他性

---

① 作者注:《马克思恩格斯全集》(第46卷下)人民出版社1980年版第241页对这类固定资产的特点做了说明,“作为生产资料来看,固定资本在这里与机器一类的东西不同,因为它同时被不同的资本当作它们共同的生产条件和流通条件来使用。(我们在这里还没有涉及消费本身。)固定资本不是表现为被包含在特殊生产过程中的东西,而是表现为各特殊资本的大量这类生产过程的联络动脉,它就是由这些特殊资本一部分一部分地消耗掉的。因此,在这种场合,对于所有这类特殊资本及其特殊生产过程来说,固定资本是一种特殊的同它们相分离的生产部门的产品,但是,在这里不能像机器的买卖那样,即一个生产者不能把它作为流动资本售出,另一个生产者也不能把它作为固定资本买进来;相反,它只有以固定资本自身的形式才能出售。”

和非竞争性。交通基础设施主要供社会公众所共享。一个人在使用某个基础设施或享用基础设施服务时不能对其独占,而排除其他人对交通基础设施的使用,或者排除其他人的使用要花费巨大成本。当然,交通基础设施在技术和经济上有时也具有排他性,比如收费桥梁、收费公路等。总体上看,交通基础设施具有有限的非竞争性或有限的非排他性,依据公共产品的特征和世界银行对交通基础设施的定义,是介于纯公共产品和私人产品之间的准公共产品。

外部性。交通基础设施具有显著的正外部性,如交通基础设施投资建设能够显著改善区域区位条件,降低出行和货物运输成本,提高区域在吸引要素流动和集聚中的竞争力,从而对区域经济发展具有积极的促进作用。同时,交通基础设施能力和水平提升,有利于改善生产生活条件和服务质量水平,提高居民社会福利。另一方面,交通基础设施在建设和运营过程也会产生负的外部效应,譬如造成土地资源占用、生态环境破坏、污染物排放等。

(三)产业特性

产业是在原材料、工艺技术或用途具有相似性的产品(或服务)的生产者或企业的集合。吴文化(2018)等[13]认为,交通基础设施产业是以交通基础设施为产品、专门生产或制造并围绕交通基础设施展开经营的企业集合。

交通基础设施产业的投入主体包括各级政府、各类社会投资者和经营者,其物理产出表现为各类实体化的交通设施,其价值产出包括各类投资主体或经营者通过使用者付费获得的直接财务收益,以及间接经济效益和社会效益。间接经济效益包括拉动上游交通装备制造、施工机械、建筑材料等相关产业发展,支撑下游的交通运输活动为出行者和货主提供便利的客货运输服务,促进各类资源要素有效流动。社会效益包括为社会提供基本出行条件、创造就业机会、促进区域协调发展以及为维护领土领海领空安全提供交通保障等。

按照交通方式划分,交通基础设施产业可以分为铁路、公路、民航、水运、管道等细分领域。按照要素投入和产品产出过程划分,交通基础设施产业可分为规划咨询、勘察设计、投融资、施工建设、工程监理、养护以及设施运营等业务领域，这些彼此关联的业务领域构成一个完整的交通基础设施产业链条。

由于各类交通基础设施具有与普通产品不同的特点，决定了交通基础设施产业具有一般产业的共性，同时也具有其特有的产业特性。

第一，高度技术密集和劳动力密集。交通基础设施产业所对应的各类交通基础设施的设计、建设、运营、维护等业务需要专业的技术队伍才能承担，施工建设更是需要大量专业工程师和劳动力，不仅作业技术要求高，而且必须严格遵照行业标准规范操作。因此，政府对该产业所涉及的相关业务领域均设置严格的市场准入条件。

第二，产业链前后业务之间相互承接，替代性较弱。构成交通基础设施产业链的规划设计、投融资、施工建设、咨询监理、运营维护等业务之间具有独立性，一环套一环，相互承接才能保证工程顺利实施，业务间难以替代，或因质量标准管理责任制度约束不允许替代，即使同一集团下的多项业务也相互独立运作。

第三，同类业务之间既有专业分工，也有相互竞争。一方面，由于专业技术领域不同，不同行业领域的同类业务单位各有技术优势，通常不易跨越业务边界形成竞争。譬如，铁路专业的设计公司很难跨领域开展港口或机场的设计业务，反之亦然。另一方面，由于一些企业横向拓展业务，企业之间存在竞争。譬如，一些大型设计单位具有铁路、公路、城市道路、港口等多领域的设计资质和能力，许多施工类企业可以承担不同领域的建设任务，同业间不可避免地出现竞争。

第四，具有明显的阶段性兴衰更替特点。这一特点与交通基础设施网络形成的规模有关。在交通基础设施网络形成时期，通过持续的投入形成不断完善的基础设施体系，会产生巨大的市场需求并刺激产业兴起。当一个国家或地区的交通基础设施网络达到相对稳定的规模后，建设市场需求随之减弱，产业规模也将随之下降，等待下一轮重建周期到来。如果要保持持续的产业优势，拓展境外业务将是必然的选择。

第五，技术和管理不断创新。随着新技术、新材料、新工艺以及新发展模式的不断涌现,特别是信息技术的飞速发展和深度应用,交通基础设施产业各业务领域需要不断创新技术和管理,加速产品和服务升级换代,才能提高效率,增强市场竞争力。

第二节

高质量发展的丰富内涵与核心要义

一、高质量发展概念的提出

2017 年 10 月,党的十九大报告首次提出“我国经济已由高速增长阶段转向高质量发展阶段”[14]。这是中国共产党从战略全局出发对中国经济发展作出的重大判断,同时也为中国经济发展指明了具体方向。2020 年 10 月,党的十九届五中全会审议通过了《中共中央关于制定国民经济和社会发展第十四个五年规划和二〇三五年远景目标的建议》,明确提出“十四五”时期我国经济社会的发展要“以推动高质量发展为主题”。习近平总书记强调,“十四五”乃至今后更长时期,以推动高质量发展为主题要体现在国家发展的各领域和全过程[15]。这里的“高质量发展”不再局限于“经济高质量发展”,而是经济、政治、文化、社会、生态等各领域高质量发展。2022 年 10 月,党的二十大报告进一步强调指出,“高质量发展是全面建设社会主义现代化国家的首要任务”[16]。

回顾历史,高质量发展认识的形成不是一蹴而就的,是我国经济社会发展的历史必然,它经历了一个较长的萌发、延展和形成过程[17]。在新中国成立以后的一个较长时期,因为一穷二白的国情,短缺经济一直是我国面临的最大问题。党的十一届三中全会胜利召开后的前十年,我国发展的主要任务是解决经济数量上的严重不足以及由此而带来的国民基本生存问题,还谈不上质量意识。“七五”期间,随着生产的发展,长期困扰我们的一些严重社会经济问题开始得到缓解,国家面貌发生了深刻的变化,工作重心开始转向加快和深化改革，初步有了质量的意识，党的十三大报告中出现了"提高产品质量""提高教育质量""提高人口质量"等表述，开始有了国民经济要提高质量的思想萌芽。此后，关于"质量"的思想内容不断丰富。党的十四大报告中出现了"高质量、高效率地建设一批重点骨干工程"的表述；党的十六大报告使用了比较接近"发展质量"的"经济增长质量"的提法，强调"实现速度和结构、质量、效益相统一，经济发展和人口、资源、环境相协调"；党的十七大报告更多地提到了"创新发展理念""提高发展质量和效益""实现速度和结构、质量、效益相统一"；党的十八大报告更加强调"把推动发展的立足点转到提高质量和效益上来"。党的十九大报告再次强调了经济发展质量，提出"必须坚持质量第一、效益优先""推动经济发展质量变革、效益变革、动力变革"，并首次作出了"我国经济已由高速增长阶段转向高质量发展阶段"的科学判断。

高质量发展概念的正式提出是以习近平同志为核心的党中央面对国内外经济形势的新变化，在深刻总结国内外经济发展经验、深刻认识中国经济和世界经济发展规律的基础上，作出的科学判断和重大决策。2012 年以来，国际金融危机深层次影响持续蔓延，世界经济复苏乏力；国内经济增速下降，产能过剩矛盾趋于突出。针对这一形势，2013 年党中央作出判断，我国经济发展正处于增长速度换挡期、结构调整阵痛期和前期刺激政策消化期"三期叠加"阶段。2014 年年中，习近平总书记在中央政治局会议上对"三期叠加"作出进一步分析，强调经济工作要适应经济发展新常态；同年 12 月，习近平总书记在中央经济工作会议上强调：认识新常态，适应新常态，引领新常态，是当前和今后一个时期我国经济发展的大逻辑。在新常态下，我国经济发展的环境、条件、任务、要求等都发生了新的变化，经济增长速度要从高速转向中高速，经济结构调整要从增量扩能为主转向调整存量、做优增量并举，发展方式要从规模速度型转向质量效率型，发展动力要从主要依靠资源和低成本劳动力等要素投入转向创新驱动。2017 年，习近平总书记在党的十九大报告中正式提出，我国经济已由高速增长阶段转向高质量发展阶段。此后习近平总书记多次强调，推动高质量发展是当前和今后一个时期确定发展思路、制定经济政策、实施宏观调控的根本要求[18]。从“三期叠加”到经济发展新常态再到高质量发展阶段,体现了实践发展和认识深化,在逻辑上具有内在一致性和递进性。

二、高质量发展的内涵界定

高质量发展具有丰富深刻的内涵。习近平总书记(2017)指出[19],高质量发展,就是能够很好满足人民日益增长的美好生活需要的发展,是体现新发展理念的发展,是创新成为第一动力、协调成为内生特点、绿色成为普遍形态、开放成为必由之路、共享成为根本目的的发展。从供给看,高质量发展应该实现产业体系比较完整,生产组织方式网络化、智能化,创新力、需求捕捉力、品牌影响力、核心竞争力强,产品和服务质量高。从需求看,高质量发展应该不断满足人民群众个性化、多样化、不断升级的需求,这种需求又引领供给体系和结构的变化,供给变革又不断催生新的需求。从投入产出看,高质量发展应该不断提高劳动效率、资本效率、土地效率、资源效率、环境效率,不断提升科技进步贡献率,不断提高全要素生产率。从分配看,高质量发展应该实现投资有回报、企业有利润、员工有收入、政府有税收,并且充分反映各自按市场评价的贡献。从宏观经济循环看,高质量发展应该实现生产、流通、分配、消费循环通畅,国民经济重大比例关系和空间布局比较合理,经济发展比较平稳,不出现大的起落。更明确地说,高质量发展,就是从“有没有”转向“好不好”。这是目前关于高质量发展内涵最权威、最系统的阐释,也是我们理解、认识高质量发展的基本坐标。

学术界对高质量发展的深层含义展开了讨论[20],主要集中于以下几个角度:

一是从完整、准确、全面贯彻新发展理念的角度。邵彦敏(2018)[21]、任保平(2019)[22]等人认为,新发展理念是高质量发展的战略引领;陶文昭(2018)[23]认为,新发展理念是对我国新时代如何发展的有力回答与阐释,这对我国经济高质量发展的稳步推进意义深远。

二是从解释供给侧结构性改革与高质量发展关系的角度。王一鸣(2018)[24]、刘伟(2019)[25]等人指出,不断推进经济活力和竞争力的有效改善是实现高质量发展的基础,而解决这一问题的根本之路在于供给侧结构性改革。魏杰和汪浩(2018)[26]认为,供给性增长分为有效性增长和无效性增长,而前者代表着经济运行的过程中实现了供求关系的平衡,这正是经济高质量发展的主要表现,所以说供给侧结构性改革的稳步推进与实施有力促进了这种平衡。高质量发展是绿色可持续的增长,而以破坏生态环境的粗放型的增长方式是不可取的。高质量发展也是民生的不断提高改善,即社会各个领域的服务水平、民生共享程度都应得到改善与提升。杨瑞龙(2018)[27]认为,高质量发展需要重塑改革动力机制,通过全面改革促进动力机制的加速转换。

三是从刻画高质量发展表现形式特征的角度。中国宏观经济研究院(2019)[28]认为,高质量发展是以高效率、高效益生产方式为全社会持续而公平提供高质量产出的经济发展。推动高质量发展,就是推动经济从高投入、高消耗、高污染的“旧三高”向供给体系质量高、投入产出效果高和发展稳定性高的“新三高”转变。李伟(2018)[29]、朱之鑫(2019)[30]等认为,高质量发展就是“高质量的供给、高质量的需求、高质量的投入产出、高质量的收入分配和高质量的经济循环”。一些专家学者从宏观、中观和微观不同层面对高质量发展的表现形式进行了探索。赵华林(2018)[31]认为,高质量发展是包含经济诸多层面的宽泛的理念,其包含了微观层面、中观层面以及宏观层面发展的高质量。段炳德(2018)[32]认为,高质量发展是中国经济在宏微观层面的全面发力,微观层面上要提升产品质量,宏观层面上要提升经济结构的平衡性和增长动力的可持续性。

四是从探讨学科领域归属和学理研究的角度。金碚(2018)[33]从经济学领域商品二重性的研究视角出发,认为“质量”是相对于满足人的实际需要而言的,“质量”的存在依赖于人的实际需要,而高质量发展是能够更好满足人民不断增长的真实需要的经济发展方式、结构和动力状态。宋国恺(2018)[34]从社会学领域的研究对象和研究目标考察高质量发展,主要基于社会民生与人及社会的发展问题阐释了高质量发展。

第三节

交通基础设施高质量发展的内涵

一、交通基础设施高质量发展的基本含义

交通基础设施是国民经济和社会发展的基石,交通基础设施高质量发展是经济社会高质量发展的题中之义。习近平总书记(2017)关于高质量发展内涵的界定和阐释,是对包括交通基础设施建设发展在内的所有经济社会活动高质量发展目标要求的注解,是交通基础设施高质量发展的基本含义。

交通基础设施高质量发展,是以人民为中心的发展,是能够很好满足人民群众对安全可靠、便捷高效、经济适用、绿色智能综合交通运输体系需要的发展,其根本出发点和落脚点是能够很好地满足区域经济增长、社会公平建设和人民日益增长的美好生活需要。交通基础设施高质量发展,是完整、准确、全面贯彻落实新发展理念的发展,是创新成为第一动力、协调成为内生特点、绿色成为普遍形态、开放成为必由之路、共享成为根本目的的发展。交通基础设施高质量发展,就是交通基础设施从“有没有”转向“好不好”。

二、交通基础设施高质量发展的深层含义

交通基础设施是社会各项经济活动的载体,其建设发展本身也是为了满足经济发展需要而利用生产资料从事生产的一种经济活动。从经济活动的需求侧、供给侧和投入产出过程等视角来看,交通基础设施高质量发展,是精准有效满足人们对高品质交通运输需求的目标体现,是交通基础设施供给侧结构性改革不断深化的过程,是交通基础设施领域低成本、高质量、高效率的生产要素投入和高品质、高效率、高效益的交通运输产出的过程。

（一）需求侧：精准有效满足人们对高品质交通运输需求的目标体现

交通基础设施建设发展是经济社会发展的派生需求。未来伴随我国经济社会和科学技术不断创新发展、产业消费结构加快转型升级、人们的生活水平日益提升，交通基础设施建设发展的需求将发生深刻变化，呈现多元、个性、人文、精致和唯美的新特征。人们对交通基础设施和出行的需要，不仅仅只满足于通路、通车、通航、通邮等基本需求，还将更加重视运输活动过程中的获得感、幸福感、安全感等“美感需求”。从需求看，交通基础设施高质量发展应该不断满足人民群众个性化、多样化、不断升级的需求，这种需求又引领供给体系和结构的变化，供给变革又不断催生新的需求。

（二）供给侧：交通基础设施供给侧结构性改革不断深化的过程

供给侧结构性问题是当前制约经济社会发展的主要因素之一，深化供给侧结构性改革是有效解决我国发展中突出矛盾和问题、推动经济高质量发展的工作主线。交通基础设施高质量发展，从供给视角看实质上就是交通基础设施作为经济社会系统的供给侧不断深化结构性改革的动态过程，其核心含义是通过交通基础设施供给结构的优化完善，消除无效供给、强化有效供给，优化资源要素配置，提高全要素生产率，不断增强交通基础设施的创新力、竞争力和支撑经济增长的驱动力，最终实现经济更高质量、更有效率、更加公平、更可持续的发展。

（三）投入产出：交通基础设施领域低成本、高质量、高效率的生产要素投入和高品质、高效率、高效益的交通运输产出的过程

交通基础设施高质量发展是以低成本、高质量、高效率的生产方式为交通运输生产活动提供高品质、高效率、高效益供给的发展。交通基础设施高质量发展，不仅仅只是能够提供安全可靠、品质卓越、经济适用、智能绿色的基础设施产品或服务，还要求交通基础设施的规划设计、施工建设、运营维护、管理更新等各环节、全过程、全生命周期高品质供给；不仅仅只是最终产品产出层面的高质量，还要求要素投入、中间品投入的高质量，要求实现交通基础设施产业全

要素、全链条、全时空领域高质量运行和高效益产出，能够以最小的资源要素投入产生最大规模和范围的经济、技术溢出效应和社会价值贡献，以最小的资源环境代价实现基础设施和经济社会健康持续发展。

第四节

交通基础设施高质量发展的主要特征

一、交通基础设施高质量发展的基本特征

何立峰(2018)[35]认为迈向高质量发展要把握好三个维度：一是系统性，高质量发展不是单纯追求经济总量、经济增速，而是更加注重经济、社会、环境等均衡发展，实现更高质量、更有效率、更加公平、更可持续的发展；二是动态性，高质量发展的目标思路和政策举措不是一成不变的，需要根据实践的深入、认识的升华而不断丰富、不断完善；三是长期性，推动高质量发展不是一朝一夕的事情，不可能一蹴而就，需要在有效防控经济社会各种风险的前提下，发扬钉钉子精神，持续用力、久久为功。系统性、动态性和长期性是高质量发展的内在特征要求，也是交通基础设施高质量发展的基本特征要求。

系统性。系统是由相互作用、相互依赖的若干组成部分结合而成的具有特定功能的有机整体，而且这个有机整体又是它从属的更大系统的组成部分[36]。交通基础设施由交通工程、软性平台、关联服务及其配套技术装备等构成，是交通运输系统的重要组成部分。交通基础设施高质量发展，不是简单的交通工程质量的概念，而是系统各构成部分的统筹协调和有机衔接的发展，是系统整体更高质量、更有效率、更好效益、更可持续的发展；不仅仅需要加快推动交通基础设施系统高质量发展，还需要协同推进交通运输系统和现代化经济体系高质量发展。

动态性。交通基础设施系统具有类似自然生态系统的递进演化特征，是一个非平衡开放的耗散结构体系。在科学技术水平、资源环境约束等外界条件发

展变化达到一定阈值时,交通基础设施系统的时空格局或功能状态将会发生重大改变。交通基础设施系统的耗散性决定了高质量发展的动态性。交通基础设施高质量发展的动态性主要表现在两个方面:一方面,高质量发展是量变引起质变的过程,是交通基础设施发展水平从高级阶段不断向更高级阶段跃升的过程,是交通基础设施系统与经济社会、资源生态环境系统等不断适应和动态平衡的过程;另一方面,交通基础设施高质量发展的目标思路和政策举措也不是一成不变的,是根据经济社会需求和交通运输实践不断丰富、深化和完善的过程。

长期性。交通基础设施高质量发展是一个长期的过程,是一项具有战略性、全局性和长期性的重要任务。经济社会系统的复杂性、动态性和高质量发展前进的、革新的运动本质属性决定了交通基础设施高质量发展的长期性。未来我国交通基础设施发展,既要解决社会主义初级阶段存在的诸多矛盾和问题,又要面对新形势下的各种战略机遇和风险挑战,要不断适应经济社会高质量发展要求,要在现代化进程中实现高质量发展。实现社会主义现代化目标本身就是一个长期的过程,需要包括交通基础设施领域在内的方方面面持续推动下的高质量发展。

二、交通基础设施高质量发展的多维特征

高质量发展是经济社会各领域、各行业质量、效率、动力全方位的变革,在表现形式、推进方式和实现路径上具有多维特征。交通基础设施高质量发展的多维性,不仅体现在微观层面产品或服务上,而且还体现在中观层面产业组织、系统运行和宏观层面经济运行、战略支撑乃至更广泛的社会、生态等领域[37]。

(一)微观产品维度:高品质的交通基础设施工程和服务质量水平

交通基础设施是为社会生产和居民生活提供交通运输服务的物质工程设施。交通基础设施高质量发展,首先意味着交通基础设施工程和配套服务质量水平的显著提升。建设高质量水平的交通基础设施工程,不仅要求交通基础设施建筑产品除了具有一般工业产品共有的质量特性(如性能、寿命等满足社会

需要的使用价值及其属性)外,而且还应具有高水平的安全性、适用性、耐久性、可靠性、经济性和与资源环境的协调性。安全性是交通基础设施的生命线,也是交通基础设施高质量发展的核心内容和基础保障。此外,建设高质量水平的交通基础设施工程,还意味着交通设施工程建设过程从规划、勘察、设计、施工到运营、管理、维护等全过程、全生命周期高质量的投入产出。

(二)中观产业维度:畅通稳定的供应链产业链和持续增强的竞争力

交通基础设施产品的生产、经营等有关经济活动集聚形成交通基础设施产业。交通基础设施高质量发展,是交通基础设施产业化和产业现代化的过程。一方面,与交通基础设施工程规划、设计、勘探、施工、运营、管理等业务活动相关的企业规模化、集聚化发展形成产业网链;另一方面,科技进步等因素推动交通基础设施产业不断转型升级并逐步迈向现代化和全球价值链中高端。交通基础设施高质量发展,意味着要充分发挥交通基础设施产业链接融合关联产业和活化经济的作用,精准补链、强链和延链,着力构建上下游协同发展的产业链条和产业集群,优化国内产业结构和空间布局,畅通国内国际经济循环,有力提高我国产业链供应链稳定性和国际竞争力。

(三)中观系统维度:高效率高效益的系统运行和现代化发展水平

交通基础设施是为各种生产要素在空间中的自由流转提供载体的网络系统。交通基础设施高质量发展,意味着交通基础设施各系统构成、关键环节和系统整体高效率、高效益运行和现代化发展。影响交通基础设施系统运行效率效益的因素有很多,包括资源环境、技术水平、经济基础、组织管理、体制机制等。在资源稀缺的现实中,交通基础设施系统的运行效率最终会整体体现为资源要素的配置效率。推动交通基础设施系统高质量发展,要求通过制度创新、技术革新等创新手段,高效、集约地发挥既有资源要素潜力,提高交通基础设施的资源要素配置效率,实现各类要素边际生产率和边际报酬最大化。交通基础设施现代化发展主要体现集约高效、经济适用、智能绿色、安全可靠等方面。

(四)宏观体系视角:强大稳定的战略支撑保障能力和可持续发展

从宏观大体系看,交通基础设施系统是现代化经济体系的重要组成部分,是经济社会发展的重要物质基础和载体。交通基础设施高质量发展,是交通基础设施系统整体能力提升的过程。交通基础设施系统是一个开放包容、无缝衔接、自组织演化的有机整体,具有较强的适应外部环境变化、抵御自然灾害风险、增强财务可持续性和应对突发事件的能力,表现出强大的系统韧性和稳定性,能够有力支撑基础设施所在行业的高效运转和国民经济高质量的循环。交通基础设施高质量发展,应具备强大的支撑现代经济发展甚至催生新业态、新模式的经济创造力和影响全球的竞争力,能够有效满足国土空间综合协调和立体开发、保障经济社会秩序正常运行、保障代际公平和持续发展的需要。

此外,交通基础设施高质量发展在目标、方式、动力等方面具有显著特征,主要表现在:发展目标由追求建设规模和速度转变为追求设施服务质量、综合效益以及强调统筹协调运营、维护的整体提升;发展方式由倚重增量扩充转变为强调存量优化,以及存量与增量间的协调;发展能力由依靠投资粗放拉动经济增长和扩充客货运输能力转换为依靠空间组织优化营造产业生态圈以精准匹配多样化需求。通过这些转变,将使交通基础设施由基本匹配经济社会发展向高效支撑现代化经济体系建设的状态升级[22]。

本章参考文献

[1] 亚当·斯密.国富论[M].郭大力,王亚南,译.北京:商务印书馆,1981.

[2] ROSENSTEIN-RODAN P N. Problems of Industrialisation of Eastern and South-Eastern Europe [J]. The Economic Journal, 1943,53(210/211): 202-211.

[3] NURKSE R. Some International Aspects of the problem of Economic Development[J]. The American Economic Review, 1952,42(2): 571-583.

[4] 阿尔伯特·赫希曼.经济发展战略[M].北京:经济科学出版社,1991.

[5] 道格拉斯·格林沃尔德.经济学百科全书[M].北京:中国社会科学出版社,1992.

[6] 约瑟夫·E.斯蒂格利茨经济学[M].4版.北京:中国人民大学出版社,2010.

[7] World Bank. World development report 1994: Infrastructure for development[M]. New York: Oxford University Press, 1994.

[8] RIETVELD P, NIJKAMP P. Transport and Regional Development[C]//Polak J and Heertje

A. European Transport Economics. Paris:ECMT,1993:130-151.

[9] 陈建军,郑广建.集聚视角下高速铁路与城市发展[J].江淮论坛,2014(2):37-44.

[10] 任晓红,张宗益.交通基础设施、要素流动与城乡收入差距[J].管理评论,2013,25(2):51-59.

[11] 马克思.政治经济学批判[M]//马克思,恩格斯.马克思恩格斯全集(第46卷下).北京:人民出版社,1980.

[12] 荣朝和.西方运输经济学[M].2版.北京:经济科学出版社,2008.

[13] 吴文化,孙峻岭,向爱兵.中国交通基础设施产业升级战略研究[M].北京:人民交通出版社股份有限公司,2018.

[14] 习近平.决胜全面建成小康社会 夺取新时代中国特色社会主义伟大胜利——在中国共产党第十九次全国代表大会上的报告[M].北京:人民出版社,2017.

[15]《中共中央关于制定国民经济和社会发展第十四个五年规划和二〇三五年远景目标的建议》辅导读本(普通本)[M].北京:人民出版社,2020.

[16] 习近平.高举中国特色社会主义伟大旗帜 为全面建设社会主义现代化国家而团结奋斗——在中国共产党第二十次全国代表大会上的报告[M].北京:人民出版社,2022.

[17] 李欠梅."高质量发展"概念的萌发和形成[N].浙江日报,2021-06-28(08).

[18] 中共中央宣传部.习近平新时代中国特色社会主义思想学习纲要[M].北京:学习出版社,人民出版社,2019.

[19] 习近平.推动我国经济高质量发展[A]//习近平著作选读(第二卷).北京:人民出版社,2023:60-69.

[20] 王亚男.中国经济高质量发展统计测度研究[D].北京:对外经济贸易大学,2021.

[21] 邵彦敏.新发展理念:高质量发展的战略引领[J].国家治理,2018(5):11-17.

[22] 任保平,李禹墨.新时代我国经济从高速增长转向高质量发展的动力转换[J].经济与管理评论,2019,35(1):5-12.

[23] 陶文昭.科学理解新发展理念[J].前线,2017(9):37-40.

[24] 王一鸣.大力推动我国经济高质量发展[J].人民论坛,2018(3):32-34.

[25] 刘伟.怎么看与怎样干——学习习近平新时代中国特色社会主义经济思想[J].时事报告(党委中心组学习),2019(05):109-128.

[26] 魏杰,汪浩.高质量发展的六大特质[N].北京日报,2018-07-23(014).

[27] 杨瑞龙.中国改革道路的经济学解释[N].中国社会科学报,2019-06-12(008).

[28] 中国宏观经济研究院."十四五"时期经济高质量发展思路研究[R].内部资料,2019.

[29] 李伟.高质量发展有六大内涵[J].中国总会计师,2018(2):9.

[30] 朱之鑫,张燕生,马庆斌,等.中国经济高质量发展研究[M].北京:中国经济出版社,2019.

[31] 赵华林.高质量发展的关键——创新驱动、绿色发展和民生福祉[J].中国环境管理,2018(4):5-9.

[32] 段炳德.深刻理解实现高质量发展的重要内涵[N].中国青年报,2018-02-12(002).

[33] 金碚.关于"高质量发展"的经济学研究[J].中国工业经济,2018(4):5-18.

[34] 宋国恺.新时代高质量发展的社会学研究[J].中国特色社会主义研究,2018(5):60-71.

[35] 何立峰.推动高质量发展是大势所趋 ——国家发展改革委主任何立峰详解高质量发展内涵和政策思路[J].电力设备管理,2018(5):25-27.

[36] 钱学森.论宏观建筑与微观建筑[M].杭州:杭州出版社,2001.

[37] 向爱兵.推动我国基础设施高质量发展[J].宏观经济管理,2020(8):13-20.

第三章

交通基础设施高质量发展的内在逻辑

内容摘要

交通基础设施高质量发展是螺旋式上升和波浪式前进的演化过程，其发展轨迹遵循交通基础设施与科学技术进步、经济社会发展已经形成的互动规律，其发展动力源于科技创新、制度创新、产业转型和消费升级。交通基础设施高质量发展的使命是推进中国式现代化和实现中华民族伟大复兴，核心价值是不断满足人民日益增长的美好生活需要，经济价值是全面提升国民经济运行系统效率和效益，社会价值是推动实现人的全面发展和社会全面进步。推动交通基础设施高质量发展，理论层面要以马克思主义世界观方法论为根本遵循、以供需均衡为核心经济规律和可持续发展思想为基础支撑；实践层面要以为中国人民谋幸福、为中华民族谋复兴为逻辑起点，以始终坚持中国共产党的统一领导和正确指引为逻辑原则，以深化供给侧结构性改革为逻辑主线，以立足新发展阶段、贯彻新发展理念、构建新发展格局为逻辑路径。

交通基础设施高质量发展战略与政策研究

RESEARCH ON HIGH-QUALITY DEVELOPMENT
STRATEGIES AND POLICIES
FOR TRANSPORTATION INFRASTRUCTURE

第一节

交通基础设施高质量发展的演化逻辑

一、高质量发展是不断向高级形态演进的过程

发展是人类社会永恒的主题[1]。经济社会包括交通基础设施领域的发展是一个连续性与阶段性相统一的历史过程,也是螺旋式上升和波浪式前进的演化过程。不同发展阶段经济社会面临的主要矛盾不同,其发展重点和要求也不同。1956 年中国共产党第八次全国代表大会关于政治报告的决议指出,“我们国内的主要矛盾,已经是人民对于建立先进的工业国的要求同落后的农业国的现实之间的矛盾,已经是人民对于经济文化迅速发展的需要同当前经济文化不能满足人民需要的状况之间的矛盾”[2]。在这样的主要矛盾前提下,交通基础设施领域发展的主要任务是支撑工业的发展和国民经济体系的构建。改革开放后,我国社会的主要矛盾转化为“人民日益增长的物质文化需要同落后的社会生产之间的矛盾”[3],加快交通基础设施建设和发展成为解放生产力、发展生产力的重要抓手。1982 年党的十二大报告指出,“当前能源和交通的紧张是制约我国经济发展的一个重要因素……我国经济建设总的奋斗目标是,在不断提高经济效益的前提下,力争使全国工农业的年总产值翻两倍……通观全局,为实现上述目标,最重要的是要解决好农业问题,能源、交通问题和教育、科学问题……总之,在今后二十年内,一定要牢牢抓住农业、能源和交通、教育和科学这几个根本环节,把它们作为经济发展的战略重点”[4]。进入 21 世纪的第二个 10 年,我国经济增速开始回落,经济下行压力加大,发展不平衡、不协调、不可持续的问题更加突出,环境资源人口约束加强,传统比较优势弱化,部分产业供过于求矛盾日益凸显。面对新形势、新问题、新趋势,以习近平同志为核心的党中央对我国经济发展阶段作出了“新常态”的判断,并在党的十九大提出了“中国特色社会主义进入新时

代,我国社会主要矛盾已经转化为人民日益增长的美好生活需要和不平衡不充分的发展之间的矛盾……我国经济已由高速增长阶段转向高质量发展阶段,正处在转变发展方式、优化经济结构、转换增长动力的攻关期”。[5]在这一背景下,交通基础设施发展不再局限于网络规模扩张和能力提升,而是要满足人民日益增长的美好生活需要,追求更高质量效率的交通供给。新中国成立 70 多年来的交通基础设施发展,逐步从供给严重短缺到基本适应经济社会发展需要再向更高质量、更高效率、更可持续方向演进。

二、交通基础设施演化进程中形成的互动规律

(一)交通基础设施与国民经济增长

交通基础设施与国民经济的关系是经济学家们长期关注的议题。早期经济学家(Rostow,1960;Hunter,1965;Ahmed,1976)坚信经济的增长与交通运输条件改善直接相关[6][7][8]。亚当·斯密(1776)在《国民财富的性质和原因的研究》中就曾指出,“一国商业的发达,全赖有良好的道路、桥梁、运河、港湾等等公共工程”[9]。第二次世界大战后,以罗森斯坦-罗丹(Rosenstein-Rodan)、罗根纳·纳克斯(Ragnar Nurkse)、阿尔伯特·赫希曼(Albert Hirschman)为代表的一批发展经济学家将交通、能源、水利、通信等基础设施界定为社会先行资本(Social Overhead Captital),并认为基础设施对经济发展的促进作用主要表现为增长效应与福利效应[10]。后来经济学家们逐步认识到经济发展过程的复杂性,交通基础设施对经济增长的促进作用主要体现在交通投资建设直接投入带来的产出效应和包括乘数效应、创造就业机会等在内的间接效应。凯恩斯主义认为基础设施投资作为国民经济的一项要素投入不仅能引起总产出直接增加,还会通过乘数效应影响资本积累;内生经济增长理论认为基础设施投资等活动的外部性是经济长期增长的根本源泉;新兴古典经济学认为分工才是经济发展的根本原因,基础设施水平提高的目的是降低交易成本、提高交易效率,而后通过扩大分工进而促进分工演进和经济增长。

交通基础设施投资建设拉动经济增长实证分析。交通基础设施是基础设施投资建设的重要领域,是推动经济增长的主要动力,更是重大危机发生后拉动经济回升、稳定经济社会运行秩序的"强心剂"和"压舱石"。回顾我国过去数十年的快速发展,以铁路、公路、机场等为代表的交通基础设施投资显著地拉动了国民经济增长,以致1981—2019年每年交通基础设施投资规模与GDP增长趋势线基本重合[11],如图3.1所示。同时,交通基本建设投资占GDP的比例从1981年的0.64逐步提升到2019年的3.20,交通基础设施投资在国民经济增长中的地位不断提升。当然,通过扩张性财政政策加大基础设施投资在应对重大突发事件中更是发挥了重要作用。1998年亚洲金融危机时,交通等基础产业就被选择为刺激经济的重点投资领域之一。1998年和1999年交通运输业固定资产投资与全国GDP的比例均达到3.2%,交通投资占全社会固定资产投资总额比例均达到9.5%。为应对2003年"非典"疫情对经济造成的影响,并借助我国加入WTO带来的机遇,政府采取加大基础设施投资政策。2003年全社会固定资产投资与全国GDP比例首次超过40%,其中交通投资与GDP比例首次超过3.5%,其后几年均保持快速增长。在应对2008年第一季度我国南方大部分地区暴雪冻雨灾害和下半年亚洲金融危机中,政府再次将加大基础设施投资作为刺激经济的重要手段,并产生持续性影响。2008年全社会固定资产投资与全国GDP比例首次达到55%,2009年达到66%,2010年更前所未有地接近70%。其中2009年和2010年交通投资与GDP比例分别达到6.4%和6.9%,而之前最高年份均未超过5%。

(二)交通基础设施与全球工业化

交通基础设施是工业化进程的基础条件,它构成了社会经济的基础。世界经济史表明,没有经历成功的工业化进程,就不可能成为繁荣富强的发达国家。而一定的工业化发展阶段需有相应水平的交通运输业和交通基础设施作支撑。工业化是由传统农业社会向现代工业社会转变的过程,其间第二产业产值在国内生产总值(GDP)中占比不断上升。工业化前期,第一产业相对第二产业所占比例仍较大,但第二产业比例在工业化进程中快速提升,原材料如煤、矿石、钢铁等大宗货物运量急剧增加,推动了水路、铁路等大运量方式的兴起和发展。西蒙·库兹涅茨(Simon S. Kuznets,1966)认为[12],当第二产业在三大产业中占比最高且第一产业占比降到20%以内时,国家进入工业化中期。这一阶段工业产品的价值不断提升,对货运服务质量会提出更高要求。因此,虽然铁路运输因其大容量、低成本、通达广的优势仍占据主导,但公路、航空等更加快速灵活的运输方式也在加快崛起。而当第一产业占比继续减至10%以内,并且第二产业占比也开始下降时,工业化步入后期阶段,第三产业逐渐占据主导地位。经济结构调整的影响也反映在交通运输的组织方式上,一方面工业产品高价值化的趋势越来越明显,另一方面蓬勃发展的服务业使得围绕效率和舒适性的客运需求大量增加。这些都为公路、航空运输的进一步发展提供了巨大推动力。总体来看,在世界各国的工业化进程中,随着产业结构的变化,交通运输需求及组织方式随之改变,交通基础设施的规划、布局和建设继而不断调整。

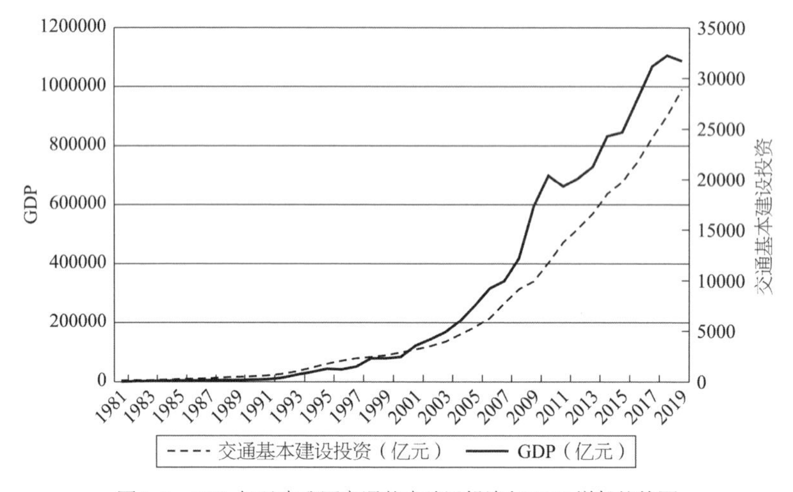

图3.1 1981年以来我国交通基本建设投资与GDP增长趋势图

资料来源:《中国统计年鉴》《全国铁路统计资料汇编》《全国交通统计资料汇编》《中国民航统计年鉴》《2019年交通运输行业发展统计公报》《2019年国民经济和社会发展统计公报》。

(三)交通基础设施与全球城镇化

城镇化进程发端于工业革命,并伴随工业化进程不断推进。工业革命之前的一百多年里,人类城市人口的比例始终徘徊在3%左右。而工业革命之后,世界城市人口的比例约以每50年翻一番的速度增长,2020年全球城镇化率已达56.15%。交通基础设施是城市运行和发展的重要物质基础,承载了城市化过程中的人口集聚、产业集聚,直接影响着城镇化演化进程。同时,城镇化是交通基础设施建设的出发点、落脚点和推动力,也是交通基础设施发挥作用的前提。事实上,城镇化与交通基础设施发展长期处于相互作用与相互影响的状态。一方面,交通基础设施的通达性会有效促进人口的大规模迁移,为城市化进程创造必要的人口条件;交通基础设施的改善可以降低要素流动成本,提升生产交易和商品流通效率,进而促进各种经济活动和产业在城市集聚;交通基础设施的辐射效应是城市化空间形态和区域格局的重要引导;交通基础设施投资的乘数效应和挤出效应会深刻改变城市的产业结构。另一方面,城镇化进程推进也会催生新的交通基础设施投资建设需求。同时,城镇化进程会带来经济活动的"规模效应"。交通基础设施可以将各个城镇节点有效串联起来,在"规模效应"的基础上发挥出"网络效应"。城镇的数量越充足,规模越庞大,体系越完善,交通基础设施对城镇化积极作用的放大效应也越大,经济效益也越高。但是,交通基础设施建设与城镇化的相互关系往往表现为时间上的不同步性。这主要由于交通基础设施投资的长周期性导致发挥效用往往存在时滞;同时,只有"以点连线、以线成面"的综合立体交通网络才能最大程度地发挥其对城镇化的承载力。当交通基础设施的发展滞后于城镇发展,城镇体系的发展就成为交通基础设施建设的推动力。这个时候,加快交通基础设施建设,可以弥补交通运输条件短板,使交通基础设施建设与城镇化需求及产业结构升级要求相适应,进而充分释放经济增长潜力,实现城市经济良性运转。

纵观世界发展历程,一个国家城镇化的历史在某程度上来说也是一部交通基础设施的发展史。一个国家城市化水平的提升必然伴随着交通基础设施的完善,而交通基础设施发展的不同阶段也会出现不同的城市形态。城镇化发展的需求和体现是以城镇空间体系为载体的,城镇的布局和发展推动着城镇在空间体系的演变。城市经济的快速增长促进了技术和知识的快速传播,在这一过程中带来了新的投资机会和更快的经济增长。同时,每种运输方式的变革和基础设施的升级,都在重塑产业形态,也带来了城镇空间体系的演变以及城镇空间的重新布局,促进城市不断扩展,逐步完成从小城镇到中小城市,从中心城市到大城市化的发展阶段。根据城镇化发展的一般规律,城市化的发展可以分为 5 个阶段,分别与工业化和产业发展的 5 个阶段相对应。每个阶段对交通基础设施的需求不同,交通基础设施对城市化进程的影响也不尽相同,详见表 3.1。

不同经济发展阶段对应的城镇化及交通基础设施发展特征 表 3.1

经济发展阶段	城市化发展			产业发展			交通基础设施发展	
	城市化阶段	城市化率	城市空间结构特征	主导产业	产业结构	生产特征	主要交通基础设施	对城市化的主要作用
前工业化阶段	城市化萌芽期	10%以下	点状和零星分布	农业	Ⅰ>Ⅱ	资源密集型	河流、土路	无
工业化前期(工业1.0)	城市化初期	30%以下	单中心团状	工业:轻工、采掘、冶金	Ⅰ>20%,Ⅰ<Ⅱ	劳动密集型	运河、铁路	促进人口迁移、单个城市规模扩张
工业化中期(工业2.0)	城市化中期前半段	30%~50%	带状或面状	工业:制造业、化学工业	Ⅰ<20%,Ⅱ>Ⅲ	劳动密集型、资本密集型	铁路、公路	促进要素流动、增强产业集聚
工业化后期(工业3.0)	城市化中期后半段	50%~70%	多中心网状、都市圈	工业和服务业:高附加值加工制造业和部分第三产业	Ⅰ<10%,Ⅱ>Ⅲ	资本密集型	公路、航空、管道	促进要素向城市周边区域扩散
后工业化阶段(工业4.0)	城市化后期	70%以上	城市群、城市连绵带	服务业	Ⅰ<10%,Ⅱ<Ⅲ	技术密集型	智能、绿色、高效、可靠的综合立体交通基础设施网络体系	引导城镇体系实现更高层次的空间分工协作

注:(1)在产业结构一栏中,Ⅰ、Ⅱ、Ⅲ分别代表第一、第二、第三产业产值占比。

(2)资料来源于国家发展改革委综合运输研究所《我国交通基础设施高质量发展战略研究》,2020 年。

三、交通基础设施高质量发展的动力与演化机理

(一)交通基础设施高质量发展的驱动力

影响交通基础设施发展的因素很多,包括不局限于技术进步、产业变革、消费升级、体制改革、政策创新、资源环境约束等。进入新发展阶段,交通基础设施发展需要在遵循一般演化规律的基础上,坚持创新是引领发展的第一动力,强化科技创新与制度创新双轮驱动,激发消费升级与产业转型的引擎作用,形成适应新时代新要求的高质量发展动力驱动机制。

科技创新驱动。习近平总书记指出,“要发展就必须充分发挥科学技术第一生产力的作用”[13];“科技创新是核心,抓住了科技创新就抓住了牵动我国发展全局的牛鼻子”[14]。交通基础设施领域是一个崇尚创新、勇于创新的行业,我国高速铁路、特大桥隧、离岸深水港、大型机场工程等建造技术世界领先,正是抓住了科技创新这个“牛鼻子”。新时代面临新一轮科技革命和产业变革带来的历史性机遇,大数据、物联网、人工智能等新技术、新业态与交通运输深度融合。科技创新已成为一股更为强大的发展动能,正深刻影响人们的生产生活方式和交通发展模式,不断引领交通基础设施高质量发展。

制度创新驱动。改革开放是中国大踏步赶上时代的重要法宝,制度创新是改革开放的强大动力和根本保障。纵观我国改革开放40多年的发展历程,我们以实践中存在的突出问题为突破口不断深化改革,实现了改革由局部探索、破冰突围到系统集成、全面深化的转变。进入新发展阶段,需要从制约高质量发展的突出问题和关键环节入手,把制度建设和治理能力建设摆到更加突出的位置,继续深化各领域各方面体制机制改革,推动各方面制度更加成熟更加定型,推进国家治理体系和治理能力现代化。交通基础设施领域由于发展不平衡、不充分问题仍然突出,体制机制改革进入了深水期,亟须下大气力推动体制创新、机制创新、管理创新和政策创新,从制度创新要动力,加快推动高质量发展。

产业转型驱动。进入高质量发展阶段,在新一代科技与产业变革深刻影响

和"碳达峰、碳中和"目标约束下,我国传统产业加快转型升级,战略性新兴产业不断培育壮大,制造业逐步迈向价值链中高端,并朝向高端化、智能化、绿色化方向转型发展。2021 年我国战略性新兴产业增加值 15.3 万亿元,占 GDP 的 13.4%,比 2014 年提高 5.8 个百分点,高技术制造业占规模以上工业增加值比例从 2012 年的 9.4% 提高到 2021 年的 15.1%。产业结构的转型升级将通过需求引领、投资拉动等方式驱动交通基础设施领域方方面面的转型升级和高质量发展,可以较小的投入加速推动交通基础设施网络向数字化、智能化、绿色化转型发展,大幅提升交通网的整体效能和运输组织效率,使我国交通网具备新功能、培育新形态、引领新发展。

消费升级驱动。目前,我国已成为全球中产阶级人数最多的国家, 2021 年最终消费支出对经济增长贡献率高达 65.4%,我国经济发展进入消费时代。近些年来,我国居民消费水平持续提高,消费结构不断优化升级,发展型享受型消费日益提升,耐用消费品持续升级换代,交通出行等消费快速增长。2021 年全国居民人均交通通信支出 3156 元,比 2012 年增长 117.5%,年均增长 9.0%,快于全国居民人均消费支出年均增速 1.0 个百分点,占人均消费支出的 13.1%,比 2012 年上升 1.1 个百分点。未来,随着居民收入水平提高和消费领域不断拓展,科技赋能推动消费结构持续优化升级,新消费引领经济加快发展,个性化、多样化、响应式交通供给等成为消费升级下交通基础设施发展的主要特征。消费升级驱动下交通枢纽功能已由传统运输转运中心向现代资源配置中心转型发展,无论是实体枢纽还是信息变革下的虚拟组织型枢纽,其本质特征是发挥枢纽的资源要素集聚辐射能力,为全球基础设施互联互通下资本、劳动力、知识和信息等资源要素高效配置提供载体和平台。

(二)交通基础设施与经济互促螺旋上升

交通基础设施高质量发展的内在演化逻辑遵循交通基础设施与经济互促发展的一般规律。在现代经济体系中,交通基础设施与现代产业体系等密切关联,与经济社会发展之间有着相互制约、相互推进的关系,并最终表现出共同螺旋上升的形式。一方面,交通基础设施发展对经济增长和社会进步的促进作用及重要影响毋庸置疑;另一方面,经济社会发展的需求变化和质量水平,直接影响到交通基础设施发展的目标方向和品质效益。同时,在不同时空条件下,交通基础设施与经济增长的相互作用关系和方式不尽相同,呈现动态阶段性。一般而言,在交通相对“短缺”阶段,交通运输条件的改善,可以有效促进经济要素在空间上合理配置,进而带来产业规模的增长和布局结构的优化,且交通运输在二者的关系逻辑中往往扮演主导性角色。然而,当交通条件逐步变得“充足”时,交通改善对经济和产业发展的边际作用会逐渐下降,产业在二者的逻辑关系中成为主导性角色,围绕产业结构变动和空间布局来配套交通设施、完善城市功能成为区域经济发展的一般模式。交通基础设施与经济互促发展的一般规律和演化作用机理如图 3.2 所示。

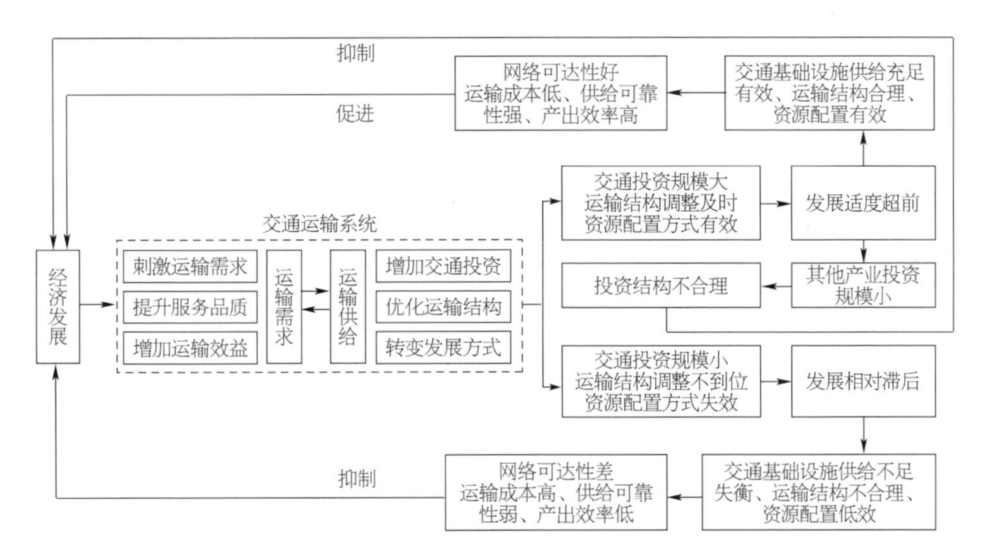

图 3.2　交通基础设施与经济互促发展的一般规律和演化机理示意图

资料来源:作者根据相关资料绘制。

(三)交通基础设施变革推动高质量发展

交通基础设施高质量发展的内在演化逻辑是在各种驱动力作用下推动交通基础设施领域发生变革并最终实现“量”变到“质”变的过程。交通基础设施发展是交通生产力由低水平向高水平不断演进的过程,也是伴随经济社会、环境资源、制度文化等多方面协调发展的过程。科学技术进步、经济制度变革、经济社会发展动力迭代升级和内外部环境深刻变化等,都有可能直接或间接推动交通基础设施变革。交通基础设施变革是不同历史阶段经济社会深刻变革的内在要求,是推动交通基础设施由低质低效水平不断向高级形态演进、从一般发展阶段向高质量发展阶段演进的主要表现形式。交通基础设施变革的核心内容是质量变革、效率变革和动力变革。质量变革是主体,效率变革是重点,动力变革是关键基础,以动力变革促进效率变革,进而实现质量变革。交通基础设施变革依靠多轮驱动,其中技术创新和制度创新是关键。技术创新(包括加速前沿技术突破和现有技术的应用)是提高交通质量效率水平的外部核心力量。制度创新是提高交通供给水平和能力的重要内生动能。交通基础设施变革的最终目的是满足不断升级的运输需求,扩大有效供给,更好满足人民群众日益增长的美好生活需要。交通基础设施变革推动实现高质量发展逻辑关系如图 3.3 所示。

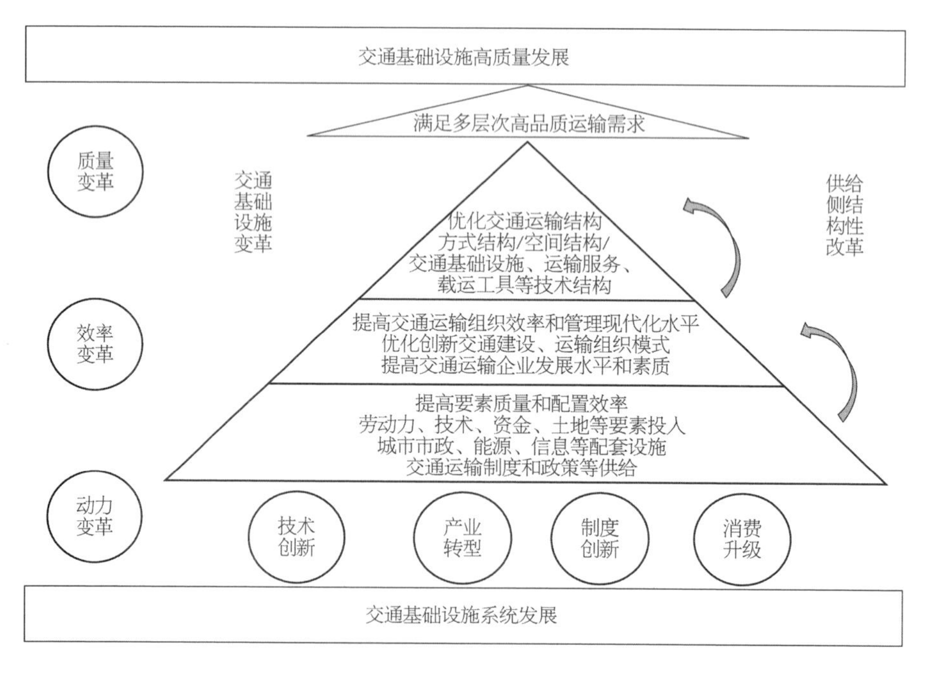

图 3.3 交通基础设施变革推动高质量发展的逻辑关系示意图

资料来源:作者根据相关资料绘制。

第二节

交通基础设施高质量发展的价值逻辑

一、使命价值:推进中国式现代化,实现中华民族伟大复兴

使命是一个国家追求发展的根本动力。我国交通基础设施高质量发展的使命是:构建形成现代化交通基础设施网络,服务支撑现代化经济体系建设,推进中国式现代化,实现中华民族伟大复兴。高质量发展是全面建设社会主义现代化国家的首要任务,实现高质量发展是中国式现代化的本质要求之一。推进交通基础设施高质量发展,就是要围绕社会主义现代化强国建设,不断强化支撑现代化经济体系建设,加快推动中国式现代化进程。基于问题导向和目标导向,升级基础设施发展理念,转变基础设施发展模式,着力构建更加综合、更加安全、更加绿色、更加智能的交通基础设施网络,有力支撑京津冀协同发展、长江经济带、乡村振兴、创新驱动发展等国家战略实施,适应人民日益增长的美好生活需要,更好发挥交通基础设施基础性、服务性、战略性、引领性作用,使交通基础设施成为经济发展、产业升级、新型城镇化、全球治理的关键支撑。

二、核心价值:不断满足人民日益增长的美好生活需要

高质量发展的核心要义和价值在于不断满足人民日益增长的美好生活需要[15]。交通运输与老百姓的衣食住行息息相关,是人民群众获得感、幸福感提升最直接的领域。推动交通基础设施高质量发展,归根到底是为了不断满足人民群众对美好出行和生产生活的需要。一直以来,中国共产党人始终坚持以人民为中心的发展思想,把为民、利民、惠民作为一切工作的出发点和落脚点,在不同时期、不同阶段统筹考虑人民对交通运输领域建设发展的各项需求,积极回应各个时期建设发展的集中诉求和突出矛盾,把民之所望变成发展方向,真

正做到人民交通为人民，人民交通靠人民、人民交通由人民共享、人民交通让人民满意。在交通运输生产过程中，党始终坚持人民利益至上、生命安全至上的原则，始终把安全作为头等大事来抓，强调要守住交通运输安全生产的红线和生命线；在城乡一体化和民生交通建设进程中，党始终坚持以人为本、普惠共享的原则，强调兜住交通运输基本公共服务底线，着力提升不同区域、不同群体之间的交通运输均等化水平；在打赢脱贫攻坚战中，党始终坚持精准扶贫、精准脱贫基本方略，聚焦深度贫困地区，以交通扶贫脱贫为抓手，着力增强贫困地区造血能力，确保交通发展成果切实惠及每一位人民群众。

三、经济价值：全面提升国民经济运行系统效率和效益

交通基础设施作为经济社会健康发展的基石，其网络化水平、质量、服务能力都直接关系国民经济体系整体效能。推动交通基础设施高质量发展，是经济高质量发展在交通运输领域的具体体现。从宏观经济视角看，交通基础设施高质量发展的经济价值在于畅通国民经济循环，全面提升国民经济运行的系统效率和效益。一方面，精准有效的交通基础设施投资建设能够产生巨大乘数效应和杠杆作用，在加倍扩大国民收入的同时有效扩大内需，进而带动消费的持续增长并最终扩大国内总需求，拉动国民经济增长；同时，高质量的交通基础设施建设，能够及时响应现代产业体系建设需求，有利于大力提升我国产业链、供应链的韧性、稳定性和安全性。另一方面，交通基础条件的自我完善和智慧交通、绿色交通的加快发展，有利于交通基础设施系统自身提质增效，降低物流成本，提升行业效率效益水平，畅通国民经济循环。从短期看，交通基础设施投资建设作为稳增长的重要抓手，将通过促就业、扩内需等有力举措稳住经济基本盘；从长期看，交通基础设施建设在坚持适度超前的基础上，更加注重对经济结构的长期调整要求，有利于充分发挥其引领产业高质量发展的作用。

四、社会价值：推动实现人的全面发展和社会全面进步

马克思历史唯物主义认为，以人为目的的发展才是真正的社会主义的发

展。交通基础设施高质量发展的社会价值,在于着眼于社会的总体进步和人的全面发展。交通基础设施高质量发展的最终目的,不是为了发展而发展,而是通过推动经济高质量发展,带动整个社会平稳和谐,更好地实现人民的利益、愿望和要求,更好地满足人民日益增长的美好生活需要,给人民带来更大获得感、幸福感、安全感,能够产生更大的福利效应。交通基础设施在减贫和促进社会公平方面扮演着重要角色,实现共同富裕是交通基础设施高质量发展追求的价值目标之一。交通基础设施对区域经济发展差距和社会收入分配差距具有双向作用[16]。一方面,经济发展要素资源通过交通基础设施从外围经济落后地区加速流向中心经济发达地区,进一步提升中心地区的集聚能力,给外围地区经济发展带来挑战;另一方面,交通基础设施建设将极大提升区域经济一体化水平,促进中心地区向外围地区的"溢出效应"产生,从而促进区域经济协调发展。只有当交通基础设施形成网络化,成为落后地区获取更多经济机会的工具时,交通基础设施才能真正发挥促进共同富裕的作用。

第三节

交通基础设施高质量发展的理论逻辑

一、理论遵循:始终坚持马克思主义世界观方法论

高质量发展在哲学范畴上属于马克思唯物辩证主义和历史唯物主义的观点[17],蕴含了唯物辩证的认识论、发展观、联系观、矛盾观和社会矛盾运动历史观、人生价值观等诸多哲学原理和方法。发展是解决我国一切问题的基础和关键。高质量发展是系统性和科学性的统一、量变与质变的辩证统一、发展前进性与曲折性的统一,是生产力与生产关系、经济基础与上层建筑辩证的统一。经济高质量发展是随着社会不断发展,经济实现从量变向质变转化,并通过对资源配置实现可持续发展的过程。经济增长主要强调的是量变过程,而高质量发展是由量变到质变的过程[18]。高质量发展不是对过去经济增长方式的否

定，而是一种站在新的历史方位上，对经济、社会发展规律的创造性把握。

习近平新时代中国特色社会主义思想是新时代中国共产党坚持和发展马克思主义的最新理论成果，以一系列原创性战略性重大思想观点丰富和发展了马克思主义，是当代中国马克思主义、21 世纪马克思主义。习近平新时代中国特色社会主义思想坚持和运用辩证唯物主义和历史唯物主义，结合中国实际和时代特征提出了人民中心论、社会主义现代化强国论、社会主要矛盾变化论、经济新常态论、供给侧结构性改革论、现代化经济体系论、高质量发展论、国家治理体系和治理能力现代化论、中国特色社会主义最本质特征论、人类命运共同体论等一系列新论断、新命题、新理念，这些重大思想观点都蕴含着对马克思主义世界观、认识论、方法论、价值论的继承和突破[19]。习近平新时代中国特色社会主义思想是指导我国交通基础设施高质量发展的理论遵循。

二、理论基础：遵循以供需均衡原理为核心的经济规律

供需均衡作为经济均衡发展的底层逻辑，也是交通基础设施高质量发展的理论基础。交通基础设施是运输能力的供给者，用于满足旅客或货主对时空位移的运输需求。运输需求本质上是一个派生的需求，一般产生于对最终消费品和服务的需求，以及对原材料和中间产品的需求。实现运输供需均衡通常有两种政策思路：一种是通过在供给侧扩展交通基础设施网络、运输线路、设备与服务等提高运输能力，满足运输需求；另一种在需求侧引导或管理需求。交通供给决定了运输需求的对象、方式、结构和水平；而运输需求又反过来引导交通供给，为供给创造动力。没有需求，供给就无法实现。推动交通基础设施高质量发展，就是要寻求交通供给与运输需求在长周期内实现动态均衡。同时，推动交通基础设施高质量发展，实际上是对交通运输资源的优化配置，其配置方式是逐步从帕累托改进到帕累托最优。在数量型增长阶段，生产要素从低生产率部门到高生产率部门重新配置，通常会导致资本回报和劳动报酬的提高。

三、理论支撑:坚持走崭新的可持续发展之路

可持续发展概念于1987年由世界环境与发展委员会在《我们共同的未来》报告中提出,其核心理念是经济发展、资源保护和生态环境保护相互协调,使子孙后代能够享有充足的资源和良好的资源环境。事实上,可持续发展的理论渊源可以追溯到古典经济学时期大卫·李嘉图的经济增长资源约束论和马克思主义有关人与自然的辩证关系、人的全面发展等重要论述[20]。习近平总书记指出,可持续发展是“社会生产力发展和科技进步的必然产物”,是“破解当前全球性问题的‘金钥匙’”;“大家一起发展才是真发展,可持续发展才是好发展”。同时,习近平总书记指出,开辟崭新的可持续发展之路,需要“坚持绿色发展,致力构建人与自然和谐共处的美丽家园”“坚持以人为本,努力建设普惠包容的幸福社会”“坚持共商共建共享,合力打造开放多元的世界经济”[21]。这些重要论断,着眼关乎人类社会发展前途和命运的三大关系——人与自然的关系、人与社会的关系、国家与国家的关系,科学阐释可持续发展的理论内涵,提出了彰显智慧和担当的中国方案,为推动可持续发展提供了科学理论遵循。

高质量发展是实现全面可持续的发展,是实现全体人民共同富裕,促进人与自然和谐共生,构建人类命运共同体的发展。要关注代际、不同群体、各个地区之间的公平,坚持以人为本,缩小贫富差距、消除贫困,努力建设普惠包容的幸福社会,实现社会可持续发展;要坚持“人与自然是生命共同体”“绿水青山就是金山银山”的理念,加快建设资源节约型、环境友好型社会建设,走生产发展、生活富裕、生态良好的文明发展道路;要秉持人类命运共同体理念,坚持共商共建共享,共同推动全球可持续发展[22]。推动交通基础设施高质量发展,需要以习近平经济思想、习近平生态文明思想、全球治理观等理论为指导,正确处理好交通基础设施建设发展过程中面临的人与自然、人与社会、国家与国家等关系,坚持走崭新的可持续发展之路。

第四节

交通基础设施高质量发展的实践逻辑

一、逻辑起点：为中国人民谋幸福、为中华民族谋复兴

为中国人民谋幸福、为中华民族谋复兴是中国共产党的初心使命，也是百年中国交通运输奋发图强、振兴发展的逻辑起点。自1840年鸦片战争以后，古老的东方大国逐步沦为半殖民地半封建社会，中华民族遭受了前所未有的劫难。从那时起，实现中华民族伟大复兴就成为中国人民和中华民族最伟大的梦想。交通运输是维护国家统一和稳定社会繁荣的基石，是实现中华民族伟大复兴的经济基础和先行领域。一百年来，无论是新民主主义革命时期为了完成反帝、反封建、反官僚资本的民族、民主革命任务，还是新中国成立后不同历史时期为了恢复发展国民经济、完成社会主义改造、开启改革开放和支撑中国特色社会主义现代化建设，我国交通运输领域在中国共产党的领导下始终坚守初心使命，一切发展以为中国人民谋幸福、为中华民族谋复兴为根本出发点和逻辑起点。推动交通基础设施高质量发展，必须以人民的幸福和中华民族的复兴为出发点和落脚点，这是由中国共产党的初心使命决定的。

二、逻辑原则：始终坚持中国共产党的统一领导和正确指引

历史实践证明，只有中国共产党才能领导中国，没有党的统一领导和正确指引，就没有现在辉煌的交通运输发展成就。始终坚持中国共产党的统一领导和正确指引，是中国百年交通发展和短时间内交通基础设施建设取得世界瞩目成就的历史经验。新中国成立前夕，党中央组织接管了大量日伪占领区的铁路、公路等交通设施和人员，修复开通了受到战争破坏的京包、陇海、京汉、粤汉、浙赣等一批重要干支铁路，为全国解放和新中国恢复国民经济奠定了有力

基础;新中国成立后,党克服一切困难领导全国人民开始大量交通新线建设,特别是依托“三线”建设加快弥补西北、西南地区交通短板,初步构建形成了通达全国的交通基础设施网络;改革开放以来,党提出要“加快发展以综合运输体系为主轴的交通业”,交通基础设施进入全面加速建设阶段,铁路、公路、航运、民航和管道等各种交通方式在各自独立成网的同时开始更加注重方式间、区域间的协调发展。党的十八大以来,党中央提出了一系列治国理政新理念新思想新战略,这为新时代我国交通运输健康可持续发展指明了方向,也为交通基础设施建设加快现代化进程提供了基本方略和根本遵循。在党的统一领导下,建成了港珠澳大桥、京张高铁、上海洋山港四期码头等一批世界级工程,高速铁路、高寒铁路、高速公路、特大桥隧建造技术等取得重大突破并跃居世界前列,“五纵五横”综合运输大通道、“八纵八横”高速铁路主通道和“71118”国家高速公路主线基本贯通,中国已成为名副其实的交通大国。

三、逻辑主线:牢牢把握深化供给侧结构性改革这条主线

推进供给侧结构性改革,是以习近平同志为核心的党中央深刻洞察国际国内形势变化,科学把握发展规律和我国现阶段经济运行主要矛盾,作出的具有开创性、全局性、长远性的重大决策部署,是习近平新时代中国特色社会主义思想的重要理论创新成果,也是解决突出矛盾和问题、推动经济社会持续健康发展的治本良方。《中共中央关于制定国民经济和社会发展第十四个五年规划和二〇三五年远景目标的建议》强调,“十四五”时期经济社会发展要以深化供给侧结构性改革为主线。党的二十大提出“要坚持以推动高质量发展为主题,把实施扩大内需战略同深化供给侧结构性改革有机结合起来”。进入新发展阶段,强调把实施扩大内需战略同深化供给侧结构性改革有机结合起来,并不意味否定供给侧结构性改革这条主线。事实上,推动供给侧结构性改革是由人民日益增长的美好生活需要和不平衡不充分的发展之间的矛盾决定的。这一矛盾从需求与供给的关系角度来说,其矛盾的主要方面焦点在于供给侧[23]。伴随着生产力水平的提升和物质产品的丰富,人们的需要已从追求“有”和“足”,转向了追求“美”与“好”。社会所提供的产品和服务,从质上已经不能有效地

满足人民日益增长的美好生活需要。换句话说,只要我国经济运行过程中存在的供需不匹配矛盾没有得到改变,就要牢牢把握供给侧结构性改革这条主线。

从西方经济学视角看,通过扩大投资、鼓励消费、增加出口等方式拉动经济增长属于需求侧范畴;而供给侧侧重解决长期结构性问题,主要通过改革的方法来优化要素配置,以提高供给体系质量和效率,更好适应、引领和创造新需求[24]。从政治经济学角度看,供给侧和需求侧二者不是非此即彼、一去一存,而是要相互配合、协调推进。要坚持供给侧结构性改革的战略方向,提升供给体系对国内需求的适配性,打通经济循环堵点,提升产业链供应链的完整性,使国内市场成为最终需求的主要来源,形成需求牵引供给、供给创造需求的更高水平动态平衡。从当下和长远来看,要实现经济高质量发展,必须处理好供给侧结构性改革和需求侧管理的关系,建设一个充满韧性、满足最终需求的供给体系[25]。经济发展最终靠供给推动,从长期看是供给创造需求。供给侧结构性改革的主旨是提高供给体系质量和效率,提高经济全要素生产率和长期增长潜力。深化供给侧结构性改革是实现高质量发展的必由之路,是贯穿经济工作全过程的主线。

推动交通基础设施高质量发展,需要把深化供给侧结构性改革这条主线贯穿于全过程,更好统筹深化供给侧结构性改革和实施扩大内需战略,通过提升交通供给体系的质量效率来强化其对经济社会需求的适配性。也就是说,要围绕服务支撑国家战略,聚焦交通基础设施薄弱环节和瓶颈制约,加快构建现代化交通基础设施网络。要深化交通基础设施领域改革,健全长期稳定可预期的制度安排,充分发挥市场在资源配置中的决定性作用,更好发挥政府作用,推动有效市场和有为政府更好结合,为深化供给侧结构性改革创造有利的环境条件。要在交通领域持续推动质量变革、效率变革、动力变革,使发展成果更好惠及全体人民。

四、逻辑路径:立足新发展阶段、贯彻新发展理念、构建新发展格局

立足新发展阶段、贯彻新发展理念、构建新发展格局是党中央在对我国当前发展阶段的战略判断下,为实现高质量发展而作出的战略选择、结构设计和

行动方案。新发展阶段、新发展理念、新发展格局之间存在必然的内在逻辑关联,高质量发展是贯穿三者的内在逻辑主线、精髓和灵魂[26]。新发展阶段是发展的环境或坐标,新发展理念是发展的理念遵循和行动指南,新发展格局是发展的路径选择和运行结构,高质量发展则是发展的目标和绩效。

对交通基础设施而言,立足新发展阶段、贯彻新发展理念、构建新发展格局三者之间的逻辑关系反映了推动交通基础设施高质量发展的逻辑路径。推动交通基础设施高质量发展,要立足新发展阶段,完整、准确、全面贯彻新发展理念,服务支撑构建新发展格局。具体来讲,一是交通基础设施高质量发展必须考虑国情和交通行业的技术经济特征,要把交通运输领域面临的现实问题和发展需求结合起来。二是发展理念是发展行动的先导,推动交通基础设施高质量发展,必须以新发展理念为引领,切实把新发展理念贯彻于交通现代化建设实践中。创新是引领发展的第一动力,协调是持续健康发展的内在要求,绿色是永续发展的必要条件和人民对美好生活追求的重要体现,开放是国家繁荣发展的必由之路,共享是中国特色社会主义的本质要求。习近平总书记指出,“新发展理念和高质量发展是内在统一的,高质量发展就是体现新发展理念的发展”。新发展理念为推动实现交通基础设施高质量发展提供了根本遵循。三是加快构建以国内大循环为主体、国内国际双循环相互促进的新发展格局,是推动经济实现质的有效提升和量的合理增长的重要路径,是推动交通基础设施高质量发展的战略基点。交通基础设施是支撑国民经济循环的重要载体,是链接国际国内两个市场、配置国际国内两种资源的基础条件和重要纽带。

本章参考文献

[1] 习近平致“纪念《发展权利宣言》通过30周年国际研讨会”的贺信[N]. 人民日报,2016-12-05(01).

[2] 中国共产党第八次全国代表大会关于政治报告的决议(中国共产党第八次全国代表大会通过——一九五六年九月二十七日)[N]. 人民日报,1956-09-28(01).

[3] 中国共产党中央委员会关于建国以来党的若干历史问题的决议[M]. 北京:人民出版

社,2009.

[4] 胡耀邦. 全面开创社会主义现代化建设的新局面——在中国共产党第十二次全国代表大会上的报告[EB /OL]. (1982-9-1)[2022-11-11]. https://fuwu. 12371. cn/2012/09/27/ARTI1348712095996447. shtml.

[5] 习近平. 决胜全面建成小康社会夺取新时代中国特色社会主义伟大胜利——在中国共产党第十九次全国代表大会上的报告[M]. 北京:人民出版社,2017.

[6] H HUNTER. Transport in Soviet and Chinese Development[J]. Economic Development and Cultural Change,1965(14):71-72.

[7] Y AHMED,P O'SULLIVAN,WILSON D SUJONO. Road Investment Programming for Developing Countries: An Indonesian Example[M]. Evanston:Northwestern University,1976.

[8] W W ROSTOW. The Stages of Economic Growth[M]. Cambridge: Cambridge University Press, 1960.

[9] 亚当・斯密. 国民财富的性质和原因的研究[M]. 下卷. 北京:商务印书馆,1983:285.

[10] 李平,王春晖,于国才. 基础设施与经济发展的文献综述[J]. 世界经济,2011(5):94-95.

[11] 吴文化,向爱兵. "新基建"与传统基建需协同发力[N]. 经济日报,2020-4-15(11).

[12] 西蒙・库兹涅茨. 各国的经济增长[M]. 赏勋,等译. 北京:商务印书馆,1991.

[13] 习近平. 让工程科技造福人类、创造未来——在2014年国际工程科技大会上的主旨演讲[N]. 人民日报,2014-06-04(02).

[14] 习近平. 为建设世界科技强国而奋斗——在全国科技创新大会、两院院士大会、中国科协第九次全国代表大会上的讲话[N]. 人民日报,2016-06-01(02).

[15] 邹广文,华思衡. 论以人民为中心的高质量发展[J]. 求是学刊,2022,49(3):18-24.

[16] 黄乾. 交通基础设施网络化促共同富裕[EB/OL]. (2020-11-04)[2022-08-03]. https://www. cssn. cn/skgz/bwyc/202208/t20220803_5459859. shtl.

[17] 刘思妗. 高质量发展的历史逻辑、理论逻辑及实践要求——基于历史唯物主义与辩证唯物主义视角的考察[J]. 学习月刊,2021(5):16-20.

[18] 孙琳. 新发展理念与马克思主义发展观[J]. 理论探讨,2019(3):68-74.

[19] 中共中央宣传部. 习近平新时代中国特色社会主义思想学习问答[M]. 北京:学习出版社,人民出版社,2021.

[20] 范雪,刘建涛. 马克思可持续发展思想研究综述[J]. 西部学刊,2021(12):24-27.

[21] 中国国际发展知识中心.开辟崭新的可持续发展之路的科学指引(深入学习贯彻习近平新时代中国特色社会主义思想)——深入学习贯彻习近平总书记关于可持续发展的重要论述[N].人民日报,2021-11-16(09).

[22] 中共新华社党组.坚定不移推进高质量发展(深入学习贯彻习近平新时代中国特色社会主义思想)——深入学习《习近平谈治国理政》第四卷[N].人民日报,2022-09-14(11).

[23] 何欣荣.加强供给侧结构性改革[EB/OL].(2022-04-01).http://www.banyuetan.org/szjj/detail/20220401/1000200033135991648779725702876901_1.html.

[24] 黄守宏.坚持以深化供给侧结构性改革为主线(深入学习贯彻党的十九届五中全会精神)[N].人民日报,2020-12-11(07).

[25] 人民日报评论部.更好统筹供给侧结构性改革和扩大内需(人民观点)——形成共促高质量发展的合力[N].人民日报,2023-01-04(05).

[26] 刘志彪.高质量发展是三个“新”内在关联的逻辑主线[J].人民论坛,2021(3):24-27.

第四章

交通基础设施高质量发展的总体战略

内容摘要

推动交通基础设施高质量发展，应在客观认识交通基础设施发展现状水平、存在问题和准确把握新发展阶段时代特征以及新形势新要求的基础上，科学确立交通基础设施高质量发展的战略思路和推进策略。应始终坚持以人民为中心的发展思想，立足新发展阶段，完整、准确、全面贯彻新发展理念，主动融入服务支撑构建新发展格局，统筹协调好交通基础设施系统规模与结构间、存量与增量间、传统与新型间及其与外部经济社会、资源环境间的关系。应以优化创新为抓手、以系统提质增效为主攻方向、以转型升级为关键路径，加快推进交通基础设施网络化、精细化、人本化、绿色化、智慧化发展。应围绕战略使命和目标，有计划、有重点、分步骤实施战略任务，完善交通基础设施高质量发展政策体系，加强交通基础设施高质量发展的要素保障。

交通基础设施高质量发展战略与政策研究

RESEARCH ON HIGH-QUALITY DEVELOPMENT
STRATEGIES AND POLICIES
FOR TRANSPORTATION INFRASTRUCTURE

第一节

客观认识交通基础设施发展现状水平和存在问题

新中国成立以来，经过数十年的大规模投资建设和快速发展，我国交通基础设施领域已形成庞大的网络规模优势，各交通方式网络规模结构持续拓展提升，交通基础设施部分领域科学技术水平已领先世界。总体判断，“十四五”期前半程，我国交通基础设施领域已迈入高质量发展“起步期”。但是，对标高质量发展目标要求，我国交通基础设施领域区域间、城乡间、不同交通方式间、不同消费群体间、新旧业态间发展不平衡问题仍然突出，交通基础设施“产业链断链”“建养运分离”“重建轻养”等现象仍然存在，财务可持续、资源环境可持续问题成为高质量发展难题，自主创新力和智能化、绿色化发展水平亟待提高。

一、我国交通基础设施领域已具备迈向高质量发展基础和条件

（一）交通基础设施网络已形成庞大的规模优势

改革开放以来，经过数十年的大规模投资建设和快速发展，我国交通基础设施领域已形成超大网络规模优势，网络规模持续扩大，网络结构日趋优化，覆盖广度不断提升，通达深度持续增强，基本形成了以“十纵十横”综合运输大通道①为主骨架，高速铁路、高速公路、普通国干线、内河高等级航道、油气管网和港口、机场、民用航线等互联互通的现代立体综合交通网。

目前，我国运输线路总里程规模、高速铁路和高速公路里程、沿海港口总吞吐能力等位居世界第一[1]，高速铁路、重载货运铁路、高速公路、集装箱港口等现代交通从无到有，特别是高速铁路总里程占世界高速铁路总里程的60%以

① 2017年国务院印发《“十三五”现代综合交通运输体系发展规划》，首次提出“十纵十横”综合运输大通道，通道具体线路情况参见专栏5.1。

上，拥有年货物吞吐量超过亿吨的港口 40 余个，年集装箱吞吐量超过 100 万 TEU 的港口 30 余个，在全球前 10 大港口和前 10 大集装箱港中，我国分别占据 8 席和 7 席。内河航道能力不断提升，民航机场和航线里程快速发展，管道运输里程高速增长，城市公交和轨道交通、农村公路进入全面协调发展阶段[2]。截至 2020 年底，全国铁路营业里程 14.63 万公里，电气化率达 72.8%，其中高铁营业里程3.8 万公里以上；公路里程519.81 万公里，其中高速公路里程16.1 万公里，普通国道二级及以上公路占比超过 75%；内河航道通航里程 12.77 万公里，其中等级航道6.73 万公里，港口生产用码头泊位 22142 个，其中万吨级以上泊位2592 个；颁证民用航空机场 241 个（详见表 4.1）。高速铁路、高速公路和民航机场分别覆盖了 95% 的百万以上人口城市、98% 的 20 万以上人口城市和 92% 的地级市[3]。

2010—2020 年交通基础设施完成情况 表 4.1

指标	单位	2010 年	2015 年	2018 年	2020 年
铁路营业里程	万公里	9.1	12.1	13.1	14.63
其中：高速铁路	万公里	0.51	1.9	2.9	3.8
铁路复线率	%	41	52.9	60.6*	59.5
铁路电气化率	%	47	60.8	72.3*	72.8
公路通车里程	万公里	400.8	457.73	484.65	519.81
其中：高速公路建成里程	万公里	7.41	12.35	14.26	16.1
建制村通沥青（水泥）路率	%	81.7	94.5	98.3	100
内河高等级航道里程	万公里	1.02	1.15	1.35	1.44
油气管网里程	万公里	7.9	11.2	13.6	14.4
城市轨道交通运营里程	公里	1400	3300	5295.1	7545.5
港口万吨级及以上泊位数	个	1661	2221	2444	2592
民用运输机场数	个	175	207	235	241

注：（1）数据来源于 2010 年公路水路交通运输行业发展统计公报；2015 年、2018 年、2020 年交通运输行业发展统计公报；原中国铁路总公司 2018 年统计公报；2020 年规划目标来源于《“十三五”综合交通运输体系发展规划》；2018 年油气管网数据来源于《国际石油经济》2019 年第 3 期《2018 年中国油气管道建设新进展》。

（2）* 表示国家铁路复线率和电气化率。

(二)各交通方式网络规模结构持续拓展提升

1. 铁路里程不断跃升,高铁城轨密布成网

近些年来,我国高速铁路加速成网,普通铁路干线加快建设,铁路总营业里程规模不断扩大,铁路网覆盖了城区常住人口20万以上的大部分城市,基本建成了以高速铁路为骨架、城际铁路为补充的快速客运网络,构建形成了世界上最现代化的铁路网和最发达的高速铁路网。截至2020年底,我国铁路营业里程14.6万公里,铁路路网密度152.3公里/万平方公里;其中,高速铁路营业里程3.8万公里,全国铁路复线率为59.5%,电化率为72.8%,均位居世界第一(详见图4.1)。

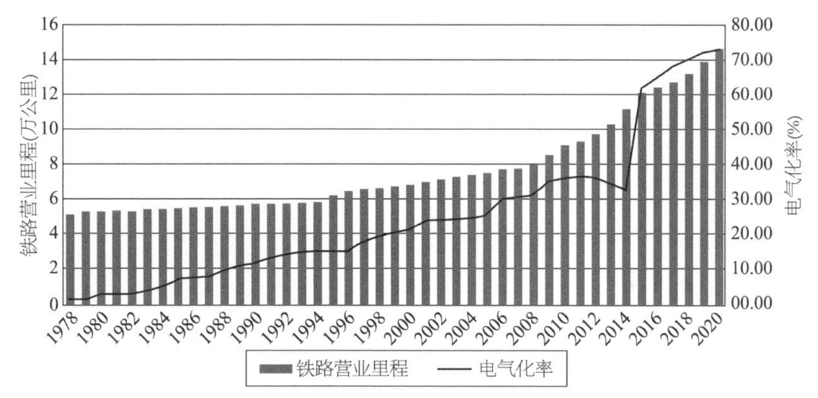

图4.1 改革开放以来(1978—2020年)我国铁路营业里程及电气率变化示意图

注:(1)资料来源于《中国统计年鉴2019》《2020铁道统计公报》。

(2)铁路电气化率2014年及以前根据国家铁路电气化里程推算,2015年起根据全国铁路电气化里程推算。

高速铁路实现跨越式发展。党的十八大以来,我国高速铁路新增投产营业里程3.1万公里,"四纵四横"高铁主通道①提前全部贯通,"八纵八横"高铁网正在加密形成,高铁已经覆盖了全国92%的50万人口以上的城市。京津冀、长三角、珠三角等地区城际铁路加快建设,有力支撑引领了新型城镇化建设,有效

① "四纵四横"是《中长期铁路网规划(2008年调整)》规划提出的铁路快速客运网主骨架。"四纵"指:北京—上海高速铁路,北京—武汉—广州—深圳(香港)高速铁路,北京—沈阳—哈尔滨(大连)高速铁路,杭州—宁波—福州—深圳高速铁路;"四横"指徐州—郑州—兰州高速铁路,上海—杭州—南昌—长沙—昆明高速铁路,青岛—石家庄—太原高速铁路,上海—南京—武汉—重庆—成都高速铁路。

连接了大中城市与中心城镇,服务于城市群通勤。截至2020年底,全国高速铁路营业里程达到3.8万公里(详见图4.2),占世界高速铁路里程超过2/3。

图4.2 我国高速铁路营业里程增长趋势示意图

资料来源:根据交通运输行业统计公报和原中国铁路总公司公开数据整理。

城市轨道交通里程快速增长,超大、特大城市轨道交通加速成网。根据中国城市轨道交通协会统计[4],截至2020年底,全国共有45个城市开通城市轨道交通运营线路244条,运营线路总长度7969.7公里。其中,地铁运营线路6280.8公里,占比78.8%;其他制式城市轨道交通运营线路1688.9公里,占比21.2%;网络化运营城轨交通的城市不断增加。拥有4条及以上运营线路,且换乘站3座及以上的城市22个,占已开通城市轨道交通运营城市总数的49%。城市轨道交通网络化运营效益已逐步实现。

2. 公路网络规模持续扩大,技术等级结构不断提升

近些年来,我国国家高速公路网络规模不断增加,普通国省干线公路连接了全国县级及以上行政区,农村公路通达所有具备条件的乡镇和建制村,基本建成首都连接省会、省会彼此相通,建成了连接主要地市、覆盖重要县市的国家高速公路网和以县城为中心、乡镇为节点、建制村为网点的城乡交通网。截至2020年底,全国公路总里程519.81万公里,公路密度达到54.15公里/百平方公里;高速公路里程16.10万公里(详见图4.3),高速公路车道里程72.31万公里。

分技术等级看,2020年全国四级及以上等级公路里程494.45万公里,占公

路总里程95.1%；二级及以上等级公路里程70.24万公里，占公路总里程13.5%；高速公路里程16.10万公里，占公路总里程的3.1%（详见图4.4）。与2000年相比，公路技术等级有了显著提升，二级及以上等级公路、高速公路里程分别增加51.16万公里和14.38万公里，分别是2000年的3.7倍和9.8倍。

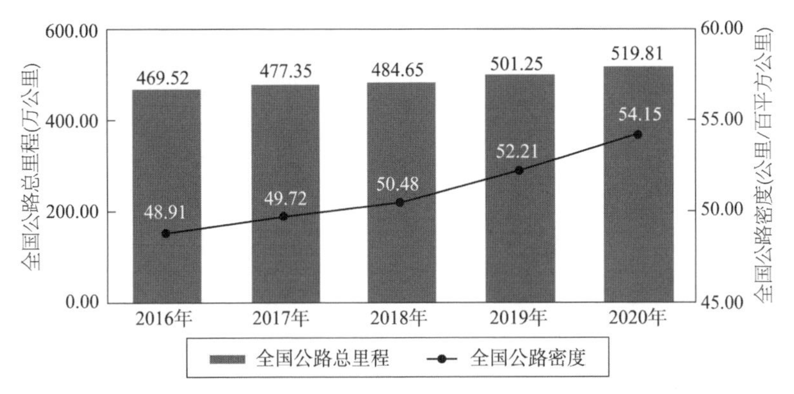

图4.3　2016—2020年全国公路总里程及公路密度变化情况

资料来源：2020年交通运输行业统计公报。

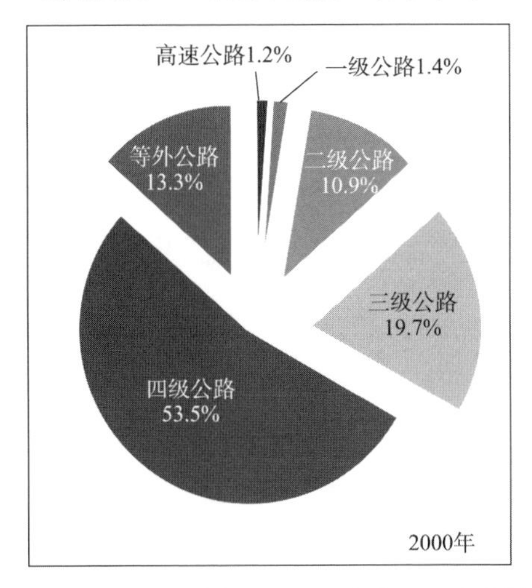

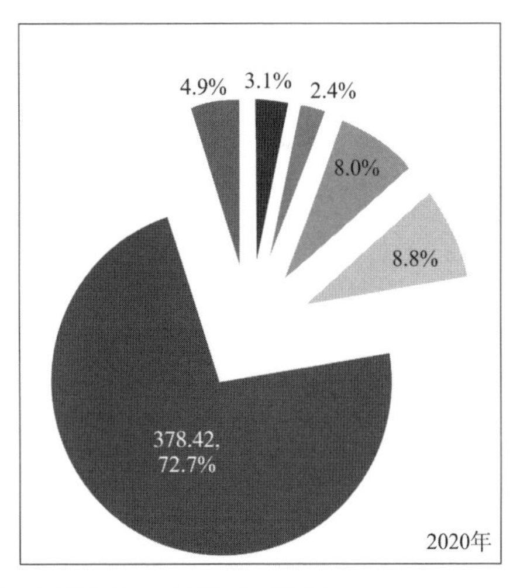

图4.4　2000年和2020年全国公路里程分技术等级构成对比图

资料来源：《2000年公路水路交通行业发展统计公报》《2020年交通运输行业发展统计公报》。

3. 航道设施结构持续优化，港口专业化大型化深水化

内河航道条件持续改善，通江达海、干支衔接的航道网络进一步完善。长江、西江、京杭运河等航道通航条件不断改善，初步建成了以“两横一纵两网十八线”为主体的内河航道体系。截至2020年底，内河航道通航里程达12.77万

公里。其中,等级航道6.73万公里,占总里程52.7%;三级及以上高等级航道里程1.44万公里,占总里程11.3%。按水系分布,长江水系64736公里,珠江水系16775公里,黄河水系3533公里,黑龙江水系8211公里,京杭运河1438公里,闽江水系1973公里,淮河水系17472公里。

沿海港口呈现专业化、大型化、深水化趋势,已形成环渤海、长江三角洲、东南沿海、珠江三角洲和西南沿海五大港口群,主要港口正在向世界一流港口迈进,全球前10位的亿吨港口中国占据7席。截至2020年底,全国港口拥有生产用码头泊位22142个,其中沿海港口生产用码头泊位5461个,内河港口生产用码头泊位16681个。全国港口拥有万吨级及以上泊位达到2592个,位居世界第一位,10万吨级及以上泊位达到440个;其中,沿海港口万吨级及以上泊位2138个,内河港口万吨级及以上泊位454个。在全国万吨级及以上泊位中,专业化泊位1371个,通用散货泊位592个,通用件杂货泊位415个(详见表4.2)。

2016—2020年全国万吨级及以上泊位构成(按主要用途分)　　表4.2

泊位用途	单位	2016年	2017年	2018年	2019年	2020年
专业化泊位	个	1223	1254	1297	1332	1371
#集装箱泊位	个	329	328	338	352	345
煤炭泊位	个	246	246	252	256	265
金属矿石泊位	个	83	84	85	84	85
原油泊位	个	74	77	82	85	87
成品油泊位	个	132	140	140	143	147
液体化工泊位	个	200	205	217	226	239
散装粮食泊位	个	39	41	41	39	39
通用散货泊位	个	506	513	531	559	592
通用件杂货泊位	个	381	388	396	403	415

资料来源:2006—2020年历年交通运输行业发展统计公报。

4. 民航机场建设有序推进,航空保障能力大幅提升

运输机场功能布局加快完善,区域枢纽机场功能不断增强,为我国经济社会发展注入了新的动力。截至2020年底,中国民用航空颁证运输机场241个,全国航路航线总里程23.7万公里。其中,年旅客吞吐量达到1000万人次以上

的通航机场27个[①],年货邮吞吐量10000吨以上的通航机场59个,平均每10万平方公里拥有约2.5个运输机场,每百万人口拥有机场约0.2个,覆盖了我国约90%以上的人口和国内生产总值区域。北京、上海、广州机场的国际枢纽地位明显提升,成都、深圳、昆明、西安、重庆、杭州、厦门、长沙、武汉、乌鲁木齐等机场的区域枢纽功能显著增强,上海虹桥、西安、郑州、武汉等一批大型机场成为重要的综合交通枢纽,初步形成了以北京、上海、广州等国际枢纽机场为中心,省会城市和重点区域枢纽机场为骨干,其他干支机场相互配合的机场格局。同时,一些边远地区的通勤航空、基本航空服务试点工作稳步实施,有条件地区的无人机物流配送工作试点已经启动。截至2020年底,我国已发布通用机场340个,其中已取证通用机场77个,已备案机场258个,其他起降场5个。2010—2020年颁证民用运输机场数量和定期航班航线里程变化情况如图4.5所示。

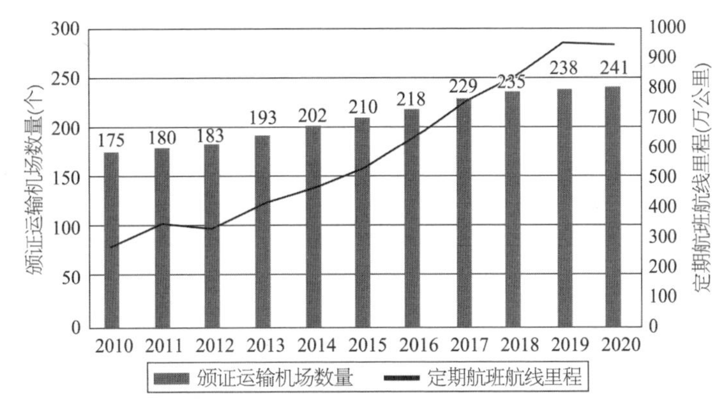

图4.5　2010—2020年颁证民用运输机场数量和定期航班航线里程变化情况

注:(1)2011年起民航航线里程改为定期航班航线里程,图中数据按不重复距离计算;

(2)数据来源于历年民航行业发展统计公报。

5.油气管网建设快速推进,骨干网布局基本形成

我国油气管网等基础设施快速发展,有力促进了能源资源的优化配置,提升了能源资源的输送和分配效率,满足了不断增长的多样化能源需求,为国民经济发展提供了重要的动力支撑。截至2020年底,我国输油(气)管道里程

① 年旅客吞吐量达到1000万人次以上的通航机场数量总体呈逐年增加态势。2020年总数量较2019年减少了12个,年货邮吞吐量达到10000吨以上通航机场数量与2019年持平。

12.87万公里(详见图4.6)。油气骨干管网基本形成“西油东送、北油南运、西气东输、北气南下、缅气北上、海气登陆”的多源供应格局[5]。在天然气输送方面,国内已经形成由西气东输、陕京线系统、川气东送等骨干管道以及相关联络线共同组成的全国性天然气管网,初步实现与环渤海、长三角、东南沿海三大主力市场的衔接。在油品输送方面,国内原油可通过西部管道工程、东北管道工程等输送,进口原油可利用西北、西南、东北、海上原油战略管道输送,这对保障我国能源安全、促进经济社会发展发挥了重要作用。

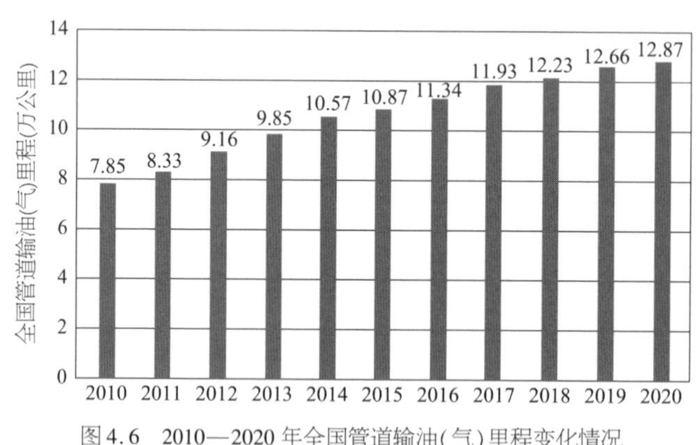

图4.6　2010—2020年全国管道输油(气)里程变化情况

资料来源:国家统计局。

6.邮政网络全域覆盖,快递网点规模全球第一

目前,我国已经基本形成航空、铁路、公路等多种交通运输方式综合利用,连接城乡、覆盖全国、连通世界的现代邮政和快递服务网络。截至2020年底,全国邮路总条数达3.7万条,邮路总长度(单程)达1187.4万公里;邮政农村投递路线10.1万条,农村投递路线长度(单程)410.4万公里;邮政城市投递路线10.7万条,城市投递路线长度(单程)219.4万公里;全国快递服务网路条数20.7万条,快递服务网路长度(单程)4091.4万公里。邮政快递设施方面,全国拥有各类营业网点数量34.9万处,其中设在农村11.1万处;快递服务营业网点22.4万处,其中设在农村7.1万处。服务能力方面,2020年全行业平均每一营业网点服务面积27.5平方公里、服务人口0.4万人[6]。邮政快递业有力支撑乡村振兴战略,实现了55.6万个建制村直接通邮,快递乡镇网点覆盖率达到98%,邮政乡乡设所、村村通邮总体实现。

(三)交通基础设施部分领域科技水平已世界领先

经过多年连续科技攻关,我国交通基础设施领域科技创新能力大幅跃升,核心技术逐步自主可控,筑路、建桥、修隧等技术取得重大突破,特大桥梁、长大隧道、多塔连跨悬索桥、快速成岛技术和高速铁路、高寒铁路、高原铁路、重载铁路技术达到世界领先水平,高原冻土、膨胀土、沙漠等特殊地质公路建设技术攻克世界级难题,离岸深水港建设关键技术、巨型河口航道整治技术、长河段航道系统治理技术以及大型机场工程建设技术世界领先。

一批举世瞩目的交通超级工程建成[7]。世界单条运营里程最长的京广高铁全线贯通,一次性建成里程最长的兰新高铁,世界首条高寒地区高铁哈大高铁开通运营,大秦重载铁路年运量世界第一,世界上海拔最高的青海果洛藏族自治州雪山一号隧道通车。川藏铁路雅安至林芝段开工建设。港珠澳大桥、西成高铁秦岭隧道群、长江口深水航道治理等系列重大工程举世瞩目。港珠澳大桥是公路建设史上技术最复杂、施工难度最大、工程规模最大的桥梁工程,其海底沉管隧道和深埋沉管隧道工程为世界海底隧道工程技术提供了独特的样本和宝贵的经验。北京大兴国际机场通航,其中的世界上唯一一座"双进双出"航站楼通过空间层次的划分实现了不同的服务功能,被誉为"新世界七大奇迹"之首。目前,中国在建和在役公路桥梁、隧道总规模世界第一。世界主跨径前十位的斜拉桥、悬索桥、跨海大桥,中国分别有 7 座、6 座、6 座。世界最高的 10 座大桥中有 8 座在中国。

交通运输基础设施领域智能化不断取得突破。5G、大数据、人工智能等新兴技术在交通基础设施领域得到充分运用,智慧港口、智能航运等技术也获得广泛应用,智慧公路、智能投递等应用逐步深入。厦门、青岛港相继建成全自动化集装箱码头,全球最大单体自动化智能码头和全球综合自动化程度最高的码头——上海洋山港四期码头开港,标志着我国港口行业在运营模式和技术应用上实现了里程碑式的跨越升级和重大变革。智能投递设施遍布全国主要城市,自动化分拣覆盖主要快递企业骨干分拨中心。高速公路电子不停车收费系统(ETC)等新技术应用成效显著。全国 95% 以上的民用运输机场和主要航空公司实现“无纸化”出行[1]。北斗系统在交通运输全领域得到广泛应用，京张高铁成为世界首条采用北斗卫星导航系统并实现自动驾驶等功能的智能高铁。

二、“十四五”期前半程交通基础设施进入高质量发展“起步期”

（一）“十四五”规划交通建设任务总体稳步推进

2023年是贯彻党的二十大精神的开局之年，也是“十四五”规划中期评估之年。对标《“十四五”现代综合交通运输体系发展规划》，“十四五”期前半程我国交通基础设施发展总体满足预期，城市轨道交通运营里程已超前完成目标，高速铁路、高速公路营业里程稳步增长，枢纽机场轨道交通接入率、建制村快递服务通达率等结构性指标符合预期。但是，民用运输机场数、内河高等级航道里程、沿海港口重要港区铁路进港率等指标进度未达预期，进展偏慢（详见表4.3）。

“十四五”交通基础设施规划目标指标进展情况表　　表4.3

类别	指标	2020年	2022年③	2025年	进展速度
设施网络	1. 铁路营业里程（万公里）	14.6	15.5	16.5	符合预期
	其中：高速铁路营业里程	3.8	4.2	5	符合预期
	2. 公路通车里程（万公里）	519.8	535.48	550	较快
	其中：高速公路建成里程	16.1	17.73	19	较快
	3. 内河高等级航道里程（万公里）	1.61	1.48	1.85	偏慢
	4. 民用运输机场数（个）	241	254	>270	偏慢
	5. 城市轨道交通①运营里程（公里）	6600	9554.6	10000	已实现
衔接融合	6. 沿海港口重要港区铁路进港率（%）	59.5	62④	>70	偏慢
	7. 枢纽机场轨道交通接入率②（%）	68	72④	80	符合预期
	8. 集装箱铁水联运量年均增长率（%）	—	10④	15	偏慢
	9. 建制村快递服务通达率（%）	50	95	>90	已实现

注：①指纳入国家批准的城市轨道交通建设规划中的大中运量城市轨道交通项目；②指国际枢纽机场和区域枢纽机场中连通轨道交通的机场数量占比；③2022年数据来源于交通运输部网站；④数据源于有关部门调查资料。

(二)交通投资规模增长和结构调整优化

2020—2022年,我国交通基础设施领域投资建设仍然保持了稳步推进态势,一批高速铁路、高速公路相继建成通车,铁路、公路路网的覆盖广度、深度不断延展,各种交通方式合理分工和一体衔接水平持续提升。3年来,全国交通固定资产投资[①]累计完成109548亿元,接近"十二五"期总和,与"十三五"同期(2015—2017年)相比增长26.5%。从交通投资结构来看,铁路投资规模在多年保持高位后开始下降,公路和民航投资规模仍保持大幅增长态势,水运投资规模止降回升。铁路自2014年以来连续保持8000亿元以上投资规模,但2020年铁路投资开始下降,全年完成交通固定资产投资7819亿元,跌破8000亿元大关;水运自2012年开始出现投资大幅下降态势,2012—2019年固定资产投资年均下降3.64%,2020年开始反弹回升,2020—2022年年均增长9.2%。2022年,我国全年完成交通固定资产投资38545亿元,比上年增长6.4%(详见图4.7)。其中,铁路全年完成固定资产投资7109亿元,比上年下降5.1%;公路全年完成固定资产投资28527亿元,比上年增长9.7%;水运全年完成固定资产投资1679亿元,比上年增长10.9%;民航全年完成固定资产投资1231亿元,比上年增长0.7%。

(三)交通网络结构不断提等升级

交通基础设施网络结构不断提等升级是高质量发展的重要体现。2020—2022年,我国铁路投产新线累计13241公里,其中高铁6771公里;高速公路里程增加2.14万公里,占公路总里程比例较2019年提高了0.3个百分点;二级及以上等级公路里程增加7.17万公里,占公路里程比例较2019年提高0.5个百分点;四级及以上等级公路里程增加46.92万公里,占公路里程比例较2019年提高2.7个百分点;三级及以上航道通航里程增加0.1万公里,占内河航道通航里程比例较2019年提高0.7个百分点(详见表4.4)。

---

① 交通固定资产投资包括铁路、公路、水运和民航固定资产投资。

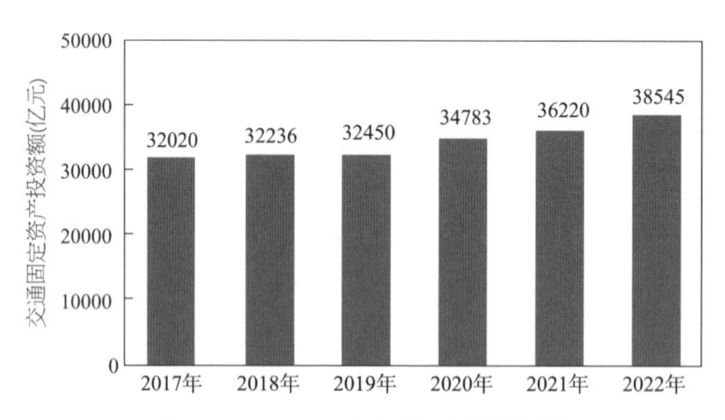

图4.7　2017—2022年交通固定资产投资额

资料来源:《2022年交通运输行业发展统计公报》。

2020—2022年高等级交通设施规模变化　　表4.4

项目	单位	2020年	2021年	2022年	合计
铁路投产新线里程	公里	4933	4208	4100	13241
其中:高速铁路	公里	2521	2168	2082	6771
铁路电气化率	%	72.8	73.3	73.8	—
高速公路新增里程	万公里	1.14	0.18	0.82	2.14
高速公路占公路里程比例	%	3.10%	3.20%	3.30%	—
二级及以上等级公路新增里程	万公里	3.04	2.13	2	7.17
二级及以上等级公路占公路里程比例	%	13.5	13.7	13.9	—
四级及以上等级公路新增里程	万公里	24.58	11.74	10.6	46.92
四级及以上等级公路占公路里程比例	%	95.10	95.90	96.40	—
三级及以上航道新增通航里程	万公里	0.06	0.01	0.03	0.1
三级及以上航道占内河航道通航里程比例	%	11.30%	11.40%	11.60%	—

资料来源:《交通运输行业发展统计公报》《铁道统计公报》。

(四)新一轮“四好农村路”建设助力乡村振兴

全面建成小康社会关键在农村,全面建设社会主义现代化国家最艰巨最繁重的任务仍然在农村。2020年以前,围绕服务决战脱贫攻坚和决胜全面小康,我国交通运输领域以坚决打赢交通扶贫脱贫攻坚战为重要使命,以建好、管好、护好、运营好农村公路(简称"四好农村路")①为主要抓手,聚焦聚力农村地区特别是深度贫困地区交通基础设施建设,实现了具备条件的乡镇和建制村通硬化路、通客车目标,使得贫困地区交通落后面貌发生根本改变。

2012—2020年,我国贫困地区新改建农村公路121万公里,约7万个建制村新通了硬化路,超5万个建制村新通了客车,实施了309个"溜索改桥"项目,完成了渡口改造996座、渡改桥5.2万延米,贫困地区"出行难""运输难"局面得到了根本性改变[1]。"十四五"期间,为更好服务巩固拓展脱贫攻坚成果,助力全面推进乡村振兴,我国持续推进"四好农村路"建设。2022年8月,交通运输部、国家发展改革委、财政部、农业农村部、中国人民银行、国家乡村振兴局联合印发《农村公路扩投资稳就业更好服务乡村振兴实施方案》,启动了新一轮农村公路建设和改造。在新政策大力支持下,2022年我国在提前完成农村公路原定年度任务目标基础上,提前实施一批具备条件的"十四五"规划项目,新增完成新改建农村公路3万公里、实施农村公路安全生命防护工程3万公里、改造农村公路危桥3000座,新增完成投资约1000亿元,带动约200万人次就地就近就业增收。

三、当前我国交通基础设施领域高质量发展仍存在的问题

(一)交通基础设施发展不平衡、不充分问题仍然突出

目前,我国交通基础设施领域区域间、城乡间、不同运输方式间、不同消费群体间、新旧业态间发展不平衡问题仍然突出。中西部地区的交通基础设

① "四好农村路"是习近平总书记亲自总结提出、领导推动的一项重要民生工程、民心工程、德政工程。党的十八大以来,习近平总书记对农村公路建设高度重视,多次作出指示批示,要求建好、管好、护好、运营好农村公路。2012—2020年,我国"四好农村路"建设成效显著。以"建好"为基础,推动全国新建改建农村公路约235.7万公里,总里程达到438万公里,支持建设乡村旅游路、资源路、产业路5.9万公里,帮助农民脱贫致富;以"管好"为手段,出台《关于推动"四好农村路"高质量发展的指导意见》等16项政策文件和3项标准规范,先后创建200个全国示范县,有效发挥了引领作用;以"护好"为保障,农村公路管理养护体制改革深入推进,养护资金补助标准显著提升,在各地积极推广农村公路"路长制",集中整治24万公里"畅返不畅"农村公路;以"运营好"为目的,实现所有具备条件的乡镇和建制村通客车,逐步形成县乡村三级物流网络体系,建制村全部实现直接通邮。"四好农村路"建设取得了实实在在成效,为农村特别是贫困地区带去了人气、财气,凝聚了民心。

施水平与东部地区相比仍然存在较大差距。东部地区发展明显快于其他地区,西部地区基础设施网络覆盖明显不足,东北地区既有路网条件较好但发展相对缓慢。同时,中西部地区的农村地区、偏远地区的交通基础设施比较薄弱,农村公路延伸至自然村仍然不够及农村公路网络化水平尚待提高。交通基础设施发展不充分问题主要表现在:城镇化地区、大城市内部及周边地区、农村地区交通发展仍然存在一些短板。以城市群交通发展为例,目前我国大多数城市群轨道交通发展相对缓慢,市域(郊)铁路建设明显滞后,大城市以及都市圈内外交通衔接不畅问题比较突出。调研了解到,当前成渝、北部湾、哈长、辽中南、呼包鄂榆、黔中、滇中等部分城市群地区城际铁路建设项目进展缓慢,有些尚未甚至未完成规划工作;高速公路与城市道路衔接仍需进一步优化;城市内部大型交通枢纽换乘不便、城市交通拥堵、停车难等问题比较突出;慢行交通出行空间不连续、宽度不够、安全性不强、同周边建筑不协调等问题普遍存在。

(二)“产业链断链”“重建轻养”“以建代养”现象仍然存在

交通基础设施产业是以交通基础设施为独立产品、专门生产或制造并围绕交通基础设施展开经营的企业集合,主要包括规划咨询、勘察设计、投融资、施工建设、工程监理、养护以及设施运营等业务环节。这些彼此关联的业务构成一个完整的产业链条。目前,我国交通基础设施领域的规划、设计、建设、运营、维护以及上下游关联业务领域各成体系,独自发展,彼此缺乏紧密衔接。交通基础设施网络规划、设计常常与建设需求、实际运营脱节,缺乏系统统筹衔接;交通基础设施项目设计、施工和运维等环节常常被人为分割管理,缺乏有效监管,从而造成整个工程项目管理脱节,对项目的效益和效率影响很大。目前,我国公路、水路等领域基础设施大部分已进入养护高峰期,但“重建轻养”“以建代养”的现象仍然比较普遍。以公路为例,20 世纪 90 年代大规模建设的普通国省干线、政府还贷收费公路以及 2005 年前后大规模修建的农村公路已进入周期性养护高峰期。但是,由于我国公路领域养护管理资金的保障能力不足,管养资金持续投入压力较大,一些地方“能不养就不养”“能改扩建就不要大中修”;一些地方政府出于“新建项目更容易争取国家资金”“新建项目出政绩”等因素考虑,更加重视新项目投资建设,而不愿意对存量设施进行维修更新或预防养护。在养护不足情景下,我国公路桥梁已面临危病桥梁多、老旧桥梁多、低荷载桥梁多等诸多风险,隧道运行管理也有待加强,交通安全隐患比较突出。此外,我国公路使用寿命普遍偏短。按照现行标准,我国高速公路沥青路面的设计寿命为15年,而发达国家普遍在20年以上。调查表明,60%的高速公路在使用10~12年、17%在使用6~8年后需要进行大中修;每年我国约有1万公里高速公路、20万公里普通公路需要进行大中修改造[8]。

(三)财务可持续问题成为交通基础设施高质量发展难题

目前,我国交通基础设施建设过于依赖资金、土地、岸线等资源要素投入,融资方式、运作模式、管控手段等比较落后,要素配置效率亟待提升。部分新建交通基础设施投资收益差,存在一定的系统性、区域性风险;高速铁路、高速公路领域银行贷款占建设投资比例高,存在较大的债务风险。近年来,我国交通基础设施债务规模和资产负债率一直居高不下,部分领域甚至有持续上升态势,铁路、轨道交通、收费公路和机场等尤为突出。铁路方面,国家铁路集团有限公司负债水平居高不下,2022年负债6.11万亿元,较上年同期增长3.21%,较2010年增长了2.23倍,资产负债率66.38%。城市轨道交通方面,一些地方政府为推动城市轨道交通建设,采用融资平台公司或以PPP等名义违规变相举债,极大地增加了地方政府债务风险。虽然2018年以来国家对此现象踩了急刹车,但大量存量债务依然存在。公路方面,地方公路建设以债务资金为主的融资方式,使得债务总额不断攀升。截至2021年末,全国收费公路债务余额79178.5亿元,比上年末净增8517.3亿元,增长12.1%。其中,高速公路74853.9亿元,一级公路2507.0亿元,二级公路122.1亿元,独立桥梁及隧道1695.5亿元,占债务余额的比例分别为94.5%、3.2%、0.2%和2.1%。2021年度全国收费公路收支平衡结果为负6278.8亿元,收支缺口巨大(详见图4.8)。机场方面,大部分支线机场不具备盈利能力,建设和运营过程中增加了地方政府债务压力。

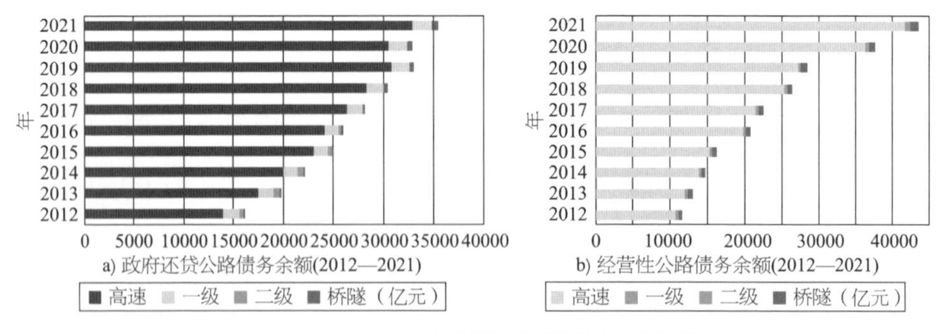

图 4.8　2012—2021 年我国收费公路债务余额情况

资料来源：交通运输部《2021 年全国收费公路统计公报》。

(四)自主创新力和智能化、绿色化发展水平亟待提高

目前，尽管我国交通基础设施建设在基础理论与设计方法、重大工程建设等方面的技术创新取得了重大突破，部分技术甚至在全球独占鳌头，但与“交通强国”和“高质量发展”要求相比，我国交通基础设施的自主创新能力还有待加强，关键核心技术“卡脖子”问题仍然突出。譬如，隧道结构设计与建设技术，更大体量、特殊复杂环境条件下交通基础设施设计、建造和养护技术，混凝土结构劣化与变灾机理，交通基础设施建养一体化技术，更好速度轮轨系统、磁悬浮、真空管道等新型交通运输技术，交通基础设施中新材料、新技术、新设备、新工艺的研发等问题都亟待创新突破。此外，与发达国家相比，我国无论是在智能化、工业化和绿色化技术自身水平，还是在先进技术应用的深度和广度上都还存在相当大的差距，我国交通基础设施现代化水平有待提升。譬如，发达国家建筑信息模型(BIM)应用相对成熟，而我国起步较晚，BIM 标准体系尚不完善，对建设期间各施工环节的自动化监测与信息采集尚未普及，数据与 BIM 模型的结合和应用也还处于探索阶段，大数据、云计算、人工智能等新一代信息技术在交通基础设施中的应用研究也亟待加强。

第二节

准确把握新发展阶段的时代特征与形势要求

一、高质量发展是新发展阶段的时代特征

党的十九届五中全会提出，全面建成小康社会、实现第一个百年奋斗目标之后，我们要乘势而上开启全面建设社会主义现代化国家新征程、向第二个百年奋斗目标进军，这标志着我国进入了一个新发展阶段。新发展阶段是社会主义初级阶段中的一个阶段，同时是其中经过几十年积累、站到了新的起点上的一个阶段。新发展阶段是我们党带领人民迎来从站起来、富起来到强起来历史性跨越的新阶段[9]。从时间上看，这个阶段将经历30年；从任务上看，这个阶段是开启全面建设社会主义现代化国家新征程、向第二个百年奋斗目标进军的阶段。

新发展阶段是以高质量发展为时代主题的新阶段。2020年7月，中共中央政治局会议明确指出，我国已进入高质量发展阶段，发展具有多方面优势和条件，同时发展不平衡不充分问题仍然突出。2021年3月，习近平总书记在参加十三届全国人大四次会议青海代表团审议时强调，高质量发展是“十四五”乃至更长时期我国经济社会发展的主题，关系我国社会主义现代化建设全局。高质量发展不只是一个经济要求，而是对经济社会发展方方面面的总要求；不是只对经济发达地区的要求，而是所有地区发展都必须贯彻的要求；不是一时一事的要求，而是必须长期坚持的要求[10]。新发展阶段必须把实现高质量发展摆在更加突出的位置，这是适应我国现阶段社会主要矛盾转变的现实要求，更是关乎我国未来发展的价值取向。我国发展已经站在新的历史起点上，要根据新发展阶段的新要求，坚持问题导向，更加精准地贯彻新发展理念，切实解决好发展不平衡不充分的问题，真正实现高质量发展。

进入新发展阶段，世界百年未有之大变局加速演进，新一轮科技革命和产

业变革深入发展,国际力量对比深刻调整,我国发展进入战略机遇和风险挑战并存、不确定难预料因素增多的时期[11]。从经济方面看,一是加快经济结构优化升级带来的新机遇。新一轮科技革命和产业变革给生产方式和生活方式带来革命性变化,带动我国产业在国际分工中迈向中高端。在完整工业体系、较高素质人力资源、全球最大市场和消费潜力的基础上,中国经济有望在结构优化升级中迈上新的大台阶。二是提升科技创新能力带来的新机遇。大数据、云计算、人工智能、区块链等技术加速创新,载人航天、卫星导航、深海探测等一批关键核心技术实现突破,我国科技创新从过去的以跟跑为主,转向在更多领域并跑、领跑,将为我国经济发展增添新动能。三是深化改革开放带来的新机遇。深化改革将释放更大发展潜能。社会主义市场经济体制更加成熟定型,高标准市场体系建设稳步推进,要素市场化配置体制机制更加完善,全国统一大市场加快建设,市场化、法治化、国际化一流营商环境加速建设,产权保护、市场准入、公平竞争、社会信用等市场经济基础制度加快完善。扩大开放将带来更多发展机遇。我国全方位高水平开放型经济加快形成,自由贸易试验区和海南自由贸易港建设蓬勃展开,国家内陆开放型经济试验区建设深入推进,共建"一带一路"取得了实打实、沉甸甸的成果。四是加快绿色发展带来的新机遇。我国氢能、碳捕集利用与封存、碳交易、绿色金融等有望成为新的增长点。面向未来,绿水青山转化为金山银山的路径将越走越宽,经济社会发展将实现全面绿色转型。五是参与全球经济治理体系变革带来的新机遇。世界政治经济格局深刻变化,新兴市场国家和发展中国家经济已占全球半壁江山。我国完全可以发挥更大作用,积极参与国际宏观经济政策沟通协调及国际经济治理体系改革和建设,提出更多中国倡议、中国方案,推动建设开放型世界经济,为经济发展营造更好的外部环境[12]。

二、交通基础设施发展面临新形势新要求

(一)新一轮科技革命和产业变革推动交通领域深刻变革

当前,新一轮世界科技革命和产业变革孕育兴起,正在对人类社会带来难

以估量的作用和影响。世界经济政治格局深刻调整，各国国家竞争力面临重塑；人们的生活、学习和思维方式面临重构，人与世界的关系甚至可能会发生重大改变。生产方式发生深刻变化，生产服务化、智能化、柔性化趋势明显；生产者与消费者的互动不断加强，客户成为产业布局的核心，产业新形态不断涌现；组织边界不再清晰可见，组织结构从层级式转变为开放的社群式，组织方式趋于“无人化”和智慧化。在交通领域，近些年来以智能手机为代表的移动互联网的广泛应用，实现了客运服务供需双方的实时对接；物联网对货运组织产生较大影响，更好地实现了货物与载运工具的匹配。未来，随着新技术、新材料、新工艺、新能源快速发展以及互联网、大数据时代全面到来，先进技术在交通运输领域的普及应用和自我创新，将会对交通基础设施建设、运输载运工具革新、运输组织管理优化以及交通运输产业跨界融合等产生重大影响。信息通信设施将成为重要的交通基础设施，交通运输的基础设施、载运工具、客货运输参与者等将依托越来越强大的信息通信系统连接，与其他经济社会组成要素一起构成万物互联的生态圈。传统交通基础设施将加快转型升级，适应自动驾驶的交通基础设施将得到彻底改造。此外，超级高铁、超音速客机、个人飞行器乃至一体化交通工具等新型交通工具的研发和应用，将直接创造产生新的交通运输方式，从时空上彻底改变现有交通运输的形态和面貌。未来，以大数据、云计算、物联网、人工智能等新一代信息技术应用为核心的新型交通基础设施将成为创新发展的突破方向，传统交通基础设施数字化改造是新型交通基础设施建设的重点，基于人工智能、物联网等新一代技术的智能交通基础设施正蓄势待发。

专栏4.1　未来交通基础设施发展趋势展望

信息通信设施将成为重要的交通基础设施。未来交通运输系统的运行，将越来越依赖于包括通信、互联网、传感等现代信息技术在内的信息通信技术的进步和设施的完善。车联网是以车内网、车际网和车载移动互联网三网融合为基础，按照约定的通信协议和数据交互标准，在车-X(X：车、路、行人及互联网等，即V2X)之间直接进行无线通信和信息交换的大系统网络。因此，未来交通基础设施在建造时就必须同步建设信息通信设施，否则交通系统将无法有效运转。

适应自动驾驶的交通基础设施将彻底改造。在未来一段时间，自动驾驶汽车将和有人驾驶汽车一同在马路上行驶。但是，目前我们的道路系统是依照人类驾驶人的驾驶方式和驾驶习惯建造的。有鉴于此，我们需要对其进行适度的调整，使之既能适应计算机驾驶的汽车，又能适应人类驾驶的汽车。例如，为自动驾驶汽车设置专用道，使其与人类驾驶汽车相隔离；为自动驾驶汽车设置专用的信号灯或无线信标，使其通过电子信号就能获知该怎么做。未来完全实现无人驾驶后，现有的道路交通基础设施将面临彻底的改造，相当比例的立交桥、信号灯、停车场等将不必存在。

电动汽车成为重要的能源互联网基础设施。风力发电、光伏发电是可再生能源应用的重要途径，也是间歇式能源。间歇式能源总量超过电力总量一定比例时，必须将传统电网升级为智能电网，同时必须要拥有相当的电能储存能力。我国由于这两个条件都不具备，因此出现了大量弃风、弃光现象，这就需要储能设施的参与。电动汽车是分布式储能设施。按照2030年全国电动汽车保有量达到8000万辆的预测，电动汽车每年理论储能容量达到55亿千瓦时，完全可以满足2030年风电、光伏所发电的储存，成为重要的储能基础设施。同时，由于处于停止状态的电动汽车还可接入电网，在保证电动汽车用户下次行驶需求的前提下，就可以将其视为可控的分布式移动储能设施，通过有序充放电影响电网的不同调度需求，参与电网调峰调频，保障电网运行的安全性、可靠性。

——资料来源：国家发展和改革委员会综合运输研究所《经济社会高质量发展下交通运输变革研究》，2018年。

(二)新型工业化、新型城镇化和全球化重塑交通网络格局

当前，我国总体进入工业化后期，产业结构正由工业主导向服务业主导转型。2022年，我国服务业占比达到52.8%，高于第二产业12.9个百分点。服务业对国民经济增长的贡献率为41.8%，拉动国内生产总值增长1.3个百分

点。与此同时,城镇化的动力机制发生深刻变化,城镇化结构正由规模城镇化向人口城镇化转型。2022 年我国常住人口城镇化率到达 65.22%,预计到 2030 年突破 70%,基本形成人口城镇化新格局。此外,我国开始进入消费新时代,城乡居民的消费需求全面快速增长,消费结构正由物质型消费为主向服务型消费为主转变,消费需求趋于多元化,消费规模持续扩大,消费结构优化升级。

进入新发展阶段,伴随我国现代化经济体系建设深入推进,产业和消费结构不断优化升级,城镇化水平不断提升,全球化新特征凸显,我国交通基础设施网络格局将面临重大调整。一是产业和消费结构升级,要求加快转变交通运输资源配置方式,优化交通运输结构,着力提升交通基础设施质量和效率水平,加快推进绿色低碳、经济智能的交通运输体系建设,满足多样化、个性化、高品质的运输服务需求;二是人口变动出现新趋势、城镇化地区释放出巨大发展空间,城市群、都市圈将成为交通基础设施建设重点,城市发展进入精明增长阶段,城市交通基础设施朝着人性化、差异化、多元化方向发展;三是"一带一路"建设和"人类命运共同体"构建要求强化互联互通,有序推进国际通道建设;四是全球交通基础设施建设进入全面升级换代的关键时期,我国面向全球的物流网链亟待重构。

(三)老龄化加剧叠加,人口规模巨大的现代化呼唤交通设施升级

未来 30 年,我国的人口结构变化主要表现为人口老龄化与人口负增长如影相随,人口老龄化加剧叠加人口规模巨大的乘数效应深刻影响经济社会发展。2020 年,我国 60 岁及以上老年人口规模为 2.64 亿人;预计 2025 年超过 3 亿人,2033 年超过 4 亿人,2054 年达到峰值 5.2 亿人[13]。与此同时,我国总人口已经进入零增长阶段,人口负增长拐点预计在 2025 年左右会出现。展望未来,低生育率道路还将继续延伸,人口负增长将会成为常态。尽管如此,人口规模巨大依然是我国的基本国情。联合国《世界人口展望 2022》中人口预测结果显示,中国人口总量2035 年以前依然保持在 14 亿人以上,2050 年降至 13.17 亿人,依然是全球仅有的两个规模超过 10 亿人的人口超级大国之一。未来我国老龄化程度加剧,一方面会对交通基础设施的建设、运营和管理提出新的特

殊要求,交通基础设施发展需要更加个性化、人性化;另一方面老龄化加剧会带来劳动力资源稀缺性加剧,适龄劳动人口和户外高强度作业建筑工人紧缺,交通基础设施需要朝向智能化、标准化方向发展。当然,为了实现人口规模巨大的现代化,交通基础设施需要更加注重效率的提升,在有限的资源供给和巨大的市场需求叠加情景下,以最小的要素投入换取最大的价值产出。

(四)实现"双碳"目标要求交通基础设施绿色低碳转型发展

实现碳达峰、碳中和,是以习近平同志为核心的党中央统筹国内国际两个大局作出的重大战略决策,是着力解决资源环境约束突出问题、实现中华民族永续发展的必然选择。交通基础设施领域在建设、运营环节会消耗大量资源、能源,直接、间接产生的碳排放量较大。实现碳达峰、碳中和目标,要求加快推进低碳交通运输体系建设,实现交通基础设施绿色低碳转型发展。2021 年,中共中央、国务院印发《关于完整准确全面贯彻新发展理念做好碳达峰碳中和工作的意见》明确提出,要加快推进低碳交通运输体系建设,大力发展多式联运,提高铁路、水路在综合运输中的承运比重,推进铁路电气化改造,促进船舶靠港使用岸电常态化,加快城市轨道交通、公交专用道、快速公交系统等大容量公共交通基础设施建设,加强自行车专用道和行人步道等城市慢行系统建设。实现碳达峰、碳中和,要全面推动交通运输规划、设计、建设、运营、养护全生命周期绿色低碳转型,协同推进减污降碳,形成绿色低碳发展长效机制,让交通更加环保、出行更加低碳。

三、新发展阶段交通基础设施的演进趋势

(一)未来 10 ~ 15 年我国交通基础设施仍保持旺盛建设需求

从需求视角看,交通基础设施建设需求源于客货运输需求的增长,未来 10 ~ 15 年我国客货运输需求仍将保持增长态势,运输需求结构不断优化调整并趋于多元化。相关研究表明[14-15],伴随我国人民生活消费水平不断提高,人民出行消费倾向于选择更快速、更舒适、更自由、更绿色的高质量交通方式,追求更高品质出行将成为主流,绿色、共享出行成为趋势。未来我国旅客出行需

求将稳步增长,高品质、多样化、个性化的需求不断增强。预计2023—2035年我国旅客出行量(含小汽车出行量)年均增速为3.2%左右,高铁、民航、小汽车出行占比不断提升。国际旅客出行以及城市群旅客出行需求更加旺盛。东部地区仍将是我国旅客出行需求最为集中的区域,中西部地区旅客出行需求增速加快。同时,随着经济发展方式的转变和新技术的开发应用,以及产业和能源结构的调整,加之高压输电与管道的分流,我国铁路、水路和公路的大宗散货运量增幅将逐步下降,但货运总量仍将保持一定幅度的增长,高价值、分散性、小批量、时效性货运占比增加;在生态文明理念的引导下,货物运输结构将发生重大变化,经济的高质量发展对货运物流降本增效提出更高要求。预计2023—2035年全社会货运量年均增速为2%左右,邮政快递业务量年均增速为6.3%左右。外贸货物运输保持长期增长态势,大宗散货运量未来一段时期保持高位运行状态,东部地区货运需求仍保持较大规模,中西部地区增速将快于东部地区。

从供给视角看,未来10~15年我国交通基础设施网络还需要补链强链,供给侧结构性问题亟待优化调整,交通基础设施投资建设和升级改造需求旺盛。综合考虑交通网络规模中长期影响因素,对标《国家综合立体交通网规划纲要》目标要求,2035年前我国还有大量交通基础设施新建需求。其中,新建铁路约4.5万公里左右,高速铁路约3.8万公里;国家高速公路约4万公里左右,普通国道约4万公里;内河高等级航道1万公里左右;民用运输机场约146个左右,通用机场约500个左右。部分高速公路路段需要双线建设。考虑各地城市轨道交通建设需求,预计2035年我国城市轨道交通总里程将超过3万公里以上。同时,交通基础设施改造升级需求空间巨大。一方面,未来随着我国经济社会的不断发展、人们生活水平的日益提升和交通运输技术的不断进步,人们对交通基础设施的保障能力和服务水平的要求也不断提高,客观上要求交通基础设施不断更新改造和提档升级。另一方面,既有交通基础设施逐步进入老化期,需要进行大中修和系统维护。铁路方面,一是要加快推进铁路基础设施信息化改造。随着电子计算机、光导纤维、数字技术等信息技术的发展,新的铁路系统控制技术将改变传统的通信、信号两个领域的关系。二是加强新材料新工艺在铁路领域广泛应用。譬如,推动耐大气腐蚀的耐候钢、热镀锌钢板等金属材料，玻璃钢、泡沫聚氨酯、合成纤维布等聚合材料以及精密陶瓷材料，还有光导纤维、超导材料等在铁路车辆、集装箱、线路、隧道、桥梁、通信以及接触网等各方面的广泛应用。公路方面，未来5～10年我国公路将逐渐进入养护高峰期。我国现有路网中大部分公路都是在20世纪90年代以后集中建成的，公路老化、油返砂、砂返土、畅返不畅、通返不通等问题突出，面临周期性的公路养护高峰期。同时，目前我国公路运输重载交通的比例处于历史高位，长时间、超负荷的公路运输量与相对薄弱的公路技术等级对现有公路基础设施造成极大冲击。总体上看，未来公路改造升级需求空间较大。2021—2030年期间，我国约3万公里的普通公路需要进行二级及以上公路升级改造；约5万公里的县、乡道需要进行三级及以上公路改造升级；约90万公里的村道需要进行四级及以上公路升级改造。

（二）“十五五”我国交通基础设施进入高质量发展“加速期”

进入新发展阶段，面对客货运输需求的新变化，“十五五”期我国交通基础设施高质量发展将进入优化结构功能、系统提质增效的关键时期。其阶段特征主要表现在：更加注重交通基础设施网络的质量和效益效率，强调交通供给的有效性和精准性；更加注重交通基础设施的结构功能优化和系统集成，强调发展方式、运行模式、制度安排、交通技术等方面的变革创新；更加注重新技术自主创新和深度应用，强调未来发展逐步转向科技创新、管理创新、组织创新的高质量发展模式。同时，“十五五”期也是我国交通基础设施高质量发展的“加速期”。一方面，交通需求总量增长和基础设施建设投资规模增长进入同步放缓的新阶段，交通基础设施建设投资强度逐步下降，养护和提质改造需求逐步上升，逐步进入建设与运维并重的阶段。另一方面，交通基础设施发展的核心要求由“快”转为“强”，不仅包括“量”的增加，但更重要的是强调“质”的提升。在交通运输供需矛盾相对紧张的过去四十年，交通基础设施发展一直延续着单纯的“规模扩张”思路。“十五五”时期，在供给基本适应需求的情况下，交通基础设施发展将逐步进入精准匹配供需关系、实现高质量发展新阶段。

(三)2030年后我国交通基础设施进入高质量发展“黄金期”

2030年以后,我国综合立体交通网基本形成,交通基础设施发展将进入以运维为主、质量向更高水平跃升阶段,发展重点是提升耐久性、安全性、绿色化和智能化水平。随着新能源、车联网、智能驾驶等先进科学技术和网约车、共享出行、共享单车等新型出行模式的变革普及,交通基础设施发展将向更高质量方向发展。通过质量变革、效率变革、动力变革,加快推动交通基础设施产业转型升级,加快构建形成“能力充分、通达便捷、综合一体、安全可靠、绿色经济、智能先进”的交通基础设施体系。预计2040年左右,我国交通基础设施网络规模和结构将进入相对稳定期。相关研究表明[16],交通基础设施规模没有必要无限制发展下去。随着经济社会发展的成熟和增速的最终趋缓,交通基础设施发展远景应存在一个相对稳定的时间点和相对稳定的规模、布局。从长期均衡分析,当交通基础设施网络的边际收益(LMR)等于边际成本(LMC)时,交通基础设施网络规模处于稳定时期,但该理论分析很难确定未来的时点和规模。决定交通基础设施网络远景规模相对稳定的因素主要是三个大的方面:经济地理特征、社会经济发展阶段和资源环境约束。其中,经济地理特征中的资源禀赋和空间分布远早于人类的出现,这些资源开发利用与人类需求和利用资源的能力相关,可视为一定历史时期内具有不变特性;资源环境容量也具有非常好的稳定性;经济地理特征中的产业和人口空间布局是人类长期活动的结果,与经济社会发展密切相关。由此,交通基础设施网络规模大致的稳定时点主要取决于经济社会发展阶段。综合分析我国工业化、城镇化阶段和人口规模等变化趋势,预判2040年前后我国交通基础设施规模达到相对稳定的阶段。此后,交通基础设施总规模应该不会发生大的变动,只是根据运输需求的变化进行局部的微调,而交通运输更多的是通过技术进步、优化运输组织、提高运输管理水平等途径来满足经济社会对运输服务数量和质量的要求。

第三节

确立交通基础设施高质量发展的战略思路

在客观认识我国交通基础设施发展现状水平和存在问题的基础上，准确把握新发展阶段特征和新形势新要求，科学确立我国交通基础设施高质量发展的使命任务、阶段目标、原则要求、战略路径和主要策略等。

一、明确交通基础设施高质量发展的使命目标

（一）交通基础设施高质量发展的使命任务

交通基础设施高质量发展的使命任务是：构建现代化交通基础设施体系，支撑引领现代化经济体系建设，以交通为开路先锋推进中国式现代化，为全面建成社会主义现代化强国、实现中华民族伟大复兴中国梦提供坚强支撑。推进交通基础设施高质量发展，就是要围绕社会主义现代化强国建设目标，着力构建更加先进适用、系统完备、集约高效、安全绿色的现代化交通基础设施体系，增强其对现代化经济体系的支撑引领作用，更好发挥交通基础设施的基础性、服务性、战略性、先导性作用，更加有力有效支撑国土空间开发保护和区域协同发展，更好适应人民日益增长的美好生活需要，使现代交通基础设施体系成为推动经济产业转型升级、新型工业化和城镇化发展、民生保障和全球治理的关键支撑，服务保障和引领中国式现代化，推进实现中华民族伟大复兴。

（二）交通基础设施高质量发展的阶段目标

2019 年中共中央、国务院印发《交通强国建设纲要》，明确提出从 2021 年到 21 世纪中叶分两个阶段推进交通强国建设，到 2035 年基本建成交通强国，到 21 世纪中叶全面建成人民满意、保障有力、世界前列的交通强国。具体到交通基础设施领域，到 2035 年拥有发达的快速网、完善的干线网、广泛的基础网，

城乡区域交通协调发展达到新高度，基本形成"全国 123 出行交通圈"（都市区 1 小时通勤、城市群 2 小时通达、全国主要城市 3 小时覆盖）和"全球 123 快货物流圈"（国内 1 天送达、周边国家 2 天送达、全球主要城市 3 天送达）；到本世纪中叶，基础设施规模质量、科技创新能力、智能化与绿色化水平位居世界前列[17]。

2021 年中共中央、国务院印发《国家综合立体交通网规划纲要》，进一步提出要构建便捷顺畅、经济高效、绿色集约、智能先进、安全可靠的现代化高质量国家综合立体交通网。到 2035 年，基本建成便捷顺畅、经济高效、绿色集约、智能先进、安全可靠的现代化高质量国家综合立体交通网，实现国际国内互联互通、全国主要城市立体畅达、县级节点有效覆盖，有力支撑"全国 123 出行交通圈"和"全球 123 快货物流圈"。交通基础设施质量、智能化与绿色化水平居世界前列。交通运输全面适应人民日益增长的美好生活需要，有力保障国家安全，支撑我国基本实现社会主义现代化。到 21 世纪中叶，全面建成现代化高质量国家综合立体交通网，拥有世界一流的交通基础设施体系，交通运输供需有效平衡、服务优质均等、安全有力保障。新技术广泛应用，实现数字化、网络化、智能化、绿色化。出行安全便捷舒适，物流高效经济可靠，实现"人享其行、物优其流"，全面建成交通强国，为全面建成社会主义现代化强国当好先行[18]。

对标交通强国建设和国家综合立体交通网规划目标，推动交通基础设施高质量发展，就是要加快交通基础设施现代化建设，建成"安全可靠、通畅便捷、经济高效、低碳绿色、智能先进"的现代化交通基础设施网络，构建形成"先进适用、系统完备、集约高效、安全绿色"的现代化交通基础设施体系。到 2035 年，基本建成现代化高质量国家综合立体交通网和现代化交通基础设施体系，交通作为开路先锋支撑引领中国式现代化的作用更加凸显。交通基础设施网络短板弱项全面消除，各种交通方式运能充分但不过度超前；交通基础设施网络结构趋于更加合理，干支更加协调、类型更加多元；综合运输通道更加集约高效，综合交通枢纽实现一体换乘、无缝衔接；交通基础设施的系统功能更加完备强大，产生的经济、社会、生态、安全效益更加丰富和高效；交通基础设施综合实力达到世界一流水平，科技创新能力、智能化与绿色化等部分领域水平居世界前列。到21世纪中叶，全面建成现代化交通基础设施体系，高标准建成现代化交通基础设施网络，充分满足人民美好生活需要，适应全面建成社会主义现代化强国的需要，全方位支撑中华民族伟大复兴。交通基础设施网络的规模结构更加合理优化，技术质量更加先进优良、网络运行更加稳定富有韧性；交通基础设施与生产生活生态和资源环境更加协调，对经济社会的支撑引领作用更强。交通基础设施科技创新能力进一步提升，交通基础设施综合实力达到世界领先水平。

二、坚持交通基础设施高质量发展的基本原则

(一)始终坚持以人民为中心的发展思想

高质量发展是对经济社会的总体要求，而人的发展是社会进步的中心目标，推动高质量应着眼于社会的总体进步和人的全面发展[19]。推动交通基础设施高质量发展，要始终坚持以人民为中心的发展思想，以人民交通为底色，把增进人民福祉、促进人的全面发展作为发展的出发点和落脚点，着力建设人民满意、物质富足、精神富有的人民交通体系，加快推动实现全体人民共同富裕。要坚持“一切为了人民”的根本立场，准确把握交通运输领域深刻变化，及时响应多层次、多样化、个性化的出行需求和小批量、高价值、分散性、快速化的货运需求，努力让广大人民群众享有更高质量、更加公平、更有效率的交通服务，更好地满足人民对美好生活的向往[20]；要坚持“一切依靠人民”的主体观，依靠人民的意愿、勤劳、智慧和力量推动交通基础设施高质量发展，充分调动人民的积极性、主动性和创造性，使交通运输改革发展与增进群众利益同频共振。要坚持“发展成果与人民共享”的价值标准，从解决人民最关心最直接最现实的利益问题入手，着力解决好交通基础设施领域发展不平衡、不充分的问题。要坚持“人民利益至上”的价值观，必须始终把人民利益摆在至高无上的地位，让改革发展成果更多更公平惠及全体人民，朝着实现全体人民共同富裕不断迈进。

(二)始终坚持以新发展理念引领高质量发展

推动交通基础设施高质量发展，需要完整、准确、全面贯彻新发展理念。一

是要深刻认识新发展理念内涵和时代特征，坚持以创新发展为核心，强调创新驱动在交通运输发展中动能作用；坚持协调发展，推动交通运输方式间、区域间一体融合发展；坚持绿色发展，将绿色理念和低碳要求贯穿发展全过程；坚持开放发展，推动交通运输更深度融入全球供应链，加快构建国内国际双循环相互促进的统一体；坚持共享发展，强调交通先行致富带动共同富裕，让不同地区、不同群体能够享受到均等化、高质量的交通运输服务。二是要系统谋划协同推进，促进新发展理念的五个方面紧密联系、相互支撑。加强交通运输顶层设计和统筹协调，按照新发展理念查找短板弱项，抓住交通运输发展的主要矛盾和矛盾的主要方面，抓好关键环节，使创新发展、协调发展、绿色发展、开放发展、共享发展协同发力、形成合力，共同解决交通运输发展面临的各种问题[21]。

三、把握交通基础设施高质量发展的战略要求

（一）要把服务构建新发展格局作为战略基点

推动交通基础设施高质量发展，需要主动融入服务支撑构建新发展格局。一是要持续深化交通运输供给侧结构性改革，着力发挥投资的关键性作用，积极拓展交通基础设施领域有效投资，优化交通网络空间布局，补齐交通设施短板，强化方式间、区域间一体衔接，提升交通运输系统供给能力和质量水平。二是要把实施扩大内需战略同深化供给侧结构性改革有机结合起来，扩大交通运输生产消费，培育交通运输新业态、新模式和产业链新优势，推动交通运输与先进制造业、现代农业、现代服务业深度融合发展，建设高效顺畅的现代流通体系，增强国内大循环内生动力和可靠性。三是要持续深化交通运输重点领域和关键环节改革，推动交通运输要素市场化配置，推进交通运输投融资体制改革，强化交通运输系统韧性和战略支撑保障能力，加快构建政府、市场、社会等多方共建共治共享的交通运输现代化治理体系。四是要推进交通运输高水平对外开放，以国内国际交通互联互通为支撑，建设面向全球的具有超大规模优势的统一大市场，以国内大循环吸引全球商品和资源要素集聚，推动国内国际循环相互促进，推进现代国际物流供应链发展，提高国际运输应急处突能力，维护全

球供应链产业链稳定,推动共建“一带一路”高质量发展。

(二)统筹协调好高质量发展过程中五大关系

推动交通基础设施高质量发展,不单纯是交通基础设施产品的高质量发展,还需要统筹协调好交通基础设施系统内部规模与结构间、存量与增量间、传统与新型间以及交通基础设施系统与外部经济社会、资源环境间的关系[22]。

一是网络规模扩张与结构质量提升的关系。当前,我国交通基础设施网络规模总体适应了经济社会发展需要,但其在空间结构优化、产业联动融合,以及全生命周期可持续发展等方面还存在诸多短板。未来,应更加强调网络规模合理适度、网络结构优化配置、发展节奏有序有度、技术水平先进适用、发展动力健康持续、影响作用创新多元等方面的高质量发展内涵。交通基础设施发展不应再是过度追求网络规模,而是强调优化网络结构,把握发展节奏,对各类基础设施网络布局、功能等级进行调整,着力提高交通基础设施网络整体质量水平。

二是存量优化盘活与增量创新发展的关系。经历数十年的快速建设,我国综合交通网络规模、结构等级大幅提升,已形成较大规模的资产存量,并在多个领域处于世界领先地位,但整体质量还有很大提升空间。譬如,交通基础设施的服务效能和智能化、绿色化发展水平不高,发展方式、运作模式、管控措施等亟待优化,对现代产业体系运行的支撑引领作用也有待进一步加强。事实上,这些问题都可以通过存量盘活来改善。同时,我国交通基础设施领域还存在一些空白、瓶颈问题,需要新建交通设施补齐网络,有序推动增量创新发展。

三是老基建持续发力与新基建加快建设的关系。当前,以云计算、大数据、人工智能、物联网、区块链等新一代信息技术为支撑的数字经济进入快速发展阶段。新发展阶段推动基础设施高质量发展,需要统筹好铁路、公路和机场等传统基础设施持续发力建设与“新基建”加快建设的关系。加快推进新型基础设施建设,并不意味着弱化铁路、公路和机场等的建设,传统基础设施在国民经济体系中仍然起着“压舱石”作用。未来应统筹好新基建与传统基础设施数字化、智能化改造,推动传统基础设施与新型基础设施交叉交融,整体提升基础设施现代化水平。

四是交通有效供给与产业、城镇空间优化布局的关系。我国交通基础设施供给与运输需求尚缺乏精准对接,需要更好顺应产业消费结构升级和转移趋势,以及城镇布局发展变化方向。目前,内需扩张、消费结构升级和出口转进口的贸易结构演变,将深刻改变交通基础设施网络布局和综合交通枢纽功能地位,一批内陆型国际性综合交通枢纽建设加快,部分区域专业化货运设施网建设需求越来越高。同时,传统能源运输形式变化,新能源推广应用,以及国内外能源进出口格局变化,对我国能源运输通道建设都将产生深刻影响。产业布局方面,交通运输条件和物流服务质量水平对主导产业选择、支柱产业壮大升级、战略性新兴产业培育发展具有越来越重要的作用。城镇布局方面,城市发展逐步从规模扩张转向精明增长的高质量发展阶段,不同规模城市将进行存量调整,逐步进入都市圈及城市群发展阶段。不过,城市交通出行结构不够优化,绿色交通任重道远,特大以上城市轨道建设发育不足。部分都市圈已经开始建设轨道交通,或将城市轨道简单外延,或市域(郊)铁路城际化,但尚未形成合理的都市圈用地功能布局,以公共交通为导向的开发(TOD)理念未能得到深入应用。城市群总体尚处于发展初期,城际铁路尚待有序推进建设,以引导形成合理出行结构和城市群空间产业布局。

五是交通基础设施高质量发展与资源社会环境高质量发展的关系。推动交通基础设施高质量发展,需要强化交通基础设施对经济增长的支撑引领作用、兼顾经济效率和社会公平、平衡资源占用和价值创造,统筹资源开发和生态保护,处理好投入与产出、效率与公平、效益与风险等之间的关系。交通基础设施建设需要使用大量土地、河沙、木材等自然资源,建设运营过程中还会对大气、水、生态等环境带来一定程度上的破坏和影响。新时期我国自然资源环境约束和大气污染等问题日趋严峻,迫切需要转变交通运输发展方式,探索低碳、可持续的发展新模式,从而最终推动实现交通基础设施高质量发展。只有通过交通基础设施系统改进实现经济社会大系统的高质量发展,才是交通基础设施真正的高质量发展。

四、确立交通基础设施高质量发展的战略路径

推动交通基础设施高质量发展，不能沿循传统资源消耗型、扩张式发展的老路，要走创新发展和转型升级的新路子。要努力强化交通基础设施的支撑引领作用，推动交通基础设施高质量发展战略与打造工业强国、大力推进新型城镇化、建设资源节约环境友好型社会、全面提升信息化和农业现代化水平互促互动。

（一）以优化创新为战略抓手推动高质量发展

改革开放以来我国经济领域确定了“以发展为中心”的大主题，以改革开放促发展。具体到交通基础设施领域，“六五”至“九五”期间各种交通运输方式“独立加快发展”；“十五”时期贯彻落实西部大开发战略要求，“扩大网络”“开放西部”①；“十一五”时期适应经济发展要求，“全面提高运输供给能力和服务水平”。概括而言，“十一五”时期以前我国交通基础设施发展的主题就是“消除瓶颈”。自“十二五”时期开始，交通运输发展更加注重各种运输方式一体化发展，要求“转变交通发展方式”。进入新发展阶段，要加快推动交通基础设施优化创新发展。交通基础设施优化创新发展，其核心要义在于转变思路和“加减乘除并举”，要摒弃过去单纯强调“规模扩张”的粗放式发展路径，转向通过减量发展、集约发展、协同发展的系统优化方式和理念创新、技术创新、制度创新的推进手段来最终实现交通基础设施高质量发展。长期以来，人们已习惯于交通基础设施“做加法”、做增量，不适应“做减法”、优存量，更不善于“加减乘除并举”。推动交通基础设施优化创新发展，既要会做“加法”，也要会做“减法”和“乘除法”，着力提高交通基础设施系统效率和效益。

（二）以系统提质增效为主攻方向推动高质量发展

推动交通基础设施高质量发展，要以整体优化、协同融合为导向，以系统性

---

① 《我国“十五”交通发展重点专项规划》中确定的主题是“深化改革、扩大网络、优化结构、完善系统、提高质量、开放西部”24字方针，其中与交通基础设施密切相关的是“扩大网络”和“开放西部”。

提质增效为根本要求,以加快综合网络融合和系统功能提升为主线,以推进综合协调和科技创新为主攻方向,完善基本公共服务设施网,建立统筹集约的设施布局和绿色发展的设施结构,提高多方式综合衔接水平,加强设施质量维护,推动系统智能化升级,着力提升网络化、融合化发展水平和系统韧性,实现交通基础设施由大到强的阶段跨越。需要针对当前和未来较长一段时期内我国交通基础设施领域存在的短板问题以及不平衡、不协调和不可持续问题,坚持目标导向和问题导向相结合,以全面提升交通基础设施网络整体效率和质量水平为主攻方向,着重对交通基础设施网络结构的优化调整和发展方式、运行模式、制度安排、关联技术等方面的变革创新,着力提高交通基础设施供给结构的适应性和灵活性,提升交通基础设施系统效率、总体效益和供给质量水平。

(三)以转型升级为关键路径推动高质量发展

推动交通基础设施高质量发展,需要聚焦当前矛盾问题和未来目标导向,推动交通基础设施全方位转型升级,从注重各种交通方式相对独立发展向更加注重一体化协调发展转变,从注重总量扩张、投资增长向注重结构优化、投资效率转变,从以传统服务供给向以数字化智能化为特征的中高端有效供给转变,从依靠传统要素驱动、投资驱动向更加注重改革驱动、创新驱动转变,从建设为主向建管养运并重、优化增量提升存量、设施服务均衡协同转变,从注重交通功能发挥向注重交通与产业、城镇、社会、生态深度融合发展转变。推动交通基础设施高质量发展,应在发展理念、方向、思路、方式和动能上寻求转变,推进交通基础设施朝着网络化、精细化、人本化、绿色化、智慧化发展。

一是转变发展理念,实现"经济交通"到"人本交通"之变。改革开放以来,在"以经济建设为中心"发展思想的指引下,交通运输一直扮演着基础者和先行官角色,交通规划建设和运输组织管理的出发点更多地在于满足服务各种运输生产活动的"经济派生需求"。毋庸置疑,这种以经济建设为导向的交通发展模式是我国交通运输乃至国民经济取得 40 年辉煌成就的重要智慧经验总结。然而,新时期我国经济发展阶段和社会主要矛盾发生了重要转变,人民日益增长的美好生活需要在交通出行和运输服务上表现出了对人性和精神世界的尊重。因此,未来交通运输发展的理念上将逐步从“经济性”向“社会性”转变,强调以人为本,重视人的获得感、幸福感、安全感,注重满足个性化、多样化、均等化的“社会化运输需求”,“以人的发展为中心”,着力建立一个尊重生命和他人、遵守法制和规则,统一生态和生活生产,智慧化、科学化、现代化的综合交通运输体系。

二是转变发展方向,实现“快速交通”到“精致交通”之变。长期以来,作为经济社会重要的基础性产业,交通发展的阶段性目标是通过技术更新和制度变革不断激发释放各种交通方式固有或潜在的技术经济红利,加快人和物的流通速度,降低社会生产综合成本,以提高整个国民经济系统的效率和效益,从而缓解甚至解决人民日益增长的物质文化需要同落后的社会生产之间的矛盾。新时代我国社会主要矛盾已然发生转向,人们对美好生活的向往和经济社会高质量发展的目标方向,要求交通发展不能再单纯地追求技术经济上的极限突破,而应从系统融合和供需匹配的视角考虑到交通与经济、社会、能源、环境的全面精准对接。在“快生产”和“慢生活”加速融合的新时代,交通系统不仅是一个快速交通系统,而且是与其他系统协调融合、精准响应各种需求的高质量的精致生态系统。

三是转变发展思路,实现“规模交通”到“满意交通”之变。在短缺经济时代,追逐网络规模及其不断增加的规模经济效应,是交通发展的典型特征之一。扩大交通供给、弥补发展不足,是这个时期交通发展的重要策略。新时期,在社会主要矛盾发生重大转变和交通供给能力逐渐得到满足的背景下,网络规模边际效用递减,供给满意度成为衡量交通发展水平的重要指标之一。人们对交通出行和运输服务的要求,不再局限于只满足人和物的位移,而是在基本功能性需求上附加了唯美的、增值的、高品质的服务需求。因此,交通基础设施高质量发展的思路路径,需要从过去单纯强调供给侧能力扩张和存量盘活,向注重需求侧满意度和供给侧质量效率提升转变,从传统的“规模交通”模式向现代的“满意交通”模式转变。从政治经济学视角看,人民满意是交通发展的逻辑起点,也是交通经济的逻辑终点。建设人民满意交通,并不是摈弃古典的供给逻辑,而只是改变既有固化的供给路径,以响应人们唯美、精致、人文、多样需求为出发点,以深化供给侧结构性改革为发力点,着力提高交通供给品质和系统效率,不断满足人民群众对美好生活的需要。

四是转变发展方式,实现“高碳交通”到“绿色交通”之变。在过去长达数十年“高投入、高消耗、高增长”的经济增长模式中,我国交通发展通过快速的规模扩张取得了世界瞩目成就,但同时也付出了巨大的资源环境代价,“高碳交通”成为交通粗放式发展的代名词。新时期,全球气候变暖和大气污染问题日趋严峻,加之区域资源环境综合承载能力越来越脆弱,迫切需要交通领域转变发展方式,探索低碳可持续的发展新模式。在此背景下,发展绿色交通成为实现可持续发展的必然选择。绿色发展是高质量发展的重要内容,也是推动实现高质量发展的重要途径。未来推动交通绿色发展,一是要大力发展铁路、水运等低耗环保型运输方式,加强高能效、低排放交通运输系统建设,实现交通系统结构性节能减排。二是要引导居民绿色出行,优先发展城市公共交通,鼓励发展体验式交通,加快构建形成低碳环保、诗意栖居、宜居宜游宜人的绿色交通体系。三是要节约集约利用资源,加强交通生态保护,推进绿色交通基础设施建设,积极探索交通运输资源循环利用的发展新模式。

五是转变发展动能,实现“机械交通”到“智慧交通”之变。交通发展是科学技术进步和经济制度变革共同作用的结果。新中国成立后的 70 年,我国交通发展跨越式走过了西方发达国家 200 多年历程,交通运输工具从蒸汽时代、电气化时代逐步迈入了半自动、自动的机械化时代。未来随着新一轮科技革命和产业变革全面来临,互联网、物联网、云计算、大数据等新一代信息技术将在交通运输领域广泛应用,我国交通发展即将迈入以人工智能、清洁能源、虚拟现实等技术为主的智慧交通时代。智慧交通是具有科学决策和自我调节功能的“交通人”,是交通高质量发展的集中体现。发展智慧交通,需要把科技创新作为原动力,培育壮大交通运输发展新动能,推动交通运输基础设施、载运工具、客货运输参与者等交通要素与其他经济社会要素一起,共同构成泛在互联的人类社会和智慧生态,重构组织链、产业链、价值链、创新链,提高系统整体质量效率。

第四节

推动交通基础设施高质量发展的主要策略

一、明确交通基础设施高质量发展的阶段任务

围绕交通基础设施高质量发展的使命和目标,明确交通基础设施高质量发展的战略任务,接下来就可以有计划、有重点、分步骤实施。我国交通基础设施高质量发展的战略任务是:打造质量技术水平世界领先的交通基础设施,构建先进适用、系统完备、集约高效、安全绿色的现代化交通基础设施体系。

分阶段来看,近期要加快落实“十四五”规划目标任务。一是完善交通基础设施网络布局,精准补齐网络短板,加快构建完善以“十纵十横”综合运输大通道为骨干,以综合交通枢纽为支点,以快速网、干线网、基础网多层次网络为依托的综合交通网络;二是优化交通基础设施网络结构,推动各种交通方式统筹协调发展,推进基础设施智能化升级和绿色化转型;三是加强京津冀、长三角、粤港澳大湾区、成渝双城经济圈等地区交通一体化建设,增强对实施区域重大战略、推动区域协调发展、全面推进乡村振兴的服务保障能力;四是分层分类完善交通网络,强化重点城市群城际交通建设,打造轨道上的都市圈,完善城市交通基础设施,推进城市群、都市圈和城市交通现代化。

中远期,应制定实施交通基础设施高质量发展规划,前瞻性战略谋划交通基础设施发展重点任务,推动交通基础设施朝更高质量、更高水平发展。一是进一步完善交通基础设施网络布局,提高交通基础设施网络覆盖广度、通达深度和国际互联互通水平;二是持续优化交通基础设施网络结构,推进存量基础设施提质增效,加快发展新型交通基础设施,促进绿色低碳转型发展;三是提升交通基础设施功能,巩固交通基础设施服务客货运输的基本功能,强化交通基础设施支撑保障的基础作用,拓展交通基础设施带动引领产业发展的增值功

能;四是加强交通基础设施系统集成,推进交通基础设施系统内部各种交通方式统筹融合发展,推进交通基础设施网与运输服务网、信息网、能源网融合发展;五是加强交通基础设施安全能力建设,提升交通基础设施韧性和安全应急保障水平。

二、完善交通基础设施高质量发展的政策体系

推动交通基础设施高质量发展,把战略目标和任务落到实处,需要建立系统完备、内容丰富、执行有力、作用有效的政策体系作支撑。表现形式上,交通基础设施高质量发展政策体系主要由中央和地方各类战略规划、实施方案、指导意见、标准规范等政府性文件组成;内容组成上,涵盖铁路、公路、民航、水路、管道、邮政等各种运输方式和交通基础规划、设计、投资、建造、监管、运维等各环节,以及与交通基础设施建设运营相关的资源要素供给、财税金融改革、产业链供应链稳定、社会民生保障等各领域;系统构成上,纵向层面主要由总体政策、基本政策和具体政策构成,横向层面主要由技术政策、产业政策、区域政策、开放政策、治理政策等子系统构成。其中,总政策是国家制定的带有全局性、根本性、决定社会发展基本方向的政策,譬如推进中国式现代化的总路线、总方针、总纲领,总政策、总任务、基本路线等;基本政策规定了交通基础设施高质量发展必须遵循的大政方针和基本要求,对制定交通基础设施高质量发展具体政策起着指导作用,譬如坚持以人民为中心的发展思想、统筹协调好交通基础设施与自然生态环境的关系、实施国家战略和规划等;具体政策对处理某一领域、某一方面乃至某项工作做出具体规定,明确应该做什么、怎么去做,是基本政策的具体体现。交通基础设施高质量发展政策体系如图4.9所示。同时,从政策执行层面上看,政府可根据需要制定一揽子措施及配套政策,打好政策“组合拳”,并通过行政、法律、经济等手段精准实施。此外,还需要加强政策机制设计,建立与政策体系相配套的指标体系、标准体系、统计体系、绩效体系、政绩考核体系等,打造公开、透明、稳定和可预期的适应高质量发展要求的良好制度环境。

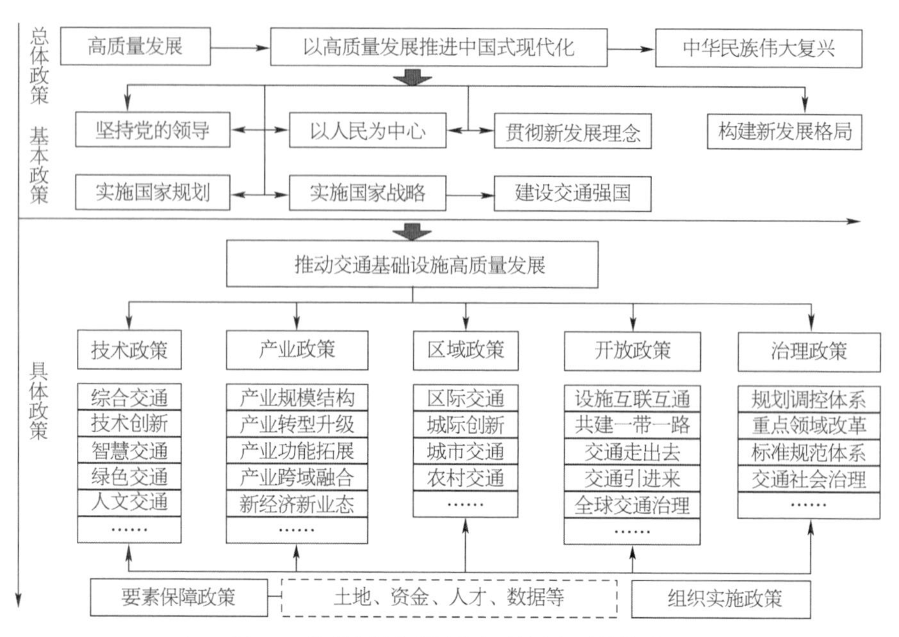

图4.9　推动交通基础设施高质量发展政策体系

资料来源:作者根据相关资料绘制。

三、加强交通基础设施高质量发展的要素保障

交通基础设施发展离不开劳动力、土地、资金等传统要素和知识、技术、管理、数据等新型要素的支持保障。其中,劳动、资本、土地是数量型的生产要素,适应了我国经济高速增长、交通基础设施规模快速扩张的需要;知识、技术、管理是质量型生产要素,反映了高质量发展对生产要素的投入要求;数据是经济活动数字化进程的需要,体现了数字经济快速发展背景下分配制度的与时俱进[23]。

推动交通基础设施高质量发展,一方面要巩固提升传统要素支撑保障的基础作用,确保交通基础设施建养资金、土地和劳动力的充足有效供给。要加强资金保障,加大财政投入,充分发挥中央预算内投资、车辆购置税等政府资金引导作用;加大专项债对重大交通基础设施建设项目支持力度;加大养护资金投入,充分引导多元化资本参与交通运输发展,形成建养并重、可持续的资金投入机制。要强化用地、用海、用能等资源要素保障,及时做好储备和供给。要加强创新型、应用型、技能型人才培养，锻造一批高素质的交通基础设施产业工人、专业人才和“大国工匠”。另一方面要激发新型要素创新驱动的关键作用，释放推动高质量发展的新动能。广泛应用新一代信息技术，强化交通运输基础研究及关键核心技术、前沿领域技术研发应用，加大新材料、新技术、新工艺研发和应用。充分发挥交通基础设施领域海量数据规模和丰富应用场景优势，提高交通基础设施数据采集、加工、集成等能力，释放数据资源生产力。完善交通基础设施领域数据要素市场化配置机制，推动交通基础设施数据按价值贡献参与收益分配。

本章参考文献

[1] 中华人民共和国国务院新闻办公室.《中国交通的可持续发展》白皮书[M]. 北京:人民出版社,2020.

[2] 中国交通运输协会.2022 中国交通年鉴[M]. 北京:《中国交通年鉴》社,2022.

[3] 王先进,尚赞娣,周健.2021 年中国可持续交通发展报告[M]. 北京:人民交通出版社股份有限公司,2022.

[4] 中国城市轨道交通协会. 城市轨道交通 2020 年度统计和分析报告[J]. 北京:中国城市轨道交通协会信息,2021,30(3):1-73.

[5] 国家发展和改革委员会综合运输研究所. 中国交通运输发展报告(2020)[M]. 北京:中国市场出版社,2020.

[6] 中华人民共和国国家邮政局. 2020 年邮政行业发展统计公报[EB/OL]. (2021-05-12). https://www. spb. gov. cn/gjyzj/c100015/c100016/202105/3597fc5befd4496a8077d790f0888ee8. shtml.

[7]《辉煌 70 年》编写组. 辉煌 70 年:新中国经济社会发展成就(1949—2019)[M]. 北京:中国统计出版社,2019.

[8] 崔爽. 专家呼吁:用五大创新让中国路面更“长寿”[N]. 科技日报,2019-11-05(03).

[9] 习近平. 习近平谈治国理政[M]. 第四卷. 北京:外文出版社,2022.

[10] 代表委员谈为“十四五”开好局起好步贡献智慧和力量　坚定不移走高质量发展之路[N]. 人民日报,2021-3-11(11).

[11] 国家发展和改革委员会.《中华人民共和国国民经济和社会发展第十四个五年规划和2035年远景目标纲要》辅导读本[M]. 北京:人民出版社,2021.

[12] 史育龙. 深刻认识新发展阶段内涵特征[N]. 经济日报,2022-11-04(11).

[13] 原新. 人口规模巨大的现代化建设之路[J]. 人口研究,2022(6):3-9.

[14] 本书编写组. 交通强国建设纲要学习读本[M]. 北京:人民交通出版社股份有限公司,2020.

[15] 傅志寰, 孙永福,翁孟勇,等. 交通强国战略研究[M]. 第一卷. 北京: 人民交通出版社股份有限公司,2019.

[16] 李连成. 中国需要多少铁路和公路?——我国交通运输网络规模研究[M]. 北京:中国计划出版社,2015.

[17] 交通强国建设纲要[M]. 北京:人民出版社,2019.

[18] 国家综合立体交通网规划纲要[M]. 北京:人民出版社,2021.

[19] 邹广文,华思衡. 论以人民为中心的高质量发展[J]. 求是学刊,2022,49(3):18-24.

[20] 焦蕴平. 贯彻落实五中全会精神 坚持以人民为中心 加快建设人民满意交通[EB/OL]. (2020-11-26)交通运输部官方微信公众号 motxwb.

[21] 加快构建现代综合交通运输体系[M]//学习贯彻习近平新时代中国特色社会主义经济思想 做好"十四五"规划编制和发展改革工作系列丛书. 北京:中国计划出版社,中国市场出版社,2020.

[22] 向爱兵. 交通运输高质量发展亟待解决三大问题实现五大转变[J]. 综合运输(参考资料),2018(11).

[23] 陈启清. 健全和完善生产要素参与分配机制[N]. 经济日报,2020-03-05(11).

第五章

技术政策——培育交通基础设施高质量发展新动能

内容摘要

交通基础设施是有关工程建造运维、网络系统运行、交通组织管理等技术的科学领域。推动交通基础设施高质量发展，应从全面提升交通基础设施系统技术特性出发，强调科技创新和技术政策引导，激发交通基础设施朝向更高质量发展的内生动能，着力提升交通基础设施系统的整体效能和现代化水平。应充分发挥各种交通方式的比较优势，加快综合运输通道和综合交通枢纽建设，着力构建便捷高效的现代综合交通网；强化关键技术自主创新，增强交通基础设施科技创新能力，提升交通基础设施现代化水平；强调科学技术赋能，推动既有设施信息化改造、数字化转型、智能化升级，规划建设新一代交通基础设施，提升交通基础设施智慧化水平。应将低碳绿色的理念贯穿到交通基础设施全生命周期的各个环节，推进绿色交通运输系统建设，全过程全周期加强生态环境保护。应始终坚持以人的发展为中心，着力提升交通基础设施本质安全水平，增强交通基础设施应急保障能力，满足不同群体交通出行需要。

交通基础设施高质量发展战略与政策研究

RESEARCH ON HIGH-QUALITY DEVELOPMENT
STRATEGIES AND POLICIES
FOR TRANSPORTATION INFRASTRUCTURE

第一节

构建便捷高效的综合交通网

一、加快建设大能力综合运输通道

综合运输通道是综合交通网的主骨架，是现代综合交通体系建设的重要内容。综合运输通道的形成与发展与经济社会活动的空间优化密切相关，是经济社会活动在交通基础设施影响下"点-轴"式集聚与扩散的过程。推动交通基础设施高质量发展，应遵循经济社会活动规律，优化完善综合运输通道布局，加强战略骨干通道建设，建成内畅外通、大能力综合运输通道网络。

优化综合运输通道布局。20 世纪 60 年代末 70 年代初，西方的运输通道(Transportation Corridor)理论引入中国，我国开始对综合运输通道的规划布局进行研究。1985 年，交通部在《2000 年水运、公路交通科技、经济和社会发展规划大纲》中提出，全国综合运输网建设应着力于开发完善不同运输方式组成的 8 条运输大通道；1987—1990 年，中国科协组织一大批专家完成的"中国交通发展战略研究与建议"，提出了全国 6 组通道建设方案。在此基础上，张文尝(2002)等人在国家自然科学基金项目《交通经济带的发展机理及其模式研究》中将我国运输通道按运输分区划分为 6 组；2003 年，中国工程院研究提出要在 2020 年建成 9 条运输通道。2007 年，国家发展和改革委员会在《综合交通网中长期发展规划》中明确提出，到 2020 年建成"五纵五横"综合运输大通道和国际区域运输通道，其中："五纵"综合运输大通道指南北沿海、京沪、满洲里至港澳台、包头至广州、临河至防城港运输大通道；"五横"综合运输大通道指西北北部出海、青岛至拉萨、陆桥、沿江、上海至瑞丽运输大通道；国际区域运输通道指东北亚(含中蒙通道)、中亚、南亚和东南亚国际运输通道。2017 年国务院印发《"十三五"现代综合交通运输体系发展规划》提出，要构建横贯东西、纵贯南北、内畅外通的"十纵十横"综合运输大通道(通道情况详见专栏 5.1)。2021 年国务院印发

《"十四五"现代综合交通运输体系发展规划》,进一步指出要按照国家综合立体交通网"6 轴 7 廊 8 通道"主骨架布局,构建完善以"十纵十横"综合运输大通道为骨干,以综合交通枢纽为支点,以快速网、干线网、基础网多层次网络为依托的综合交通网络。需要特别说明的是,"6 轴 7 廊 8 通道"主骨架是 2021 年中共中央、国务院印发的《国家综合立体交通网规划纲要》基于区域经济协调、国土空间开发保护、运输资源高效配置等宏观大背景,对国家综合立体交通网格局提出的全新战略布局,广义上可理解为区域运输经济廊道;而"十纵十横"综合运输大通道则更多强调铁路、公路、民航、水路、管道等五种运输方式在空间上的集中布局和统筹协调,狭义上可理解为运输技术经济通道。从技术政策范畴看,未来可以考虑在既有"十纵十横"综合运输大通道的基础上,加强西部和东北沿边地区铁路、公路等骨干通道联系,强化交通对沿边开放开发、国防和边疆稳定的战略支撑作用,构建形成"十纵十横一环"综合运输大通道新格局。"一环"即指新增自广西东兴经云南、西藏、新疆、内蒙古、黑龙江、吉林至辽宁丹东的沿边综合运输通道。

专栏 5.1 "十纵十横"综合运输大通道

(一)纵向综合运输通道

(1)沿海运输通道。起自同江,经哈尔滨、长春、沈阳、大连、秦皇岛、天津、烟台、青岛、连云港、南通、上海、宁波、福州、厦门、汕头、广州、湛江、海口,至防城港、至三亚。

(2)北京至上海运输通道。起自北京,经天津、济南、蚌埠、南京,至上海、至杭州。

(3)北京至港澳台运输通道。起自北京,经衡水、菏泽、商丘、九江、南昌、赣州、深圳,至香港(澳门);支线经合肥、黄山、福州,至台北。

(4)黑河至港澳运输通道。起自黑河,经齐齐哈尔、通辽、沈阳、北京、石家庄、郑州、武汉、长沙、广州,至香港(澳门)。

(5)二连浩特至湛江运输通道。起自二连浩特,经集宁、大同、太原、洛阳、襄阳、宜昌、怀化,至湛江。

(6)包头至防城港运输通道。起自包头(满都拉),经延安、西安、重庆、贵阳、南宁,至防城港。

(7)临河至磨憨运输通道。起自临河(甘其毛都),经银川、平凉、宝鸡、重庆、昆明,至磨憨、至河口。

(8)北京至昆明运输通道。起自北京,经太原、西安、成都(重庆),至昆明。

(9)额济纳至广州运输通道。起自额济纳(策克),经酒泉(嘉峪关)、西宁(兰州)、成都、泸州(宜宾)、贵阳、桂林,至广州。

(10)烟台至重庆运输通道。起自烟台,经潍坊、济南、郑州、南阳、襄阳,至重庆。

(二)横向综合运输通道

(1)绥芬河至满洲里运输通道。起自绥芬河,经牡丹江、哈尔滨、齐齐哈尔,至满洲里。

(2)珲春至二连浩特运输通道。起自珲春,经长春、通辽、锡林浩特,至二连浩特。

(3)西北北部运输通道。起自天津(唐山、秦皇岛),经北京、呼和浩特、临河、哈密、吐鲁番、库尔勒、喀什,至吐尔尕特、至伊尔克什坦、至红其拉甫;西端支线自哈密,经将军庙,至阿勒泰(吉木乃)。

(4)青岛至拉萨运输通道。起自青岛,经济南、德州、石家庄、太原、银川、兰州、西宁、格尔木,至拉萨。

(5)陆桥运输通道。起自连云港,经徐州、郑州、西安、兰州、乌鲁木齐、精河,至阿拉山口、至霍尔果斯。

(6)沿江运输通道。起自上海,经南京、芜湖、九江、武汉、岳阳、重庆、成都、林芝、拉萨、日喀则,至亚东、至樟木。

(7)上海至瑞丽运输通道。起自上海(宁波),经杭州、南昌、长沙、贵阳、昆明,至瑞丽。

(8)汕头至昆明运输通道。起自汕头,经广州、梧州、南宁、百色,至昆明。

(9)福州至银川运输通道。起自福州,经南昌、九江、武汉、襄阳、西安、庆阳,至银川。

(10)厦门至喀什运输通道。起自厦门,经赣州、长沙、重庆、成都、格尔木、若羌,至喀什。

——摘自《"十三五"现代综合交通运输体系发展规划》。

加强战略骨干通道建设。从通道建设进展情况看,目前"十纵十横"综合运输大通道尚未构建形成,仍有一些空白路段、缺失路段、延伸路段需要补齐建设和优化完善,既有通道的运输能力和服务质量水平也仍需不断提升。因此,未来构建便捷高效的综合交通网,需要持续优化完善"十纵十横"综合运输大通道,加快推进既有通道缺失路段、延伸路段建设,推动通道内各种运输方式资源优化配置和有机衔接。提升京沪、沪昆、广昆、陆桥以及北京至港澳台、黑河至港澳、额济纳至广州、青岛至拉萨、厦门至喀什等通道功能,推进待贯通段建设和瓶颈段扩容改造。加强西部地区通道建设,打通沿海与内陆地区通道,加强主要城镇化地区对外多向联通能力。"十四五"期间,应着力推进出疆入藏通道建设,扩大甘新、青新、青藏、川藏四条内联主通道通行能力,稳步推进川藏铁路建设,加快推进新藏铁路和田至日喀则段前期工作、适时启动重点路段建设,有序推进滇藏铁路前期工作,密实优化航空航线网络布局,构建多向联通的通道布局。畅通沿江通道,加快建设沿江高铁,优化以高等级航道和干线铁路、高速公路为骨干的沿江综合运输大通道功能。升级沿海通道,提高铁路通道能力,推进高速公路繁忙路段扩容改造,提升港口航道整体效能,构建大容量、高品质的运输走廊。贯通沿边通道,提级改造普通国省干线,推进重点方向沿边铁路建设,提高安全保障水平。建设西部陆海新通道,发挥铁路在陆路运输中的骨干作用和港口在海上运输中的门户作用,强化东、中、西三条通路,形成大能力主通道,衔接国际运输通道。

专栏5.2 战略骨干通道建设工程

(1)出疆通道。建设和田至若羌、伊宁至阿克苏、若羌至罗布泊、精河至阿拉山口增建二线等铁路,实施精河经伊宁至霍尔果斯铁路扩能改造。建成京新高速公路巴里坤至木垒段,完成国道315依吞布拉克—若羌—民丰段建设改造。

(2)入藏通道。建设川藏铁路雅安至林芝段,推进青藏铁路格尔木至拉萨段电气化改造、日喀则至吉隆铁路等项目前期工作,适时启动新藏铁路重点路段建设。建成京藏高速公路那曲至拉萨段、雅叶高速公路拉萨至日喀则机场段,提质改造川藏公路318线、滇藏新通道西藏段(丙察察),推动国道219

米林至墨脱段建设，实施川藏铁路配套公路工程。

(3)沿江通道。建设成都重庆至上海沿江高铁。实施长江中上游干线航道等级提升工程，系统疏解三峡枢纽瓶颈制约，推进三峡翻坝转运、金沙江翻坝转运设施建设，深化三峡水运新通道前期论证。推动宁芜高速、沪渝高速武汉至黄石段、渝宜高速长寿至梁平段以及厦蓉高速、银昆高速成都至重庆段等高速公路扩容改造。

(4)沿海通道。建设上海经宁波至合浦沿海高速铁路。按二级及以上标准推动沿海国道228改造，推进沈海高速火村至龙山段、福鼎至诏安段等扩容改造。

(5)沿边通道。有序推进酒泉至额济纳等铁路建设，开展波密至然乌等铁路前期工作。推动沿边国道219、国道331待贯通和低等级路段建设改造，实现85%以上达到三级及以上标准。

(6)西部陆海新通道。建设黄桶至百色、黔桂增建二线、南防增建二线等铁路，实施隆黄铁路隆昌至叙永段扩能改造。推动呼北高速灌阳至平乐段等国家高速公路待贯通路段建设。研究建设平陆运河。推进广西北部湾国际门户港和洋浦区域国际集装箱枢纽港建设。

——摘自《“十四五”现代综合交通运输体系发展规划》。

二、强化综合交通枢纽一体化衔接

综合交通枢纽是综合交通网络的关键节点，是各种运输方式高效衔接和一体化组织的主要载体。从区域、城市和交通建筑物三个不同地理空间层级上看，综合交通枢纽指综合交通枢纽集群、综合交通枢纽城市和综合交通枢纽港站，其中综合交通枢纽港站包括综合客运枢纽和综合货运枢纽。综合交通枢纽集群、综合交通枢纽城市属于区域政策范畴，其政策侧重交通基础设施网络对区域经济的支撑引领作用；综合交通枢纽港站属于技术经济政策范畴，其政策强调两种及两种以上交通方式的集中立体布局和交通网络的一体化衔接。

优化完善综合客运枢纽和综合货运枢纽布局。综合客运枢纽是指将两种及以上对外运输方式与城市交通的客流转换场所在同一空间(或区域)内集中布设,实现设施设备、运输组织、公共信息等有效衔接的客运基础设施。根据主导交通方式的不同,综合客运枢纽可分为铁路主导型、航空主导型、公路主导型、水运主导型等四种类型。综合货运枢纽是指具有多式联运换装、货物集散、仓储、中转运输等功能,集中布设并实现不同运输方式之间的货物有效换装与衔接,并具备完善信息系统的货运作业及配套服务功能的货运服务场所或物流园区。根据衔接的多式联运方式不同,综合货运枢纽可分为公铁联运型、铁水联运型、公水联运型、空陆联运型、公铁水联运型等五种类型。目前,综合客运枢纽、综合货运枢纽选址与布局主要由地方城市人民政府统筹考虑。国家层面仅对其承载城市布局进行全国范围统筹,对其规划布局与选址提出原则性要求。未来推动综合交通枢纽高质量发展,需要加强各级规划统筹协调,优化完善城市综合客运枢纽和综合货运枢纽布局,将其纳入全国综合交通枢纽体系规划、国家物流枢纽建设规划、国土空间规划等规划布局中统筹考虑,强化综合客运枢纽、综合货运枢纽对综合交通枢纽城市的服务支撑能力。同时,不断优化完善城市客运枢纽场站和公共交通枢纽布局,提升城市交通便捷度和旅客中转效率;优先利用现有物流园区和货运场站等设施,规划建设多种运输方式高效融合的综合货运枢纽,引导冷链物流、邮政快递、分拨配送等功能设施集中布局。

推动综合交通枢纽港站一体化规划建设运营。按照“统一规划、统一设计、统一建设、协同管理”原则,发挥主导运输方式在枢纽港站功能布局、换乘换装设施设备配置、建设管理等方面的主体作用,推进枢纽港站内各种运输方式之间,枢纽港站与集疏运体系、连接系统之间一体化发展。综合客运枢纽方面,坚持“零距离换乘”原则,不断提升综合客运枢纽换乘衔接水平。鼓励既有客运枢纽实施立体化换乘改造,推动新建综合客运枢纽立体布局和同台换乘。新建综合客运枢纽要强化铁路、水运、民航与公路、城市轨道、城市公共汽电车等功能区集中布设,按照功能空间共享、设施设备共用和便捷高效换乘要求,优化流线设计,打造全天候、多场景、一体化换乘环境。航空主导型综合客运枢纽应统一设置交通中心,同步规划、同场建设轨道交通、公路客运、城市公交等设施,实现陆空运输无缝衔接。水运主导型综合客运枢纽应实现水运与公路客运等共享共用服务功能空间。铁路主导型综合客运枢纽应紧凑布设轨道交通、公路客运、城市公交以及旅客换乘空间,促进不同运输方式客运站房主体建筑贴临建设、内部功能空间直接贯通,推动具备条件的枢纽实现各种运输方式主体功能位于同一建筑体内。推动枢纽交通导向标识统一、连续一致、明晰。推动综合客运枢纽不同运输方式信息资源整合共享,加强数据、时刻、运力等对接。综合货运枢纽方面,坚持"无缝化衔接"原则,强化铁路、公路、水运、航空、邮政等有效衔接,推动枢纽集约高效发展。新建综合货运枢纽要加强方式间转换设施设备配置,提升设施设备现代化水平,优化不同运输方式间货物流转安检流程,推动安检互认,实现货物集中快速转运,打造高效的多式联运作业平台。航空主导型综合货运枢纽应集中布局货机站坪、货运库、航空快件处理中心、邮政快递处理中心等设施,优化作业流线,扩大货运区域进深尺度,预留拓展空间。铁路主导型、水运主导型综合货运枢纽应注重统筹布局专业化的集装箱联运转运、装卸堆存、短驳等设施设备,提高多式联运效率。促进邮政快递处理中心与综合货运枢纽统一布局建设,提升枢纽寄递配套能力。推动国家物流枢纽与综合货运枢纽统筹规划建设。

促进枢纽港站间、枢纽与交通线路间无缝衔接。加强城市群、都市圈内枢纽场站一体衔接,推动不同层级、不同类型客运枢纽和货运枢纽的协同发展。推进城市主要站场枢纽之间直接连接,优化枢纽之间的转运系统,压缩主要客运枢纽间换乘次数和时间。加强枢纽集疏运体系及连接系统建设,推动综合客运枢纽引入高速公路、快速道路、高速铁路、轨道交通等交通线路,有序推进重要港区、物流园区等直通铁路。推动大型综合客运枢纽通过专用通道、高架匝道等形式便捷接入高速公路、快速路,优化枢纽出入站及周边交通组织。推动国际枢纽机场、区域枢纽机场、大型铁路客站等与轨道交通高效联通,强化多向衔接。鼓励通过城市轨道交通、快速公交等方式,强化主要客运站间便捷衔接。加快大型综合客运枢纽间直达轨道交通建设。对换乘潜在需求大的综合客运枢纽,做好衔接通道用地和空间预留。强化货运枢纽间、枢纽设施与骨干交通路网、区域重要通道等的匹配衔接,建设高质量的干线物流通道网络。推动完善港口、机场、铁路货站、公路货运站等集疏运铁路、公路，提升综合货运枢纽集疏运能力。根据货运物流需求，完善综合货运枢纽等各类物流设施之间的线路连接，优化枢纽周边车辆通行管控等措施，提升设施间衔接联动水平。

推动综合交通枢纽港站存量资源提升改造。强化单一方式交通枢纽联程联运、综合服务功能，推动铁路客站、机场、客运码头向换乘更便捷的综合客运枢纽转型。推进既有综合客运枢纽完善换乘接驳设施，优化换乘、候车、售取票、停车等功能空间布局和管理流程，强化旅客直通和中转换乘功能，有效缩短换乘距离。鼓励配置专用候车座椅、双向电梯、自动扶梯、楼梯升降机、盲道等无障碍设施设备，以及盲文标志等无障碍标识，实现连续地引导特殊人群进出枢纽主要区域。推进传统货运场站和物流园区转型升级，推动港口、机场、铁路货站、公路货运站等设施向具备现代物流、多式联运功能的综合货运枢纽转变，通过整合物流资源、应用先进技术、拓展服务功能、完善集疏运体系等方式，提升联运转运效率。

三、充分发挥各种方式的比较优势

统筹铁路、公路、水路、民航、管道各种交通方式基础设施空间布局、规模与结构，优化存量资源配置，扩大优质增量供给，加快构建以高速铁路、国家高速公路、民用航空等为主体的快速网，完善以普速铁路、普通国省道、港口航道、油气管网等为主体的干线网，积极拓展以农村公路、支线铁路、支线航道、通用航空等为补充广覆盖的基础网，全面提高交通基础网服务保障能力。

建设现代化铁路网。坚持客货并重、新建改建并举、高速普速协调发展，加快普速铁路建设和既有铁路扩能改造，着力消除干线瓶颈，推进既有铁路运能紧张路段能力补强，加快提高中西部地区铁路网覆盖水平。加强资源富集区、人口相对密集脱贫地区的开发性铁路和支线铁路建设。推进高速铁路主通道建设，提升沿江、沿海、呼南、京昆等重要通道以及京沪高铁辅助通道运输能力，有序建设区域连接线。综合运用新技术手段，改革创新经营管理模式，提高铁路网整体运营效率。合理规划建设铁路项目，严控高速铁路平行线路建设。

完善公路网结构功能。提升国家高速公路网络质量，推动国家高速公路主线繁忙拥挤路段扩容改造，加快推进并行线、联络线以及待贯通路段建设。合理引导地方高速公路有序发展。加快普通国省道低等级路段提质升级，实现二级及以上公路对全国重要口岸、枢纽、产业园区、旅游景区有效覆盖，强化安全设施配置。完善“四好农村路”高质量发展体系，实现具备条件的乡镇通三级及以上公路，推动较大人口规模自然村（组）通硬化路，因地制宜推进建制村双车道公路建设和农村过窄公路拓宽改造，强化农村公路与干线公路、村内主干道衔接。推进渡改桥等便民设施建设。加强边防公路建设。

建设世界一流港航设施。优化港口功能布局，推动港口资源整合和共享共用，推进沿海港口一体化发展。建设京津冀、长三角、粤港澳大湾区世界级港口群。有序推进沿海港口专业化码头及进出港航道等公共设施建设。适度超前建设粮食、能源、矿产资源的接卸、储存、中转设施，推进沿海沿江液化天然气码头规划建设。提升内河港口专业化、规模化水平，合理集中布局集装箱、煤炭、铁矿石、商品汽车等专业化码头。加强内河高等级航道扩能升级与畅通攻坚建设，完善长江、珠江、京杭运河和淮河等水系内河高等级航道网络。推动重要支流航道和库湖区航道、内河旅游航道、便民码头建设。

完善国家综合机场体系。加快国际枢纽机场建设，推进区域枢纽机场扩能改造，有序推进能力紧张的枢纽机场改扩建或迁建。合理加密机场布局，稳步建设支线机场和专业性货运枢纽机场，提升综合性机场货运能力和利用率。有序推进通用机场规划建设，构建区域短途运输网络，探索通用航空与低空旅游、应急救援、医疗救护、警务航空等融合发展。推进机场存量设施提质增效，加强多机场、多跑道、多航站楼运行模式研究，注重空地资源匹配，探索运行新标准、新模式，充分挖掘设施潜力。优化提升航油保障能力，推进航油设施与机场同步建设。优化航路航线网络，加强军民航空管基础设施建设。推动区域机场群协同发展，建设京津冀、长三角、粤港澳大湾区、成渝等世界级机场群。

加强油气管网高效互联。完善东北、西北、西南和海上四大油气进口通道。加快全国干线天然气管道建设，完善原油、成品油管网布局，推进东北、西北、西南等地区老旧管道隐患治理。推进油气管网互联互通和支线管道建设，扩大市县天然气管道覆盖范围并向具备条件的沿线乡镇辐射。

第二节

推动交通基础设施技术创新

一、加强基础性理论研究与技术创新

深化现代综合交通网基础理论研究。围绕现代化综合交通运输体系建设,以综合运输通道、综合交通枢纽布局建设为重点,深入开展综合交通运输理论研究,提升综合运输通道规划建设、综合交通枢纽一体化规划建设、综合交通基础设施项目建设协调优化等理论水平。研究探索交通基础设施网络中长期规划理论与方法。强化交通基础设施可靠性设计建造理论、绿色智能融合基础理论、全寿命周期性能演化规律及致灾机理等应用基础研究。

加强交通基础设施科技创新能力建设。优化交通基础设施领域重点科技创新平台布局,加强全国重点实验室、国家技术创新中心、工程研究中心、科学数据中心等培育建设。依托高速铁路、高速公路、跨海大桥、高原严寒铁路等重大交通工程,建设世界级科技创新平台。围绕民航低碳、零碳、负碳等先进技术研发、验证与成果应用,打造一批开放型实验室、工程中心。

二、加强工程建造技术研发创新

突破国家重大战略通道建设技术。以重大工程为依托,发挥科技创新关键性作用,为高起点高标准高质量推进国家重大工程建设提供有力支撑。开展跨江越海通道、西部陆海新通道、运河连通工程等重大基础设施建设技术研究,突破复杂艰险山区工程建造、长大穿山隧道、超大跨径桥梁、悬浮隧道、高坝通航船闸、省水船闸、高速(重载)铁路、空(海)事系统等关键技术,攻克严酷环境灾害孕灾机理及防控技术难题,提升复杂地质、水文、气候等自然环境条件下交通基础设施可靠性设计和智能建造技术水平。突破特殊复杂自然条件下交通基

础设施智能建造及健康保障技术。

推进工程勘察设计一体化技术应用。开展面向特殊地质环境、复杂气象环境下的遥感目标识别技术研发,提高交通勘察设计的精度和适应性。推动北斗卫星导航、机载雷达、无人机低空遥感、航空物探、移动同步定位、建图(SLAM)等技术和空天地一体化技术、卫星定位测量方法系统在交通基础设施勘探环节广泛应用。深化复杂环境地质勘察关键技术创新研究和应用,提升工程勘察技术抗干扰、精细化水平。加大交通勘察设计基础软件研发力度,加快测试验证和应用推广。深入推广交通信息模型技术,实现全生命周期信息模型创建交付的标准化和数字化,推行一体化集成设计。

强化交通基础设施工程建造技术攻关。开展极高地应力、高地温、软岩大变形、强震活动断裂等极端复杂地质条件下隧道建造技术研究,积极推进隧道预制装配建造技术工程应用,突破工程材料地缘材质利用、关键材料腐蚀机理与服役寿命及高原铁路道岔无缝化等关键技术,服务重大工程建设。推进复杂特殊结构桥梁及桥上无缝线路设计施工技术研究,综合提升艰险山区铁路建设水平。研究特殊气候与复杂地质条件下路基关键技术,不断提升路基工程建造质量。持续开展无砟轨道结构技术攻关,满足安全性、舒适性要求。深化时速400公里轨道、桥梁和路基变形控制、隧道和附属设施气动效应优化等技术研究。进一步优化大轴重线桥隧结构形式,建立我国重载铁路系列化技术体系。

三、推动设施运维管护技术创新

提升交通基础设施运维原始创新能力。加强基础设施长期性能观测研究,建设交通基础设施长期性能科学观测网,开展典型基础设施运行状态观测分析,研究结构、材料长期性能演化规律,为工程结构安全保障、设计标准完善、养护科学决策等提供理论和数据支撑。加强基础设施运维数据采集应用,开展韧性交通系统理论与技术研究,掌握交通基础设施韧性评估与风险防控基础理论方法,突破交通基础设施韧性提升、区域综合交通网络协调运营与服务、城市综合交通协同管控等关键技术。研发干线铁路、城际铁路、市域(郊)铁路、城市轨道交通融合规划建设等技术,制定一体化运营服务标准。

加强在役基础设施智慧维养技术研究。围绕在役基础设施性能提升，突破基础设施全寿命周期健康智能监测、性能精准感知、风险自主预警等技术，开展基础设施智能化检测、数字化诊断、标准化评估、快速化处置技术与装备研发，开发基于建筑信息模型（BIM）和北斗的交通基础设施智慧管养系统，建立基础信息大数据平台，全面推广预防性养护技术。推动智慧快速维养技术研发应用，研究基础设施结构加固、耐久性提升、灾后修复等技术方法和标准体系。推动基于区块链技术的交通基础设施全寿命周期质量管控体系及平台设计，加快建设重大基础设施安全与灾害风险管控及应急措施一体化平台。

深化交通工程防灾减灾技术创新应用。深化交通基础设施风险控制理论研究，开展基于风险控制理论的防灾减灾选线与总体设计技术攻关，研发重大地质灾害特征早期识别及趋势智能识别技术，全面增强交通工程风险管理水平。发展基础设施灾害防治及能力保持技术、应急抢修技术，提升防灾及抢修效率。开展复杂环境条件下施工过程数字化监测检测技术研究，完善工程建造安全保障措施。完善自然灾害及异物侵限监测系统、地震监测预警系统、周界入侵报警系统，提升铁路工程防灾减灾技术水平。推广结构健康监测和长期性能观测技术应用，增强安全数据和问题隐患、运行状态和性能规律等集成管理、智能分析和预警预告能力。

第三节

推动交通基础设施智慧发展

一、提升既有交通基础设施智能化水平

推动云计算、大数据、物联网、移动互联网、智能控制等技术广泛应用于交通基础设施领域，将信息化、数字化、智能化发展贯穿于交通基础设施建设、运行、服务、监管等全链条各环节，推动既有设施信息化改造、数字化转型、智能化

升级，提升交通基础设施安全保障能力、运行效率和服务水平。推动高速铁路智能化升级改造，运用信息化现代控制技术提升铁路全路网列车调度指挥和运输管理智能化水平。推动公路路网管理和出行信息服务智能化，完善道路交通监控设备及配套网络。加强内河高等级航道运行状态在线监测，推动船岸协同、自动化码头和堆场发展。推动客运枢纽智能化升级改造，推动客运售票、检票、安检、登乘等环节电子化、无感化，建设枢纽内智能引导设施。推动物流枢纽智能化升级，推进智能仓储配送设施建设。提高货运设施自动化水平，推广应用自动化立体仓库，推进分拣、装载和仓储等设施智能化。

二、建设新一代智慧型交通基础设施

推动大数据、物联网、人工智能等新一代科学技术与交通基础设施融合发展，加快建设智慧公路、智慧铁路、智慧民航、智慧港口、智慧邮政、智慧枢纽等新型智慧交通基础设施，提升交通基础设施智慧发展水平。

建设智慧公路及新一代国家交通控制网。推动车路协同发展，分阶段、分区域推进道路基础设施的智能化建设，规划建设超级高速公路。积极开展“智能＋网联”的自动驾驶汽车道路技术应用示范。推动智能网联汽车与智慧城市协同发展，建设城市道路、建筑、公共设施融合感知体系，打造基于城市信息模型平台、集城市动态静态数据于一体的智慧出行平台。

推进新型轨道交通基础设施布局应用。推进新一代高速磁浮交通系统试验线建设和试点布局，根据技术试验情况适宜推进超高速铁路示范线路建设。有序推进跨座式单轨、中低速磁悬浮、悬挂式轨道交通、有轨电车和无轨电车等新型轨道交通在大中型城市主干线、大型城市地铁主干线延伸补充线路、县市特色小镇的规划及布局。全面应用全自动运行城市轨道交通系统。积极推进旅客自动输送系统（APM）等无人驾驶线路的示范工程的建设，研究布局旅游观光专用轨道交通系统。建设铁路下一代移动通信系统，布局基于下一代互联网和专用短程通信的道路无线通信网。

加快民航、港航等新型基础设施建设。推动新一代空管系统部署，布局数字化放行和自动航站情报服务系统，实现飞行任务四维航迹管理，促进民航飞机起降效率和安全性达到世界先进水平。研究部署面向区域物流的大型无人机起降点。发展新一代空管系统，推进空中交通服务、流量管理和空域管理智能化，推进各方信息共享。鼓励大中型港口根据实际需要部署不同等级的自动化码头系统。全面推动智能港口建设，实现港口港区泊位联动运营。

全方位布局交通基础设施数字感知系统。加强新建设施与感知网络同步规划建设。构建设施运行状态感知系统，加强重要通道和枢纽数字化感知监测覆盖，增强关键路段和重要节点全天候、全周期运行状态监测和主动预警能力。强化全面覆盖交通网络基础设施风险状况、运行状态、移动装置走行情况、运行组织调度信息的数据采集系统，形成动态感知、全面覆盖、泛在互联的交通运输运行监控体系，打造泛在的交通运输物联网。

三、完善交通基础设施网络信息系统

完善国家综合交通运输信息平台、国家物流公共信息平台、国家交通地理空间信息平台、国家交通基础设施大数据平台等一系列国家级信息平台。面向未来智能汽车发展，统一部署、协同共建智能汽车大数据云控基础平台，逐步实现车辆、基础设施、交通环境等领域的基础数据融合应用。研究规划分配智能交通专用频谱，完善智能交通系统(ITS)。推动交通定位导航、出行服务、物流电商、交易结算等交通运输平台融合发展。鼓励集约布局交通运输和物流行业大数据中心，建立国家交通运输战略数据安全灾备基地。在民航、高铁等载运工具及重要交通线路、客运枢纽站点提供高速无线接入互联网公共服务。

专栏5.3 打造融合高效的智慧交通基础设施

1. 智慧公路

推动先进信息技术应用，逐步提升公路基础设施规划、设计、建造、养护、运行管理等全要素、全周期数字化水平。深化高速公路电子不停车收费系统(ETC)门架应用，推进车路协同等设施建设，丰富车路协同应用场景。推动公路感知网络与基础设施同步规划、同步建设，在重点路段实现全天候、多要素的状态感知。应用智能视频分析等技术，建设监测、调度、管控、应急、服务一体的智慧路网云控平台。依托重要运输通道,推进智慧公路示范区建设。鼓励应用公路智能养护设施设备,提升在役交通基础设施检查、检测、监测、评估、风险预警以及养护决策、作业的快速化、自动化、智能化水平,提升重点基础设施自然灾害风险防控能力。建设智慧服务区,促进融智能停车、能源补给、救援维护于一体的现代综合服务设施建设。推动农村公路建设、管理、养护、运行一体的综合性管理服务平台建设。

2. 智能铁路

运用信息化现代控制技术提升铁路全路网列车调度指挥和运输管理智能化水平。建设铁路智能检测监测设施,实现动车组、机车、车辆等载运装备和轨道、桥隧、大型客运站等关键设施服役状态在线监测、远程诊断和智能维护。建设智能供电设施,实现智能故障诊断、自愈恢复等。发展智能高速动车组,开展时速600公里级高速磁悬浮、时速400公里级高速轮轨客运列车研制和试验。提升智能建造能力,提高铁路工程建设机械化、信息化、智能化、绿色化水平,开展建筑机器人、装配式建造、智能化建造等研发应用。

3. 智慧航道

建设航道地理信息测绘和航行水域气象、水文监测等基础设施,完善高等级航道电子航道图,支撑全天候复杂环境下的船舶智能辅助航行。建设高等级航道感知网络,推动通航建筑物数字化监管,实现三级以上重点航段、四级以上航段重点通航建筑物运行状况实时监控。建设适应智能船舶的岸基设施,推进航道、船闸等设施与智能船舶自主航行、靠离码头、自动化装卸的配套衔接。打造"陆海空天"一体化的水上交通安全保障体系。

4. 智慧港口

引导自动化集装箱码头、堆场库场改造,推动港口建设养护运行全过程、全周期数字化,加快港站智能调度、设备远程操控、智能安防预警和港区自动驾驶等综合应用。鼓励港口建设数字化、模块化发展,实现建造过程智能管控。建设港口智慧物流服务平台,开展智能航运应用。建设船舶能耗与排放智能监测设施。应用区块链技术,推进电子单证、业务在线办理、危险品全链条监管、全程物流可视化等。

5. 智慧民航

加快机场信息基础设施建设,推进各项设施全面物联,打造数据共享、协同高效、智能运行的智慧机场。鼓励应用智能化作业装备,在智能运行监控、少人机坪、机坪自主驾驶、自助智能服务设备、智能化行李系统、智能仓储、自动化物流、智慧能源管理、智能视频分析等领域取得突破。推进内外联通的机场智能综合交通体系建设。发展新一代空管系统,推进空中交通服务、流量管理和空域管理智慧化。推动机场和航空公司、空管、运行保障及监管等单位间核心数据互联共享,完善对接机制,搭建大数据信息平台,实现航空器全球追踪、大数据流量管理、智能进离港排队、区域管制中心联网等,提升空地一体化协同运行能力。

6. 智慧邮政

推广邮政快递转运中心自动化分拣设施、机械化装卸设备。鼓励建设智能收投终端和末端服务平台。推动无人仓储建设,打造无人配送快递网络。建设智能冷库、智能运输和快递配送等冷链基础设施。推进库存前置、智能分仓、科学配载、线路优化,实现信息协同化、服务智能化。推广智能安检、智能视频监控和智能语音申诉系统。建设邮政大数据中心。开展新型寄递地址编码试点应用。

7. 智慧枢纽

推进综合客运枢纽智能化升级,推广应用道路客运电子客票,鼓励发展综合客运一体衔接的全程电子化服务模式,推动售取票、检票、安检、乘降、换乘、停车等客运服务"一码通行"。推动旅客联程运输服务设施建设,鼓励建设智能联程导航、自助行李直挂、票务服务、安检互认、标识引导、换乘通道等服务设施,实现不同运输方式的有效衔接。引导建设绿色智慧货运枢纽(物流园区)多式联运等设施,提供跨方式、跨区域的全程物流信息服务,推进枢纽间资源共享共用。推进货运枢纽(物流园区)智能化升级,鼓励开展仓储库存数字化管理、安全生产智能预警、车辆货物自动匹配、园区装备智能调度等应用。鼓励发展综合性智能物流服务平台,引导农村智慧物流网络建设。

——节选自《交通运输部关于推动交通运输领域新型基础设施建设的指导意见》(交规划发〔2020〕75 号)。

第四节

推动交通基础设施绿色发展

一、大力发展绿色低碳交通方式

坚持绿色发展理念，优化交通运输结构，加强高能效、低排放交通运输系统建设，积极引导交通运输使用者优先使用低碳交通方式，推动各种交通方式实现优势互补和有效衔接，走资源节约型、环境友好型发展道路。

优化交通网络结构能力配置。科学统筹综合运输通道内各交通方式空间布局，大力发展铁路、水路、管道等能源节约型、环境友好型交通方式。充分发挥铁路占地省、运量大、能耗少、排放低的比较优势，推进构建以铁路为骨干、与其他交通运输方式紧密衔接的快速轨道客运系统，提高绿色铁路承运比例。构建以铁路为骨干的绿色低碳经济的货运物流网络，推动大宗货物和中长途运输向铁路转移，促进运输结构深度调整。加快推进港口集疏运铁路、物流园区及大型工矿企业铁路专用线建设，推动港口、大型工矿企业“公转铁”“公转水”。推进港口、大型工矿企业大宗货物主要采用铁路、水路、封闭式皮带廊道、新能源和清洁能源汽车等绿色运输方式。统筹江海直达和江海联运发展，积极推进干散货、集装箱江海直达运输，提高水水中转货运量。

加快构建城市绿色出行体系。加快推动城市轨道交通、公交专用道、快速公交系统等大容量公共交通基础设施建设，因地制宜构建以城市轨道交通和快速公交为骨干、常规公交为主体的公共交通出行体系，强化“轨道 + 公交 + 慢行”网络融合发展。深化国家公交都市建设，持续改善公共交通出行体验。开展绿色出行创建行动，改善绿色出行环境，提高城市绿色出行比例。加强自行车专用道和行人步道等城市慢行系统建设，改善自行车、步行出行条件，提升城市步行和非机动车的出行品质，构建安全、连续和舒适的城市慢行交通体系。综合运用法律、经济、技术、行政等手段，加大城市交通拥堵治理力度。

二、推进交通基础设施绿色建设

持续推进交通基础设施节能减排，推动交通基础设施标准化设计和工厂化预制，实施交通基础设施全生命周期绿色管理，大力推进低碳技术、能源、材料等在交通基础设施规划、建设、运营各环节的广泛应用，积极推动交通基础设施低碳化改造，加快绿色铁路、绿色公路、绿色港口、绿色航道、绿色机场和零碳枢纽等建设，全面提升交通基础设施绿色发展水平。

推动交通基础设施标准化设计和工厂化预制。以低碳绿色发展为导向，以工业化生产方式为手段，加快推动交通基础设施绿色建造工业化进程。鼓励采用以标准化设计、工厂化生产、装配化施工和信息化管理为主要特征的生产方式，实现交通基础设施建设全过程的工业化、集约化和社会化。倡导工程总承包模式，积极推动设计施工一体化。倡导交通基础设施工厂化生产模式，大力推广构件预制和现场拼装技术，积极推行应用建筑信息模型（BIM）技术。

加强交通基础设施全生命周期绿色管理。从规划、咨询、设计等“软件”环节入手，强化顶层设计，统筹考虑低碳交通基础设施网络建设。具体到某一项目时，要考虑低碳设计，采用低碳技术、低碳设备及材料，以制约建设、运营、管理各个阶段对资源、能源、材料的占用和使用。在施工、养护等环节要以规划和设计中的低碳考虑为基础，大力推进交通基础设施低碳技术升级，落实规划和设计理念。加强对交通基础设施的维修养护，特别是预防性保护，使其延长使用寿命，达到最佳的服务期限。探索推动交通基础设施节能减排资产化，积极推动交通基础设施参与全国碳交易并创新性开展碳金融业务。

加大绿色技术、装备、材料等广泛应用。大力推进新能源、新技术、新材料、新装备、新工艺、新产品等在交通基础设施建设与运营等领域的应用。有序实施既有线路电气化改造，提高路网电气化率。加强铁路建筑节能技术的研发应用，推广使用绿色高效的照明、暖通空调等设备。推动公路服务区、客运枢纽等区域充（换）电设施建设。因地制宜推进公路沿线、服务区等适宜区域合理布局光伏发电设施。推动加快内河船舶液化天然气（LNG）加注站建设，推动沿海船舶液化天然气加注设施建设。加快推进码头岸电设施、营运船舶受电设施改造,提高码头岸电设施覆盖率和船舶受电设施安装比例。推动新建机场同步规划设计航站楼屋顶光伏覆盖与配套储能设施建设,既有机场航站楼有序实施相关改造。加快构建便利高效、适度超前的充换电网络体系。

建立健全绿色交通基础设施法规标准体系。进一步建立健全绿色交通基础设施领域相关法律法规和技术标准体系,制定并公布交通运输基础设施节能减排技术、材料、装备、工艺等推广目录,建立低碳标志、低碳产品的认证制度,推进节能减排标准化与计量检测体系建设,分类开展低碳交通基础设施的评价考核。健全交通基础设施项目节能评估与审查制度,将节能减排要求作为项目立项、初步设计、施工及验收中的刚性指标。

专栏5.4 建设绿色交通基础设施

1. 绿色铁路

提高绿色铁路承运比例,构建以干线铁路、高速铁路和城际市域铁路为骨干、与其他交通方式紧密衔接的大容量、集约化快速轨道客运系统,推进铁路绿化工作,建设绿色铁路廊道。强化铁路节能环保监测管理,推进污染达标治理。

2. 绿色公路

因地制宜推进新开工的高速公路全面落实绿色公路建设要求,鼓励普通国省干线公路按照绿色公路要求建设,引导有条件的农村公路参照绿色公路要求协同推进“四好农村路”建设。强化公路生态环境保护工作,做好原生植被保护和近自然生态恢复、动物通道建设、湿地水系连通等工作,降低新改(扩)建项目对重要生态系统和保护物种的影响。推动交通基础设施标准化、智能化、工业化建造,强化永临结合施工,推进建养一体化,降低全生命周期资源消耗。完善生态环境敏感路段跨河桥梁排水设施建设及养护。加强服务区污水、垃圾等污染治理,鼓励老旧服务区开展节能环保升级改造,新建公路服务区推行节能建筑设计和建设。提高交通基础设施固碳能力。

3. 绿色港口和绿色航道

全面提升港口污染防治、节能低碳、生态保护、资源节约循环利用及绿色运输组织水平,持续推进绿色港口建设工作,鼓励有条件的港区或港口整体建设绿色港区(港口)。推动内河老旧码头升级改造,积极推进散乱码头优化整合和有序退出,鼓励开展陆域、水域生态修复。加大绿色航道建设新技术、新材料、新工艺和新结构引进和研发力度,积极推动航道治理与生态环境修复营造相结合,加快推广航道工程绿色建养技术,优先采用生态影响较小的航道整治技术与施工工艺,推广生态友好型新材料、新结构在航道工程中的应用,加强水生生态保护,及时开展航道生态修复和生态补偿。探索建设集岸电、船用充电、污染物接收、液化天然气(LNG)加注等服务于一体的内河水上绿色航运综合服务区。开展旅游航道建设。

4. 绿色机场

修订完善运输机场建设用地指标,严把新建及改扩建机场项目审批、建设、验收等各关口,强化节地、节能、节水、节材评估和技术模式推广。充分优化跑滑构型、站坪机位设计和航空器地面运行流程。推广开展一体化、智慧化的机场资源能源管理系统建设,加强新材料、新技术、新产品应用。支持根据资源禀赋因地制宜开展太阳能、地热能等可再生能源利用,开展机场新能源综合利用项目试点。稳步提升雨水、中水和再生水利用率,推进节水型机场建设示范。

——根据《绿色交通"十四五"发展规划》《"十四五"民用航空发展规划》《新时代交通强国铁路先行规划纲要》等资料整理。

三、推进交通资源集约节约利用

统筹规划交通线路和枢纽设施布局,集约利用土地、线位、桥位、岸线等资源,强化既有线路再利用,采取有效措施减少耕地和基本农田占用,提高资源利用效率。加快推进交通资源循环利用,推广交通基础设施废旧材料、设施设备、施工材料以及无害化处理后的工业废料、建筑垃圾等综合利用,鼓励废旧轮胎、工业固废、建筑废弃物在交通建设领域的规模化应用。在西北、华北等干旱缺水地区,鼓励高速公路服务区、枢纽场站等污水循环利用和雨水收集利用,循环利用交通生产生活污水。推进航道疏浚土综合利用。

四、强化生态保护和污染防治

将生态环保理念贯穿交通基础设施规划、建设、运营和养护全过程。统筹交通与国土空间规划，促进交通基础设施与生态空间协调，最大限度保护重要生态功能区、避让生态环境敏感区，加强永久基本农田保护。推动交通基础设施建设养护工程与环保措施同步规划、同步设计、同步实施，倡导交通基础设施生态选线、环保设计，利用生态工程技术减少交通对自然保护区、风景名胜区、珍稀濒危野生动植物天然集中分布区等生态敏感区域的影响。严格落实生态保护和水土保持措施，实施交通生态修复提升工程，构建生态化交通网络。有效防治公路、铁路沿线噪声、振动，减缓大型机场噪声影响。加强科研攻关，改进施工工艺，从源头减少交通噪声、污染物、二氧化碳等排放。加大交通污染监测和综合治理力度，加强交通环境风险防控，落实生态补偿机制。

第五节

加强交通基础设施人本建设

一、提高交通基础设施本质安全水平

强化全生命周期安全管理。牢牢守住安全底线，将安全发展贯穿于交通基础设施规划、设计、建设、运维等各环节，全面提升交通基础设施全生命周期质量安全水平，努力打造“百年品质工程”。严把设施设备产品源头质量关，合理安排交通基础设施建设周期，推进精品建设和精细管理。全面落实工程参建各方主体质量责任，健全工程质量责任体系，建立质量行为可追溯、质量终身制管理体系。完善交通基础设施安全技术标准规范和法规制度，建立健全现代化工程建设和运行质量全寿命周期安全管理体系。强化交通基

础设施预防性养护维护、安全评估,加强长期性能观测,完善数据采集、检测诊断、维修处治技术体系,加大病害治理力度,及时消除安全隐患。完善安全责任体系,创新交通基础设施安全管理模式,全面提升交通设施安全水平。加强交通安全基础领域研究与技术攻关,加强新技术、新材料、新设备、新工艺的研发和广泛应用,以科技创新和先进技术普及应用为抓手提升交通基础设施的使用寿命和耐久性。

加强交通安全设施配套建设。推动安全配套设施、重点目标防范设施与交通线路、枢纽场站等主体工程同步设计、建设、运营。实施老旧铁路、老旧枢纽场站、航运枢纽、大型通航建筑物等设施安全检测和除险加固行动,持续推进危旧桥梁改造专项行动。加强高速铁路人防、物防、技防相结合的预警防护监测,强化铁路防灾抗险等设施建设。优化事故多发、易发路段的公路安全设施,加强高速公路重点路段安全应急保障设施布设,推进危桥(隧)改造工程。完善水运工程安全配套设施和桥梁防船舶碰撞设施。精细化提升城市道路通行安全性,规范设置城市道路交通安全设施和交通管理设施。完善农村公路安全设施建设。以临水临崖、隐患路口路段、交通标志标线等为重点,加强农村公路、桥梁隧道隐患排查整治和安全设施配套。进一步提升农村道路交通安全设计水平,增加夜间视线诱导设施设置, 加强急弯、视距不良、长陡下坡等道路的减速带设置。

加强交通基础设施养护。推动落实全生命周期养护,强化常态化预防性养护,科学实施养护作业,加强养护工程质量检验评定,强化养护管理监管考核,提高基础设施使用寿命。加强桥梁隧道、通航建筑物、港口锚地、跑道停机坪等公共设施养护管理。加大养护新技术推广力度,建设交通基础设施长期性能科学观测网,鼓励自动化、信息化巡查,提高管理养护科学决策水平,推进养护机械化和标准化。加强铁路综合维修养护一体化管理。发展和规范公路养护市场,逐步增加向社会购买养护服务。深化农村公路管理养护体制改革,全面实施农村公路路长制。健全桥梁养护管理责任体系和工作机制。完善航道常态化养护机制,推动航道养护基地及配套设施设备建设。

专栏5.5 打造安全有序的道路通行环境

（一）全面提升农村公路安全性

推动“四好农村路”高质量发展，加强农村公路建设质量管理，严格落实新改建农村公路的交通安全设施“三同时”制度。推动压实县乡两级政府责任，完善符合农村公路特点的管养体制和管养体系。建立健全高风险路段排查机制，继续深化农村公路安全生命防护工程建设，加大农村公路危旧桥梁改造力度，重点推进农村公路临水临崖、急弯陡坡路段路侧安全防护设施设置，完善农村客运线路沿线县乡公路的安全设施，同时满足消防救援车辆通行需要，切实提升农村公路工程质量和安全保障水平。

（二）加快推进普通国省道重点路段安全提升

巩固提升干线公路重点路段安全隐患治理效果，推动瓶颈路段升级改造。持续推动双向四车道以上的大流量公路，根据对向碰撞事故数量及公路功能、交通流量、设计速度等，按相关标准规范要求逐步推进中央隔离设施设置。农村平交路口实施警告标志、道路标线、减速带、警示桩、交通信号灯（含闪光警告信号灯）“五必上”，具备条件的平交路口实施支路进主路“坡改平”工程。坠车交通事故多发的路侧险要路段实施警告标志、减速设施、路侧护栏“三必上”。优化穿村过镇路段交通组织和安全设施设置，引导不同性质交通流分道行驶，保障非机动车和行人通行空间。切实推动路侧“小开口”“绿植视距遮挡”等难点问题整改。针对事故多发路段、交通安全风险突出路段、新提级为国省道行政等级的道路，实施道路安全设施提档升级。深入推动马路市场等各类违规占用道路资源问题的清理整顿工作。推动在超限检测站前设置货车检测车道和交通标志，安装电子抓拍系统，强化超限超载违法行为的发现能力，引导超限超载车辆进站接受检测，消除超限超载违法行为。

（三）强化高速公路重点路段安全保障

针对高速公路碰撞中央分隔带护栏事故多发、运营期交通运行状况变化较大、大型车辆交通量增长较快等重点路段，结合交通事故数据及原因分析，科学评估中央分隔带护栏与现状交通运行、防护需求适应情况。中央分隔带护栏适应性不足、确需升级改造的，结合高速公路改扩建、养护工程，分类、分批、分期推进提质升级工作。优化提升互通立交及出入口等交通组织复杂路段的指路标志信息指引、标线渠化诱导。针对长大桥隧、连续长陡下坡、团雾多发、施工作业区路段、危险货物运输车辆通行等高风险路段，加强交通安全警示信息发布和安全诱导服务，强化分类分级动态通行管控。推动落实施工路段交通安全提示、预警、防护设施标准化、规范化。建立高速公路服务区车辆饱和度预警机制，防止服务区车辆溢出，影响主线通行安全。推动高速公路基础设施规划、设计、建设、养护、运管与服务等数字化，强化高速公路交通感知网络同步建设和部门间共享共用。

（四）精细化提升城市道路通行安全性

建立健全城市道路隐患协同治理机制，加强住房城乡建设、公安交管、综合执法、交通运输、园林绿化等部门的协调配合，鼓励街道、居委会等基层组织参与交通安全治理和联合整治。加强交通安全设施全周期管理，在城市道路规划、建设、使用、改造等阶段，同步设置完善警示、隔离、防撞等设施，持续开展在用交通标志、标线和信号灯的规范性、合理性排查整改。公路变更为城市道路的，及时按照城市道路标准设置完善交通设施。在易发交通事故的路口、路段应用智能化的声、光、电警示装置和交通技术监控设备保障通行安全。加强对城市慢行交通系统的安全管理，着力保障慢行交通安全，努力压降非机动车和行人事故，改善人行道、非机动车道通行条件，因地制宜设置行人过街设施、大型车辆右转安全警示区等。加强重点区域综合治理，优化商业集中区、景区景点、学校、医院、客运场站、大型居住区等周边交通组织，结合城市更新行动，对支路小巷、社区道路开展稳静化改造。探索通过城市智慧基础设施建设、人行道净化和自行车专用道建设、车路协同技术等，提升道路安全性。

（五）健全道路安全性评价体系与评价制度

推进道路交通事故数据跨部门共享，持续开展交通事故多发点段和严重安全隐患分析研判工作，健全完善通报挂牌机制，推动道路交通安全隐患排查治理水平不断提升。完善公安等多部门参加的公路工程竣工验收工作机制。探索实施道路设施、驾驶行为、车辆和天气等多源数据融合的道路安全风险评估方法，推动道路安全性评价体系和评价制度创新，不断提升主动、系统、精准防控道路安全风险隐患的能力和水平。对抗倾覆稳定性不足的独柱桥梁及时采取加固等措施，按要求做好工程验收和实施效果跟踪评估。

——节选自《"十四五"全国道路交通安全规划》(安委办〔2022〕8号)。

二、提升交通基础设施应急保障能力

打造韧性交通基础设施系统。将韧性理念贯穿交通基础设施规划、设计、建设、运营、管理全过程，通过技术、模式、机制、政策等创新，全面提升交通基础设施网络应对重大自然灾害、突发事件等的防御能力以及快速恢复和应急处置能力。加快推进城市群、重点地区、重要口岸、主要产业及能源基地、自然灾害多发地区等重点区域多通道、多方式、多路径建设，完善紧急交通疏散、救援和避难通道系统，提升交通网络系统韧性和安全性。强化交通基础设施安全风险评估和分级分类管控，加强重大风险源识别和全过程动态监测分析、预测预警，在重要通道、枢纽、航运区域建设气象监测预警系统，提高交通基础设施适应气候变化的能力。加强通道安全保障、海上巡航搜救打捞、远洋深海极地救援能力建设，健全交通安全监管体系和搜寻救助系统。

加强关键基础设施安全监测和预防性维护。强化重要交通干线、交通枢纽港站等基础设施的安全风险防控，精准发现、及时处置风险隐患；对重要桥梁、隧道等进行定期技术状况评估，保障关键基础设施的安全可靠性。加强交通运输领域关键信息基础设施、重要信息系统的网络安全防护，实施关键信息基础设施防护建设改造工程，建设网络安全风险监测和态势感知平台，推进信息系统设施设备自主可控。建设交通基础设施结构健康监测系统，完善基础设施安全技术标准规范。加强安全性评估和风险防控，对新建、改建交通基础设施项目全面推广安全性评价，对运营阶段的交通基础设施推广应用风险评估。

加强交通基础设施网络运行监测。建立安全可靠的路网运行监测系统，加快推进安全领域大数据应用，实现交通安全信息实时搜集、深度分析、共享共用，提升风险识别的精准度，提高风险防控的针对性和及时性，做到重点监管、精准监管、差异性监管。建立风、雨、雪等灾害实时预警和监控体系，强化春运、暑运、黄金周等重点时段安全监管和应急值守，做好极端天气的预防、预警、防范和应急保障工作，建立交通运输系统恶劣环境和突发事件下的防护体系，保证在自然灾害情况下重点地区多方式替代联通，保障交通系统运行安全。

完善综合交通运输应急保障体系。建立健全多部门联动、多方式协同、多主体参与的综合交通应急运输管理协调机制，完善科学协调的综合交通应急运输保障预案体系。构建应急运输大数据中心，推动信息互联共享。构建快速通达、衔接有力、功能适配、安全可靠的综合交通应急运输网络。提升应急运输装备现代化、专业化和智能化水平，推动应急运输标准化、模块化和高效化。统筹陆域、水域和航空应急救援能力建设，建设多层级的综合运输应急装备物资和运力储备体系。科学规划布局应急救援基地、消防救援站等，加强重要通道应急装备、应急通信、物资储运、防灾防疫、污染应急处置等配套设施建设，提高设施快速修复能力和应对突发事件能力。建立健全行业系统安全风险和重点安全风险监测防控体系，强化危险货物运输全过程、全网络监测预警。

三、加强人文交通基础设施建设

加强无障碍交通基础设施建设。适应老龄化社会交通出行需求，满足基本公共服务供给要求，强化交通基础设施的社会属性，加强无障碍公共交通基础设施建设，提高老、弱、病、残、孕、幼等特殊人群出行便利程度和服务水平。推动综合客运枢纽系统配置无障碍设施设备和便民设施，提升特殊人群出行便利程度，创造适老化、无障碍出行环境。合理设置交通枢纽内外标识，完善售票机和宽体检票机、扶梯、手推车设施，强化一站式问询服务，建设多功能厕所和站台防跌落设施等。在客运枢纽增加医疗设施、轮椅、母婴室、第三卫生间、优待群体候车区或专属座椅等供给，重点提升老年人、婴幼儿童、孕妇、残障人士等交通出行品质，充分满足旅客多元差异出行需求。

推动既有交通基础设施精细化人性化改造。聚焦交通基础设施建设运维的薄弱环节、细微领域和深入过程，强化供给的精准性、有效性和人本性，着力提升用户出行体验和交通服务质量水平。重点推进综合交通枢纽场站和城市道路交通、慢行交通、静态交通精细化管理和人性化设施配套建设。城市交通要摆脱依靠建设城市道路改善出行的思路,加强拥堵路段公交专用道设置,改善整治非机动车道,实现公交专用道、自行车道、人行道真正连续成网。同时,按照“以人为本”的理念,对交叉口、过街设施、公交站点等进行改造。充分考虑停车作为交通需求管理的重要手段,通过产业化的路径推进必要的城市停车设施建设。加强城市进出城干线公路的城市道路化改造。在高速公路邻近城市的路段和绕城公路上,适当增加出入口数量,在保证主线交通安全顺畅的前提下,力争实现与所有城市快速路、主干路均能有效连接,并预留新增出入口建设条件。同时,为部分高速公路路段建设必要的辅道,相关干线公路的横断面采取城市道路的形式,兼顾公路与城市道路功能。

优化居民交通出行环境,提升舒适性安全性。完善交通基础设施标准规范体系,满足不同群体出行多样化、个性化要求。开展人性化、精细化道路空间和交通设计,构建安全、连续和舒适的城市慢行交通体系。加大非机动车道和步行道的建设力度,保障非机动车和行人合理通行空间,加强治理道路机动车非法占用非机动车道,提升步行和自行车骑行安全性和舒适性。完善城市道路驻足区、安全岛等二次过街设施和人行天桥、地下通道等立体交通设施。在交通枢纽、商业集中区、学校、医院等规划建设步行连廊、过街天桥、地下通道,形成相对独立的步行系统。

专栏 5.6 《中华人民共和国无障碍环境建设法》有关无障碍交通的规定

第十二条　新建、改建、扩建的居住建筑、居住区、公共建筑、公共场所、交通运输设施、城乡道路等,应当符合无障碍设施工程建设标准。无障碍设施应当与主体工程同步规划、同步设计、同步施工、同步验收、同步交付使用,并与周边的无障碍设施有效衔接、实现贯通。无障碍设施应当设置符合标准的无障碍标识,并纳入周边环境或者建筑物内部的引导标识系统。

第十三条　国家鼓励工程建设、设计、施工等单位采用先进的理念和技术,建设人性化、系统化、智能化并与周边环境相协调的无障碍设施。

第十四条　工程建设单位应当将无障碍设施建设经费纳入工程建设项目概预算。工程建设单位不得明示或者暗示设计、施工单位违反无障碍设施工程建设标准;不得擅自将未经验收或者验收不合格的无障碍设施交付使用。

第十五条　工程设计单位应当按照无障碍设施工程建设标准进行设计。依法需要进行施工图设计文件审查的,施工图审查机构应当按照法律、法规和无障碍设施工程建设标准,对无障碍设施设计内容进行审查;不符合有关规定的,不予审查通过。

第十六条　工程施工、监理单位应当按照施工图设计文件以及相关标准进行无障碍设施施工和监理。住房和城乡建设等主管部门对未按照法律、法规和无障碍设施工程建设标准开展无障碍设施验收或者验收不合格的,不予办理竣工验收备案手续。

第十八条　对既有的不符合无障碍设施工程建设标准的居住建筑、居住区、公共建筑、公共场所、交通运输设施、城乡道路等,县级以上人民政府应当根据实际情况,制定有针对性的无障碍设施改造计划并组织实施。

第二十一条　新建、改建、扩建公共建筑、公共场所、交通运输设施以及居住区的公共服务设施,应当按照无障碍设施工程建设标准,配套建设无障碍设施;既有的上述建筑、场所和设施不符合无障碍设施工程建设标准的,应当进行必要的改造。

第二十三条　新建、改建、扩建和具备改造条件的城市主干路、主要商业区和大型居住区的人行天桥和人行地下通道,应当按照无障碍设施工程建设标准,建设或者改造无障碍设施。城市主干路、主要商业区等无障碍需求比较集中的区域的人行道,应当按照标准设置盲道;城市中心区、残疾人集中就业单位和集中就读学校周边的人行横道的交通信号设施,应当按照标准安装过街音响提示装置。

第二十四条　停车场应当按照无障碍设施工程建设标准,设置无障碍停车位,并设置显著标志标识。无障碍停车位优先供肢体残疾人驾驶或者乘坐的机动车使用。优先使用无障碍停车位的,应当在显著位置放置残疾人车辆专用标志或者提供残疾人证。在无障碍停车位充足的情况下,其他行动不便的残疾人、老年人、孕妇、婴幼儿等驾驶或者乘坐的机动车也可以使用。

第二十五条　新投入运营的民用航空器、客运列车、客运船舶、公共汽电车、城市轨道交通车辆等公共交通运输工具,应当确保一定比例符合无障碍标准。既有公共交通运输工具具备改造条件的,应当进行无障碍改造,逐步符合无障碍标准的要求;不具备改造条件的,公共交通运输工具的运营单位应当采取必要的替代性措施。县级以上地方人民政府根据当地情况,逐步建立城市无障碍公交导乘系统,规划配置适量的无障碍出租汽车。

第三十二条　利用财政资金建立的互联网网站、服务平台、移动互联网应用程序,应当逐步符合无障碍网站设计标准和国家信息无障碍标准。国家鼓励新闻资讯、社交通讯、生活购物、医疗健康、金融服务、学习教育、交通出行等领域的互联网网站、移动互联网应用程序,逐步符合无障碍网站设计标准和国家信息无障碍标准。国家鼓励地图导航定位产品逐步完善无障碍设施的标识和无障碍出行路线导航功能。

第三十三条　音视频以及多媒体设备、移动智能终端设备、电信终端设备制造者提供的产品,应当逐步具备语音、大字等无障碍功能。银行、医院、城市轨道交通车站、民用运输机场航站区、客运站、客运码头、大型景区等的自助公共服务终端设备,应当具备语音、大字、盲文等无障碍功能。

——节选自《中华人民共和国无障碍环境建设法》(2023 年 6 月 28 日第十四届全国人民代表大会常务委员会第三次会议通过)。

本章参考文献

[1] 徐宪平. 我国综合交通运输体系构建的理论与实践[M]. 北京:人民出版社,2012.

[2] 罗仁坚. 中国综合运输体系理论与实践[M]. 北京:人民交通出版社,2009.

[3] 吴文化,向爱兵,等. 建党百年看中国交通运输发展(综合交通运输篇) [M]. 北京:经济科学出版社,2021.

[4] 国务院关于印发"十三五"现代综合交通运输体系发展规划的通知(国发〔2017〕11 号)[EB/OL].(2017-02-28). https://www.gov.cn/zhengce/zhengceku/2017-02/28/content_5171345.htm.

[5] 国务院关于印发"十四五"现代综合交通运输体系发展规划的通知(国发〔2021〕27 号)[EB/OL].(2022-01-18). https://www.gov.cn/zhengce/zhengceku/2022-01/18/content_5669049.htm.

[6] 交通运输部 国家铁路局 中国民用航空局 国家邮政局 中国国家铁路集团有限公司关于印发《现代综合交通枢纽体系"十四五"发展规划》的通知(交规划发〔2021〕113 号)[EB/OL].(2021-11-05). https://www.mot.gov.cn/zhuanti/shisiwujtysfzgh/202201/P020220129657756692258.pdf.

[7] 交通运输部 科学技术部关于印发《交通领域科技创新中长期发展规划纲要(2021—2035 年)》的通知[EB/OL].(2022-03-25). https://xxgk.mot.gov.cn/jigou/kjs/202203/t20220325_3647752.html .

[8] 交通运输部 科学技术部关于科技创新驱动加快建设交通强国的意见(交科技发〔2021〕80 号)[EB/OL].(2021-08-26). https://xxgk.mot.gov.cn/2020/jigou/kjs/202108/t20210826_3616711.html.

[9] 国家铁路局关于印发《"十四五"铁路科技创新规划》的通知 (国铁科法〔2021〕45 号)[EB/OL].(2021-12-23). https://www.nra.gov.cn/jglz/fgzd/gfwj/202112/t20211223_337038.shtml.

[10] 国铁集团关于印发《新时代交通强国铁路先行规划纲要》的通知(铁发改〔2020〕129 号)[EB/OL].(2020-08-12). http://www.china-railway.com.cn/xwzx/rdzt/ghgy/gyqw/202008/t20200812_107636.html.

[11] 交通运输部关于印发《数字交通发展规划纲要》的通知(交规划发〔2019〕89 号)[EB/OL].(2019-07-25). https://xxgk.mot.gov.cn/2020/jigou/zhghs/202006/t20200630_3321233.html.

[12] 交通运输部关于印发《绿色交通"十四五"发展规划》的通知(交规划发〔2021〕104 号)[EB/OL].(2022-01-21) https://xxgk.mot.gov.cn/2020/jigou/zhghs/202201/t20220121_3637584.html.

[13] 中共中央 国务院关于完整准确全面贯彻新发展理念 做好碳达峰碳中和工作的意见[EB/OL].(2021-10-24). https://www.gov.cn/zhengce/2021-10/24/content_5644613.

htm? eqid = cccdc29e0002ef3e00000002648ef778.

[14] 交通运输部办公厅关于印发《绿色交通标准体系(2022年)》的通知(交办科技〔2022〕36号)[EB/OL].(2022-08-18). https://xxgk.mot.gov.cn/2020/jigou/kjs/202208/t20220817_3666571.html.

[15] 中国民用航空局 国家发展和改革委员会 交通运输部关于印发《"十四五"民用航空发展规划》的通知(民航发〔2021〕56号)[EB/OL].(2021-12-14). http://www.caac.gov.cn/XXGK/XXGK/FZGH/202201/t20220107_210798.html.

[16] 民航局关于印发《"十四五"民航绿色发展专项规划》的通知(民航发〔2021〕54号)[EB/OL].(2021-12-21). http://www.caac.gov.cn/XXGK/XXGK/FZGH/202201/t20220127_211345.html.

[17] 国务院安委会办公室关于印发《"十四五"全国道路交通安全规划》的通知(安委办〔2022〕8号)[EB/OL].(2022-07-28). https://www.mem.gov.cn/gk/zfxxgkpt/fdzdgknr/202207/t20220728_419231.shtml.

第六章

产业政策——创新交通基础设施高质量发展新模式

内容摘要

交通基础设施是在国民经济运行中处于优先地位的基础产业。推动交通基础设施产业高质量发展,应始终坚持交通先行的总方针,把握好适度超前的“度”,推动交通基础设施产业向智慧化、绿色化方向转型升级,实现交通基础设施从传统劳动密集型产业向技术资本、知识密集型产业转型发展,全面提升交通基础设施产业的基础能力和产业链现代化水平。应紧紧把握新一轮科技(产业)革命和融合共享的时代特征,推动交通基础设施产业与关联产业、其他经济社会领域深度融合发展,培育发展通道经济、枢纽经济、平台经济、共享经济、高铁经济、快递经济、邮轮经济、低空经济等新业态新经济,创新交通基础设施高质量发展新模式,打造引领经济增长的新优势新动能。

第一节

把握适度超前建设交通基础设施的度

一、始终把交通作为经济社会发展的先行领域

交通基础设施是国民经济的先导基础产业,在国民经济和社会发展中处于先行的战略地位,它保障和促进了整个国家经济、政治和社会生活的正常进行。世界交通发展历史经验规律和我国交通发展历程表明:交通是经济社会发展的重要前提和基础,是先进技术应用孵化的先行载体,是世界各国经济社会发展的先行领域。新中国成立以来,我们始终把交通作为经济社会发展的先行领域,强调交通基础设施建设要适度超前,充分发挥交通基础设施对国民经济的支撑引领作用。改革开放初期,交通运输上升为国家经济发展的战略重点,"要想富、先修路"成为党领导国家经济建设和脱贫致富的重要原则。进入新时代,习近平总书记高度重视交通在经济社会发展中的先行官地位,反复强调"交通基础设施建设具有很强的先导作用""经济发展,交通要先行""'要想富,先修路'不过时""在沿海地区要想富也要先建港",交通是经济发展的"先行官"和"中国式现代化的开路先锋"。

二、适度超前要考虑各方面约束不能过度超前

适度超前揭示了交通供需关系也即交通发展与经济社会的关系,充分体现了交通作为经济社会发展先行领域的突出作用。当交通供给短缺无法满足运输需求时,交通基础设施投资建设需要适度超前,通过扩大交通基础设施供给强化对经济社会发展的支撑作用;当交通供给基本或总体满足运输需求时,交通基础设施发展仍要坚持适度超前的原则,通过超前有效供给推动需求升级,激发新需求、孕育新业态,进而引领经济社会高质量发展。但是,

无论交通处于“瓶颈制约”“基本缓解”还是“基本适应”或“总体适应”阶段，都要把握好交通基础设施建设适度超前的“度”，统筹考虑该阶段下经济现实基础、国家财力、资源环境等约束条件，不能不顾约束条件，超出能力盲目铺摊子、上项目。发展交通基础设施既要统筹发展和安全，考虑稳增长和防风险，又要充分照顾短期稳定增长和长期结构调整的需要。

进入新发展阶段，要充分发挥交通基础设施投资对其他领域投资和消费的撬动作用，形成交通投资、社会领域投资与产业投资间的良性互促。一方面，统筹平衡好资金、土地、用能、劳动力等各类资源要素。特别是交通基础设施建设往往需要投入大量的资金，交通投资短期过快增长会导致政府部门的债务融资规模攀升。适度超前开展交通基础设施投资必须考虑财政承受能力，同时充分发挥政府投资撬动作用，调动社会资本参与基础设施投资建设，实现公共资源和社会资本的有机结合。另一方面，要加强项目储备，做到有序稳步推进。交通基础设施项目一般投资体量大、建设周期长，涉及项目前期论证、相关审批、征地拆迁等诸多准备工作，不能为稳投资而匆忙上马项目乃至“未批先建”“边建边批”。适度超前开展交通基础设施投资建设，应加强系统规划和统筹协调，注重提高项目前期工作质量，科学有序推进项目建设实施。

第二节

加快推动交通基础设施产业转型升级

一、提升交通基础设施建造工业化水平

交通基础设施建造工业化是通过现代工业化的生产方式建造交通基础设施的过程，其目的是优化资源配置、提高系统效率、加快建设速度、降低工程成本、提高工程质量，实现交通基础设施高质量发展。目前，我国大部分交通基础设施建造仍采用工业化初中期形成的“设计与建造分离、现场混凝土浇筑、机械

作业为主手工作业为辅”的传统生产模式。未来,我国逐步从工业化中后期迈入后工业化时代,交通基础设施建造也将进入新型工业化发展阶段。交通基础设施新型工业化是指采用标准化设计、工厂化生产、装配化施工和信息化管理为主要特征的生产方式,在设计、生产、施工、管理、运营等环节形成完整的、有机的产业链,实现交通基础设施建造全过程的规模化、集约化和社会化,从而提高设施工程质量和效益,实现节能减排与资源节约。交通基础设施新型工业化是交通基础设施建造传统模式和生产方式的深刻变革,是建筑工业化与信息化的深度融合。设计施工一体化、生产工厂化、装配自动化、管理信息化、建筑绿色化是这一阶段交通基础设施建造的典型特征。

推动交通基础设施设计施工一体化。交通基础设施设计施工一体化,不仅仅指设计与施工环节实施主体的一体化,还包括技术标准、工艺流程等内容的一体化过程。目前,我国绝大部分交通基础设施建设项目在实施主体层面上均采用了“设计施工一体化”的工程承包方式,具体包括“设计 + 施工”(D + B)、“设计 + 采购 + 施工/交钥匙总承包”(EPC)及“工厂设备与设计 + 施工”(P&D + B)等典型模式,但在操作层面上时常出现设计与施工自相矛盾、资源严重浪费、成本居高不下等问题。因此,推进交通基础设施设计施工一体化,不仅要实现实施主体一体化,而且还要实现实施过程一体化。实践表明,设计施工标准化、构配件工厂化生产是推动实现交通基础设施设计施工全过程一体化的有效途径。标准化的设计是高效施工的前提,工厂化的构配件生产方式是精准对接设计标准、提高施工效率、减少资源浪费的重要手段。

推动交通基础设施构配件预制工厂化。推动交通基础设施工业化发展,需要在施工现场后方的工厂实现交通基础设施构配件预制,并以标准化、模块化和规模化的作业方式实现工厂化生产,加快推动预制构件技术在交通基础设施领域的普遍应用,推进交通基础设施建造工厂化发展。交通基础设施工业化生产过程,就是将交通基础设施的部分或全部构配件,以工厂化的生产方式在施工现场后方完成预制生产,然后运输到施工现场,并通过可靠的连接方式组装形成建筑整体。交通基础设施构配件预制工厂化是实现交通基础设施工业化的关键,也是交通基础设施工业化的核心内容。未来随着我国交通基础设施产业化进程有序推进和预制技术不断进步,交通基础设施构配件预制工厂化发展速度必将加快。一方面要强化预制技术在交通基础设施领域的广泛应用,提高交通基础设施建筑的整体预制程度,促进预制框架结构、钢结构和预制装配式结构发展,推动实现施工方式逐步从现场浇筑向预制构件、装配式方向转变;另一方面,要加快推动构配件标准化、模块化设计和生产,减少施工现场作业,推动交通基础设施在工厂实现成品化或半成品化。此外,还要加快建筑信息模型(BIM)技术自主创新应用,提升预制构件的标准化水平,支持工程新材料产业发展。

推进交通基础设施施工机械化、装配自动化。提高交通基础设施建设工业化水平,应着力加快推进交通基础设施施工机械化和装配自动化进程。加快推进先进的路基、隧道、桥梁等施工机械和现代化的施工技术在交通基础设施领域的应用,着力提高公路、铁路、桥梁和隧道施工机械化水平。加快机械制造行业自主研发或引进消化再制造关键整机装备。如大功率低能耗发动机,重要零部件像机械所用的高压泵、马达、切割合金材料等的质量突破,形成门类型号齐全的系列质优价廉产品,满足工程机械高强度、恶劣施工环境需要。鼓励施工企业提高机械化装备水平。鼓励运用建筑信息模型(BIM)技术推进装配式建筑主体结构、围护墙和内隔墙、装修和设备管线一体化集成。推进功能模块和部品构件标准化、建筑配件整体化、管线设备模块化,减少异型和非标准部品构件。

推动交通基础设施建设向智能建造转变。交通基础设施新型工业化是传统工业化与信息化深度融合的结果。未来随着电子信息技术尤其是以大数据、物联网、云计算、人工智能等为代表的新一代信息技术的快速发展和广泛应用,交通基础设施的建造工艺、技术标准和装备工具等均会发生变化,智能建造将成为未来交通基础设施建造的新方向。交通基础设施智能建造是一种高度自动化、信息化和知识驱动的建造模式,它将从根本上改变交通基础设施设计、构配件生产、运输和现场施工过程。推动交通基础设施智能建造,一是加快推进智能技术、智能设备和智能构配件在交通基础设施建造中的应用，强化交通基础设施的人工智能功能，譬如高铁无砟轨道板嵌入具有读写功能的射频识别（RFID）电子芯片，高速公路植入感应车流量、灯光等功能的电子芯片；二是推动建筑信息模型（BIM）技术在重大交通基础设施项目规划、设计、建设、施工、运营、检测维护管理全生命周期的应用，全面提升交通基础设施建造的信息化水平；三是推动智能机器人、人机互动以及3D打印技术等在建造过程中的广泛应用，实现交通基础设施工厂智能生产、现场智能施工和智能监管维护。

推动交通基础设施向绿色建造转变。交通基础设施新型工业化是实现绿色建造的工业化，是交通基础设施产业实现节能减排和资源节约的有效途径。交通基础设施绿色建造的核心内涵是：在交通基础设施工程建设的全过程中，最大限度地节约资源（节能、节地、节水、节材等）、保护环境和减少污染。其主要特征体现在，通过标准化设计的优化，减少因设计不合理导致的材料、资源浪费；通过工厂化生产，减少现场手工湿作业带来的建筑垃圾、污水排放、固体废弃物弃置；通过装配化施工，减少噪声、现场扬尘、运输遗洒，提高施工质量和效率；通过采用信息化技术，依靠动态参数，实施定量、动态的施工管理，以最少的资源投入，达到高效、低耗和环保。推动交通基础设施向绿色建造转变，是以标准化技术为代表的规模化工厂生产代替劳动密集型的手工生产方式，以工业化制品现场装配取代现场作业施工模式，从而最终实现交通基础设施部件生产的工厂化、施工现场装配化的绿色建造。推行交通基础设施绿色建造，将极大地丰富交通基础设施在建设和运维中的运行方式，极大地提升运行效率，提高劳动生产率，提升工程设计施工质量，大幅度缩短工期，实现规模经济效益，同时也能有效缓解越来越严重的人力资源紧缺和人力成本上升的问题，在节约资源、保护环境、减少碳排放等方面取得更大成效。

二、推动交通基础设施产业智慧化变革

未来，以物联网、大数据、人工智能、3D打印等为代表的新一轮信息技术革命将成为全球关注重点。新兴技术不断创新融合，将催生出一系列新产品、新应用和新模式，极大推动新兴产业的发展壮大，进而加快现代化产业体系结

构调整和转型升级，有力促进交通基础设施产业智慧化变革。

推进既有交通设施数字化、网联化升级。把握数字化、网络化、智能化发展机遇，广泛应用大数据、云计算、人工智能、物联网、5G 等先进信息技术，加快推动既有交通基础设施数字化改造和网联化发展。进一步加强交通基础设施网络基本状态、交通工具运行、运输组织调度的信息采集和大数据应用，形成动态感知、全面覆盖、泛在互联的交通运输运行监控体系。加快推进高速公路、内河高等级航道数字化建设，积极推动建筑信息模型（BIM）技术在交通基础设施全生命周期过程中的应用。依托移动通信网络站址设施，构建新一代车用无线通信网络（V2X）等设施。在桥梁、隧道等道路关键节点部署窄带物联网（NB-IoT）等网络。建立综合信息数据库和多维监控设施系统。基于北斗地基增强网，建设覆盖全国的高精度时空服务系统。

加快推进新型智能交通基础设施建设。新型智能交通基础设施是传统交通基础设施与计算机技术、数据处理技术、控制理论、传感器技术、网络通信技术等相结合的产物，是配载有先进的通信系统、监控系统、自动识别和控制系统等人工智能系统的现代交通基础设施。加快推进智能交通基础设施建设，应着力加强新一代信息技术和人工智能在交通基础设施领域的应用，构建先进的交通基础设施感知监测系统，推动智能公路、智能航道、智能铁路、智能机场、智能场站等智能交通基础设施建设和发展。同时，加强交通基础设施网络基本状态、交通工具运行、运输组织调度的信息采集，形成动态感知、全面覆盖、泛在互联的交通运输运行监控体系。基本形成覆盖全国的铁路设施设备运行状况监控网络。推动国家公路网建设和运行的监测、管理和服务平台构建，完善监测网点布设，深化公路、水路工程基础设施质量安全状态感知监测及大数据应用。加快推进内河高等级航道数字化建设，大力推广应用电子航道图。加强城市地面交通、轨道交通、枢纽场站等运行状况信息采集能力。建设交通节能减排监测网点，加强分析预警。推进新型交通基础设施智能化管理。

培育壮大智慧交通基础设施产业。智慧交通基础设施产业是以交通基础设施智能建造、智慧运营为核心，在整个交通运输领域充分利用物联网、空间感知、云计算、移动互联网等新一代信息技术，综合运用交通科学、系统方法、人工智能、知识挖掘等理论与工具，以全面感知、深度融合、主动服务、科学决策为目标，实现交通运输系统更加安全、更加高效、更加绿色、更加经济的产品集合。智慧交通基础设施产业不仅仅包括智能的交通基础设施，还包括智能载运工具、智慧决策、智慧管控、智慧服务等，它是交通基础设施与人、载运工具、外部环境实现一体融合、智慧发展的结果。培育壮大智慧交通基础设施产业，应广泛充分利用新一代信息技术，着力促进交通基础设施与互联网深度融合；着力加强智能交通关键核心技术突破，增强智能交通基础设施供给能力；着力加强产业链协同和产业生态培育，提升公共创新平台服务能力；着力培育一批全球领先的智慧交通骨干企业，初步建成基础坚实、创新活跃、开放协作、绿色安全的智慧交通基础设施产业生态。

三、推动交通基础设施从业人员转型升级

交通基础设施产业发展需要大量劳动生产者，包括建筑工人、管理者、科研人员和有关服务人员等。交通基础设施从业人员能力素质和技术水平的提升，直接关系到交通基础设施产业的转型升级。推动交通基础设施从业人员转型升级主要有两大途径：一是全面提升交通基础设施建筑工人的整体水平，实现“农民工”向产业工人转变；二是加强高素质产业工人和科研管理人才培养，培育一批促进交通基础设施产业发展的“中国工匠”。

推动建筑工人由“农民工”向产业工人转变。改革开放以前，我国建筑行业的用工形态是以国有建筑企业正式工人为主。改革开放以后，在我国从传统农业国家向现代化工业国家迈进的过程中，随着我国建筑行业市场化改革进程的不断推进，大量农村青壮年以价格低廉的方式涌入建筑业劳动力市场，成为我国建筑业的主力军，我们通常称之为“农民工”或“临时工”。毋庸置疑，我国日新月异的交通基础设施建设正是依靠了大量的“农民工”，正是他们在交通基础设施建设发展中作出了巨大贡献。新形势下，伴随新型工业化与新型城镇化、信息化的良性互动和同步发展，加快推动农民工向产业工人转变已成为必然趋势。对交通基础设施产业而言，交通基础设施建筑工业化为新型城镇化带

来了新的产业支撑,交通基础设施工厂化生产可有效解决大量的农民工就业问题,并促进农民工向产业工人和技术工人转型。

培育一批交通基础设施产业的“中国工匠”。中国工匠是某一领域高素质的专业技术型人才和行业引领者。推动交通基础设施产业转型升级,需要在全面提升产业工人整体素质和技能水平的基础上,弘扬工匠精神,重塑从业者价值体系,培育一批高素质、高技能的专家和专才,通过不断创新探索、求真务实,促使他们争做产业发展的带头人和世界竞争的“领头羊”。培育交通基础设施产业的“中国工匠”,关键是对高素质、高技能专业人才的培养。2020 年我国技能劳动者仅占就业人口总量的 26%,高技能人才占技能人才总量的 28%,远远低于西方制造业强国的平均水平(40% 以上)。与此同时,我国的高技术人才队伍还存在产业分布不均衡、国企民企分布不均衡、年龄分布不均衡等结构性矛盾。从交通基础设施建设与发展规律看,既需要一批理论功底扎实、掌握核心技术、善于创新创造的研发人员,更需要一大批实践技能突出、具有娴熟技术、善于解决实际问题的高技能人才。目前,我国高速铁路、高速公路、跨海大桥、长大隧道、深水港口、高高原机场等交通基础设施建设取得了世界瞩目的成就,涌现出了一批高素质、高精端的科学研究和技术专业人才。但是,要实现交通基础设施产业升级换代和可持续发展,还需要深入实施科教兴国、人才强国和创新驱动发展战略,不断加强高技能专业人才和高素质产业工人的培养,培育出一批又一批,代代相传、青出于蓝而胜于蓝的中国工匠。

四、推动交通基础设施项目管理现代化

项目管理是确保交通基础设施建设和运营能够实现预定目标的重要保障。推动交通基础设施项目管理现代化,是推动实现交通基础设施产业转型升级的关键环节和有效路径,也是交通基础设施产业化的重要内容之一。

从分阶段管理向全寿命(过程)管理转变。交通基础设施项目完整的生命周期包括决策、实施和使用三个阶段,与之相对应的项目管理活动包括开发管理(Development Management,DM)、实施管理(Project Management,PM)和设施

管理(Facility Management,FM)。自20世纪80年代初我国引入工程项目管理制度以来,我国交通基础设施领域项目建设积极实施招标投标制、工程监理制、项目经理责任制等项目管理制度,重点对项目建设的不同阶段(尤其是以现场施工为主的实施阶段)进行科学管理,管理内容包括:时间、费用、质量、人力资源、风险等。进入21世纪以后,随着我国政府投资工程项目管理体制改革不断深化,以及建设工程项目的规模不断扩大、技术要求日趋复杂,交通基础设施建设项目管理逐步由政府或业主自行管理过渡到委托工程咨询机构管理,由施工阶段委托监理发展到全过程委托或"代建制"全过程管理。代建制、工程总承包制①是目前我国交通基础设施建设项目管理比较通行的组织实施方式,在很大程度上体现了全生命周期管理的思想。但是,在交通基础设施项目建设和运营实践中,DM、PM和FM相对独立,交通基础设施项目管理的不同阶段(决策、实施和使用)或某阶段不同业务不同过程(起始、计划、组织、控制和结束)之间缺乏必要的信息沟通和紧密联系。此外,一些项目业主还习惯于传统的设计、施工分别招标模式,工程总承包制在项目全寿命周期内广泛推广还存在诸多困难。总体上看,现阶段我国交通基础设施建设工程项目管理尚未完成从传统的分阶段管理向全寿命(过程)管理的过渡。加快推动交通基础设施产业转型升级,需要在交通基础设施领域全面实施项目全寿命(过程)管理(Life-Cycle Management,LCM)。全生命周期或全过程的管理思想,要求项目的规划、勘探、设计、建设、运营和维护等各环节形成一个有机的整体,在项目前期规划设计阶段或项目启动过程,就应充分考虑项目后期施工、运营阶段或项目组织、控制过程的要求。通过项目前期的策划和设计,综合考虑建造、运营直至拆除的全寿命周期的项目优化,以及项目决策、实施、使用各阶段协调和控制,以使项目在

---

① 根据《住房城乡建设部关于进一步推进工程总承包发展的若干意见》(建市〔2016〕93号),工程总承包是指从事工程总承包的企业按照与建设单位签订的合同,对工程项目的设计、采购、施工等实行全过程的承包,并对工程的质量、安全、工期和造价等全面负责的承包方式。工程总承包一般采用设计—采购—施工总承包或者设计—施工总承包模式。建设单位也可以根据项目特点和实际需要,按照风险合理分担原则和承包工作内容采用其他工程总承包模式。本书认为,以上概念属于狭义的工程总承包,仅局限于项目实施阶段。广义的工程总承包是指从事工程总承包的企业受业主委托,按照合同约定对工程项目的可行性研究、勘察、设计、采购、施工、试运行(竣工验收)等实行全过程或若干阶段的承包。

预定的时间和投资范围内顺利完成，达到所要求的工程质量标准，满足项目投资者、经营者以及最终用户的需求。同时，通过项目使用期对基础设施的财务控制、空间协调和运营维护，还可以使工程项目增值，创造尽可能大的效益。从环境和可持续发展角度，在全生命周期的各个环节上，通过合理的规划设计，采用节能、节水的设施，采用节约型、无污染的环保材料，加强可回收物的收集和利用，采取施工废料处理、一次性装修到位等措施，在全生命周期成本最小的前提下，达到环保与可持续的目的，提高项目建设的社会效益。图 6.1 为交通基础设施项目的全寿命管理示意。

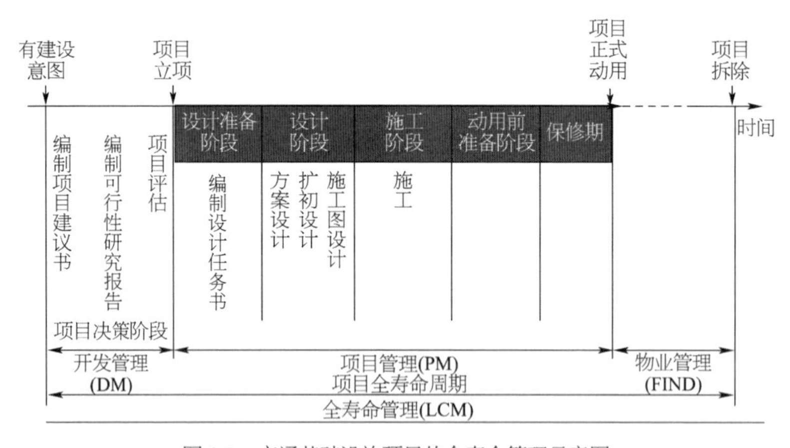

图 6.1　交通基础设施项目的全寿命管理示意图

资料来源：作者根据相关资料绘制。

从分散型管理向集成化管理转变。集成化管理是一种全新的管理理念及方法，其核心内涵是用系统一体化整合的思想指导企业的行为实践。与传统管理模式相比，集成化管理具有以下鲜明特征：一是传统管理模式强调劳动分工与专业化，而以现代科学技术为支撑的集成管理则强调系统的整合优化，以系统论为理论基础；二是传统管理模式着重研究企业人员、物料、设备和技术等“内部”各项资源的合理配置和有效利用，而集成管理则把企业外部环境、资源与企业内部各类资源进行有效整合，使内外资源优势互补，产生“1 + 1 > 2”的功效；三是传统管理模式着重研究人与机器、人与环境的关系，目的在于改善劳动条件，提高体力劳动的工作效率，而集成管理注重人的积极性、主动性和创造性，强调通过改变组织结构、工作方式并运用激励的管理方法，建立一个人机和谐的综合集成系统。交通基础设施项目尤其是大型交通基础设施项目建设，一般具有投资规模大、施工周期长、工艺工序复杂、参与方众多等特点，是一项复杂的系统工程。打造现代化交通基础设施产业体系，需要运用系统创新和整合优化的思想，依托先进的科学技术手段，采用集成化的项目管理模式，着力提高交通基础设施系统的整体效率，增加系统总产出。推动交通基础设施项目集成化管理，一要加强要素集成，突破传统的项目目标割裂后的分散管理模式，强化管理的点、线、面优势资源结合力度，综合考虑建设工程项目的质量、造价、工期、环境、安全等因素，为业主提供集成化管理服务；二要加强组织集成，优化项目管理组织结构，实施业务流程再造，增强项目管理组织层面的协同性和集成系统的创新能力；三要加强信息集成，综合利用计算机、数据处理、电子信息等先进技术以及系统控制、模型优化、动态联盟等科学管理方法，建立全新的集成信息管理系统和决策支持系统，着力提高交通基础设施系统的信息化水平。

从粗放型管理向精细化管理转变。精细化管理是一种理念和文化，是一种以最大限度地减少管理所占用的资源和降低管理成本为主要目标的管理方式。精细化管理的本质是对战略和目标分解细化和落实的过程，其核心是以刚性的制度、统一的标准来规范人的行为，形成良好的执行力度。其目的是从管理随意化向管理规范化转变，最终使组织管理各单元精确、高效、协同和持续运行，实现科学决策。与传统管理模式相比，精细化管理是建立在常规管理基础上并将其引向深入的一种基本管理思想和管理模式，是项目施工分工精细化、服务质量精细化对现代管理的必然要求。交通基础设施项目由于投资规模大、项目管理内容复杂，过去我国大多采取粗放型的管理方式，在资源投入、成本控制、人员管理、质量监管等方面存在诸多问题。近年来，为提高工程质量、降低管理成本，交通基础设施领域积极推动精细化管理，努力打造交通精品工程。从长远来看，随着我国经济社会不断发展，人们对现代工程建设项目的质量要求不断提高。交通基础设施建设领域日趋激烈的市场竞争和业主不断提出的更高要求，迫使交通基础设施施工企业在未来需要不断将内部管理从粗放型向精细化转型。提高工程施工技术水平、保证工程施工质量、提升项目竞争的综合实力,是关系到交通基础设施建筑企业能否在激烈的竞争环境下健康长远发展的关键所在。在此背景下,推动交通基础设施项目精细化管理已成为实现交通基础设施产业转型升级的必然选择。推动交通基础设施项目精细化管理,应坚持科学管理、精益求精、以人为本的原则,按照可行性、规范性、有效性的要求,以细化目标责任和严格精准执行为内容,以建立健全各项规章制度为重点,运用程序化、标准化、数据化和信息化手段,优化系统运转流程,使组织管理各单元精确、高效、协调和持续运行。

从计算机辅助管理向智能化管理转变。智能化管理是基础设施模块控制、系统运营的发展方向,是提升基础设施管理和服务水平的主要手段。智能化管理的核心是运用新一代信息技术及移动互联网,以数据管理为支撑,及时准确地采集信息,通过数据分析与处理,为基础设施管理部门提供智能调度、智能控制、自动分拣等功能,实现运营管理的智能化。伴随我国交通基础设施信息化发展进程的稳步推进,我国交通基础设施项目管理的信息化水平不断提升,逐步从以计算机辅助管理为主的传统管理模式向以机器人、大数据、云计算等新一代信息技术为支撑的智能化管理模式转变。

第三节

促进交通基础设施产业深度融合发展

一、推动交通基础设施与关联产业融合发展

顺应新一轮产业变革和消费革命形势,依托前沿技术和现代科技手段,打破既有产业边界,推动交通基础设施与现代农业、生产制造、文创旅游、商贸流通等关联产业深度融合发展,促进传统产业转型升级,加速新兴产业发展壮大,助力产业迈向中高端,支撑现代经济体系建设。

促进交通基础设施与现代农业融合发展。着眼构建现代农业产业体系,围绕特色经济、林下经济以及特色农牧区经济发展,加强农村交通基础设施

和客货运输服务体系建设，全面盘活农村地区自然地理、生态环境以及农资农产品、物流服务等要素资源，促进交通建设与农村地区资源开发、产业发展有机融合。加强特色农产品优势区与旅游资源富集区交通建设，加强农业产业园区及生产基地道路建设，推动农村产业路、资源路提级改造，促进农村地区特色农业、特色加工、能源矿产开发、绿色生态等产业落地。探索推动“现代农业产业园区＋农村公路管养一体化”模式。推动农村物流配送中心、农业生产基地仓配中心以及田间地头农产品冷藏保鲜库、移动保鲜库（仓）建设，优化农产品冷链物流设施网络，发展农产品从产地到销地的直销和配送。畅通农资下乡物流渠道，支持农业主产区建设专业化农资储运设施，针对农资物流地域性、季节性需求特点，鼓励物流企业利用富余能力开展农资储运配送业务。高质量、高标准实施“四好农村路”民生工程，提升农村出行条件和服务品质。

推进交通基础设施与装备制造融合发展。加快传统基础设施升级改造，引导交通服务与装备制造协同联动，助推新兴制造业崛起。打通交通装备制造业生产、销售、使用全链条，推动上下游共享信息，共同参与产品研发制造。联动提升高速列车、城市轨道交通车辆、大型民用客机、大型专业化船舶等装备谱系化制造水平。大力发展无人驾驶车辆、无人机、无人配送车、自动分拣设备等生产制造，加快城市道路信号控制装置等设施设备的配套升级改造。支持交通装备制造业延伸服务链条，促进现代装备在交通运输领域应用，带动国产航空装备的产业化、商业化应用，强化交通运输与现代装备制造业的相互支撑。研究探索交通装备制造业与金融、信用等领域的信息共享途径，以数据分析为基础，为保险、征信等行业提供客户精准画像，助力其打造个性化产品与服务。推动交通运输与生产制造、流通环节资源整合，鼓励物流组织模式与业态创新。推进柔性制造、智慧工厂等智能生产体系建设，构建电子商务、金融、交通物流等社会化协同体系。鼓励制造企业优化供应链管理，依托交通运输，整合分散化制造资源，推动网络化协同制造。鼓励有条件的制造企业进行包括设备制造与采购、施工安装、维护管理、现代物流等在内的一体化服务集成。推进智能交通产业化。开展新一代国家交通控制网、智慧公路建设试点，推动路网管理、车路协同和出行信息服务的智能化。研究建设智能地下管道配送系统。

推进交通基础设施与现代旅游融合发展。充分发挥交通基础设施促进全域旅游发展的基础性作用，加快国家旅游风景道、旅游交通体系等规划建设，打造具有广泛影响力的自然风景线。推进交通与旅游设施统一规划、设计和建设，打造景观铁路、绿色步道、美丽公路等交通风景带、风景点，规范完善公路沿线和枢纽站场内的旅游标识，形成交通带动旅游、旅游促进交通发展的良性互动格局。在机场、高铁、高速公路和其他交通线路选址选线中，统筹考虑对重点景区、旅游特色小镇、红色旅游目的地等旅游资源丰富地区的衔接与辐射。完善公路沿线、服务区、客运枢纽、邮轮游轮游艇码头等旅游服务设施功能，支持红色旅游、乡村旅游、度假休闲旅游、自驾游等相关交通基础设施建设，推进通用航空与旅游融合发展。强化交通网“快进慢游”功能，加强交通干线与重要旅游景区衔接，加快建设覆盖重要旅游景区的支线机场、普通铁路，开通直通旅游航线和铁路旅游专线。在机场、车站、客运码头等交通枢纽配建游客集散中心等设施，构建覆盖景区的交通网络。充分挖掘农村交通体验性、景观性潜在价值，增强乡村旅游交通出行的体验感、获得感。围绕传统“农家乐”升级和体验式农业等发展，深度挖掘农村自驾游、房车营地等旅游休闲市场。

推动交通基础设施与商贸物流业融合发展。盘活既有交通基础设施和商贸流通资源，统筹规划布局交通、物流和商贸基础设施建设，加快推进交通基础设施与商贸物流业融合发展。加强现代物流体系建设，优化国家物流大通道和枢纽布局，加强国家物流枢纽应急、冷链、分拣处理等功能区建设，完善与口岸衔接，确保物流大通道与城市配送网络交通线网连接畅通，提高干支衔接能力和转运分拨效率。发展高铁快运，加强国际航空货运能力建设。加快城市流通基础设施升级改造，加强社区物流配送等基础设施建设，优化社区商业网点、公共服务设施的规划布局和业态配置。加快构建农村物流基础设施骨干网络和末端网络，加强产地仓储保鲜冷链物流设施与冷链集配中心、骨干冷链物流基地的有效衔接，形成上下贯通、集约高效的农产品冷链物流设施网络体系。完善农村电商物流，打通农村电子商务“最后一公里”，进一步提高特色农产品附加值，促进农产品流通增值。鼓励企业积极参与全球供应链重构与升级，依托综合交通枢纽城市建设全球供应链服务中心，打造开放、安全、稳定的全球物流供应链体系。建设国家交通与物流共享服务平台，提供“一站式”公共服务。

推进交通基础设施与邮政快递业融合发展。推动在铁路、机场、城市轨道等交通场站建设邮政快递专用处理场所、运输通道、装卸设施。在重要交通枢纽实现邮件快件集中安检、集中上机（车），发展航空、铁路、水路快递专用运载设施设备。推动不同运输方式之间邮件快件装卸标准、跟踪数据等有效衔接，实现信息共享。发展航空快递、高铁快递，推动邮件快件多式联运，实现跨领域、跨区域和跨运输方式顺畅衔接，推进全程运输透明化。推进乡村邮政快递网点、综合服务站、汽车站等设施资源整合共享。针对农村地区物流的分散性、季节性、多样性，积极探索经营性服务与公益性服务相结合的发展模式，充分利用农村客运班车、农用车等农村运输车辆搭载小件邮件、快件；充分利用农村邮政基础网络开展运邮合作和连锁配送业务；充分利用村委会、综合服务站、供销超市、村邮站等公共服务平台开展完善的农村物流快递服务。在有条件的农村地区，加快推广定时、定点、定线的农村物流“货运班线”模式，开展县至乡镇、沿途行政村的双向货物运输配送服务。探索实施市到县和县到乡的客运班车代运邮件和快件，健全小件快运服务体系。

二、推动交通与其他领域基础设施融合发展

围绕现代化基础设施体系建设，以需求为导向，推动交通与信息、科技、能源、水利、市政等其他领域基础设施融合发展。准确把握和正确处理基础设施间替代、制约、平衡、互补关系，加强战略资源整合，优化布局结构和功能配置，提升系统化协调化发展水平。统筹水利、能源和交通基础设施规划，协同建设水利枢纽和生态廊道。推进电力供应与交通、通信设施协同发展，促进交通枢纽、信息枢纽、污水处理等基础设施与分布式能源融合发展。统筹交通、能源、信息、水利等基础设施布局，集约布设同一廊道内各类设施，推进共建共享和协调联动，构建基础设施国家骨干通道。集约利用综合运输通道线位、桥位、土地、岸线等资源，提高国土空间综合利用率。

推进交通基础设施网与信息网融合发展。适应生产组织方式数字化、网络

化、智能化发展要求，推动5G、物联网、先进计算、人工智能、大数据等新型基础设施与传统交通基础设施深度融合，加快推动智能交通、智慧铁路、智慧公路、智慧港口、智慧机场等融合基础设施发展。加强交通基础设施与信息基础设施统筹布局、协同建设，推动车联网部署和应用，强化与新型基础设施建设统筹，加强载运工具、通信、智能交通、交通管理相关标准跨行业协同。推动卫星通信技术、新一代通信技术、高分遥感卫星、人工智能等在交通基础设施领域广泛应用，打造全覆盖、可替代、保安全的行业北斗高精度基础服务网，推动交通基础设施领域北斗终端规模化应用。构建高精度交通地理信息平台，加快各领域建筑信息模型技术自主创新应用。

表6.1列出了国家层面有关交通基础设施与产业融合的政策文件。

国家层面有关交通基础设施与产业融合的政策文件 表6.1

时间	发文单位	文件名称	主要内容
2019年9月	中共中央、国务院	关于印发《交通强国建设纲要》的通知(中发〔2019〕39号)	促进交通建设与农村地区资源开发、产业发展有机融合，加强特色农产品优势区与旅游资源富集区交通建设。深化交通运输与旅游融合发展，推动旅游专列、旅游风景道、旅游航道、自驾车房车营地、游艇旅游、低空飞行旅游等发展。推动大数据、互联网、人工智能、区块链、超级计算等新技术与交通行业深度融合。推进数据资源赋能交通发展，加速交通基础设施网、运输服务网、能源网与信息网络融合发展，构建泛在先进的交通信息基础设施
2021年2月	中共中央、国务院	国家综合立体交通网规划纲要	推进交通基础设施网与运输服务网、信息网、能源网融合发展。推进区域交通运输协调发展。推进交通与相关产业融合发展。推进交通与邮政快递融合发展。推进交通与现代物流融合发展。推进交通与旅游融合发展。推进交通与装备制造等相关产业融合发展

续上表

时间	发文单位	文件名称	主要内容
2021年12月	国务院	关于印发《"十四五"现代综合运输体系规划》的通知(国发〔2021〕27号)	促进交通运输与经济社会发展深度融合。推动互联网、大数据、人工智能、区块链等新技术与交通行业深度融合。促进政产学研用在交通运输领域深度融合
2016年6月	国务院办公厅	关于转发国家发展改革委《营造良好市场环境推动交通物流融合发展实施方案》的通知(国办发〔2016〕43号)	打通衔接一体的全链条交通物流体系,包括完善枢纽集疏运系统、优化交通枢纽与物流节点空间布局、构建便捷通畅的骨干物流通道等
2016年12月	国家发展改革委办公厅、交通运输部办公厅、中国铁路总公司办公厅	关于印发《推动交通物流融合发展近期重点工作及分工方案》的通知(发改办基础〔2016〕2722号)	实施交通物流枢纽工程、国家公路港网络工程、骨干物流通道工程、铁路集装箱联运工程等
2020年8月	国家发展改革委、工业和信息化部、公安部、财政部、自然资源部、交通运输部、农业农村部、商务部、市场监管总局、银保监会、国家铁路局、民航局、国家邮政局、中国国家铁路集团有限公司	关于印发《推动物流业制造业深度融合创新发展实施方案》的通知(发改经贸〔2020〕1315号)	促进设施设备融合联动。统筹做好工业园区等生产制造设 施,以及物流枢纽、铁路专用线等物流基础设施规划布局和用地用 海安。支持大型工业园区新建或改 扩建铁路专用线、仓储、配送等基础设施
2017年3月	交通运输部、国家旅游局、国家铁路局、中国民用航空局、中国铁路总公司、国家开发银行	关于促进交通运输与旅游融合发展的若干意见(交规划发〔2017〕24号)	完善旅游交通基础设施网络体系、健全交通服务设施旅游服务功能、推进旅游交通产品创新等

续上表

时间	发文单位	文件名称	主要内容
2021年8月	交通运输部	关于青海省开展交旅融合发展等交通强国建设试点工作的意见(交规划函〔2021〕393号)	海北藏族自治州全域旅游综合交通运输体系建设,沿黄交旅融合景观带、沿黄交通运输绿色环保发展带、沿黄交通运输安全高效服务带建设等方面要取得突破性进展,形成一批先进经验和典型成果,充分发挥示范引领作用
2023年3月	交通运输部办公厅、文化和旅游部办公厅	关于加快推进城乡道路客运与旅游融合发展有关工作的通知(交办运〔2023〕10号)	提升"快进"交通网络衔接效能、提高"慢游"交通网络通达深度、完善节点设施服务功能等
2020年6月	交通运输部办公厅	关于做好交通运输促进消费扩容提质有关工作的通知(交办规划〔2020〕26号)	推进交通运输与旅游体育产业融合。加强高速公路与景区交通的衔接,在高速公路规划、建设中充分考虑与重点景区道路的连接,完善交通引导标识设置。推动高速公路服务区因地制宜拓展旅游、消费等功能,结合地域特色配套房车车位、加气站、新能源汽车充电桩等设施设备。持续推进旅游公路、旅游航道、邮轮游轮游艇码头建设,推动邮轮经济、旅游专列、低空飞行旅游等发展,推动邮轮港提升服务水平。鼓励创建以交通资源为特色的自主品牌体育赛事活动

资料来源:作者根据相关资料整理。

专栏6.1 交通助力信息基础设施建设

第五代移动通信技术(5G)等协同应用。结合5G商用部署,统筹利用物联网、车联网、光纤网等,推动交通基础设施与公共信息基础设施协调建设。逐步在高速公路和铁路重点路段、重要综合客运枢纽、港口和物流园区等实现固移结合、宽窄结合、公专结合的网络覆盖。协同建设车联网,推动重点地区、重点路段应用车用无线通信技术,支持车路协同、自动驾驶等。在重点桥梁、隧道、枢纽等应用适用可靠、经济耐久的通信技术,支撑设施远程监测、安全预警等应用。积极推动高速铁路5G技术应用。面向行业需求,结合国家卫星通信等设施部署情况和要求,研究应用具备全球宽带网络服务能力的卫星通信设施。

北斗系统和遥感卫星行业应用。提升交通运输行业北斗系统高精度导航与位置服务能力,推动卫星定位增强基准站资源共建共享,提供高精度、高可靠的服务。推动在特长隧道及干线航道的信号盲区布设北斗系统信号增强站,率先在长江航运实现北斗系统信号高质量全覆盖。建设行业北斗系统高精度地理信息地图,整合行业北斗系统时空数据,为综合交通规划、决策、服务等提供基础支撑。推进北斗系统短报文特色功能在船舶监管、应急通信等领域应用。探索推动北斗系统与车路协同、ETC等技术融合应用,研究北斗自由流收费技术。鼓励在道路运输及运输服务新业态、航运等领域拓展应用。推动北斗系统在航标遥测遥控终端等领域应用。推进铁路行业北斗系统综合应用示范,搭建铁路基础设施全资产、全数据信息化平台,建设铁路北斗系统地基增强网,推动在工程测量、智慧工地等领域应用。推动高分辨率对地观测系统在基础设施建设、运行维护等领域应用。

网络安全保护。推动部署灵活、功能自适、云网端协同的新型基础设施内生安全体系建设。加快新技术交通运输场景应用的安全设施配置部署,强化统一认证和数据传输保护。加强关键信息基础设施保护。建设集态势感知、风险预警、应急处置和联动指挥为一体的网络安全支撑平台,加强信息共享、协同联动,形成多层级的纵深防御、主动防护、综合防范体系,加强威胁风险预警研判,建立风险评估体系。切实推进商用密码等技术应用,积极推广可信计算,提高系统主动免疫能力。加强数据全生命周期管理和分级分类保护,落实数据容灾备份措施。

数据中心。完善综合交通运输数据中心,注重分类分层布局,推动跨部门、跨层级综合运输数据资源充分汇聚、有效共享,形成成规模、成体系的行业大数据集。推动综合交通运输公共信息资源开放,综合运用政府、科研机构、企业等数据资源,深化行业大数据创新应用,以数据资源赋能交通运输发展。

人工智能。持续推动自动驾驶、智能航运、智慧工地等研发应用。建设一批国家级自动驾驶、智能航运测试基地,丰富不同类型和风险等级的测试场景,完善测试评价体系,提升测试验证能力。围绕典型应用场景和运营模式,推动先导应用示范区建设,实施一批先导应用示范项目。

——节选自《交通运输部关于推动交通运输领域新型基础设施建设的指导意见》(交规划发〔2020〕75号)。

推进交通基础设施网与能源网融合发展。推进交通基础设施与能源设施统筹布局规划建设,充分考虑煤炭、油气、电力等各种能源输送特点,强化交通与能源基础设施共建共享,提高设施利用效率,减少能源资源消耗。促进交通基础设施网与智能电网融合,适应新能源发展要求。加强汽车充电加氢设施在高速公路和普通国省干线沿线布局,全面提升城市汽车充电设施的部署密度和使用经济性,有序推动电动出租汽车和公交汽车使用换电设施。鼓励在高速公路服务区、边坡等公路沿线合理布局光伏发电设施,与市电等并网供电。鼓励高速公路服务区、港口码头和枢纽场站推进智能照明、供能和节能改造技术应用。推动船舶靠港使用岸电,推进码头岸电设施和船舶受电设施改造,着力提高岸电使用率。鼓励船舶应用液化天然气、电能等清洁能源。推动新能源、新材料在港口和导助航设施等领域应用。推动长寿命、可循环利用材料在基础设施建造、生态修复和运行维护领域应用。

专栏6.2 构建高质量充电基础设施体系

加强充电基础设施发展顶层设计，坚持应建尽建、因地制宜、均衡合理，科学规划建设规模、网络结构、布局功能和发展模式。依据国土空间规划，推动充电基础设施规划与电力、交通等规划一体衔接。推动电动汽车与充电基础设施网、电信网、交通网、电力网等能量互通、信息互联。到2030年，基本建成覆盖广泛、规模适度、结构合理、功能完善的高质量充电基础设施体系。

建设便捷高效的城际充电网络。以国家综合立体交通网“6轴7廊8通道”主骨架为重点，加快补齐重点城市之间路网充电基础设施短板，强化充电线路间有效衔接，打造有效满足电动汽车中长途出行需求的城际充电网络。拓展国家高速公路网充电基础设施覆盖广度，加密优化设施点位布局，强化关键节点充电网络连接能力。新建高速公路服务区应同步建设充电基础设施，加快既有高速公路服务区充电基础设施改造，新增设施原则上应采用大功率充电技术，完善高速公路服务区相关设计标准与建设管理规范。推动具备条件的普通国省干线公路服务区(站)因地制宜科学布设充电基础设施，强化公路沿线充电基础服务。

建设互联互通的城市群都市圈充电网络。加强充电基础设施统一规划、协同建设，强化不同城市充电服务数据交换共享，加快充电网络智慧化升级改造，实现跨区域充电服务有效衔接，提升电动汽车在城市群、都市圈及重点城市间的通达能力。以京津冀、长三角、粤港澳大湾区、成渝地区双城经济圈为重点加密建设充电网络，打造联通区域主要城市的快速充电网络，力争充电技术、标准和服务达到世界先进水平。

建设结构完善的城市充电网络。以城市道路交通网络为依托，以“两区”(居住区、办公区)、“三中心”(商业中心、工业中心、休闲中心)为重点，推动城市充电网络从中心城区向城区边缘、从优先发展区域向其他区域有序延伸。大力推进城市充电基础设施与停车设施一体规划、建设和管理，实现城市各类停车场景全面覆盖。合理利用城市道路邻近空间，建设以快充为主、慢充为辅的公共充电基础设施，鼓励新建具有一定规模的集中式充电基础设施。居住区积极推广智能有序慢充为主、应急快充为辅的充电基础设施。办公区和“三中心”等城市专用和公用区域因地制宜布局建设快慢结合的公共充电基础设施。促进城市充电网络与城际、城市群、都市圈充电网络有效衔接。

建设有效覆盖的农村地区充电网络。推动农村地区充电网络与城市、城际充电网络融合发展，加快实现充电基础设施在适宜使用电动汽车的农村地区有效覆盖。积极推动在县级城市城区建设公共直流快充站。结合乡村级充电网络建设和输配电网发展，加快在大型村镇、易地搬迁集中安置区、乡村旅游重点村镇等规划布局充电网络，大力推动在乡镇机关、企事业单位、商业建筑、交通枢纽场站、公共停车场、物流基地等区域布局建设公共充电基础设施。结合推进以县城为重要载体的城镇化建设，在基础较好的地区根据需要创建充电基础设施建设应用示范县和示范乡镇。

——节选自《国务院办公厅关于进一步构建高质量充电基础设施体系的指导意见》(国办发〔2023〕19号)。

三、促进交通与经济社会其他领域融合发展

着眼经济社会全领域高质量发展要求，创新要素投入方式，推进交通基础设施与民生保障、生态环境、军事国防、公共安全、公共卫生、物资储备、防灾减灾、民生保障等国民经济其他领域深度融合发展。提升交通基础设施投入产出效率和经济社会效益，增加有效供给，放大交通运输发展的溢出效应，扩大受惠群体，减少负外部性，全面提升支撑保障联动发展能力。

全面提升交通民生服务保障水平。充分发挥交通基础设施的支撑保障作用，以交通发展促进社会民生改善。围绕区域协调和乡村振兴，推进资源开发性铁路建设，建设资源路、产业园区路，积极推进农村公路向资源产地、产业基地延伸。强化交通基础设施的公共服务属性，加强城市、农村公益性交通设施建设，推进城乡交通公共服务均等化。优先发展城市公共交通，加强微循环和支路网建设，改善自行车、步行等出行环境，完善社区通勤接驳。深入推进“四好农村公路”建设，妥善解决农村交通“最后一公里”问题。加快推进无障碍交通基础设施体系建设，满足“老弱病残妇幼”等群体的基本交通需求。

强化交通基础设施生态环保功能。牢固树立山水林田湖草是一个生命共同体理念，促进交通基础设施与生态空间协调。强化交通线路两侧和周边生态保护，最大限度保护重要生态功能区、避让生态环境敏感区，加强永久基本农田保护。实施生态廊道绿化工程，着力提升交通沿线的生态环境质量，构建以生态效益为主，兼具景观、经济、社会等多种效益的多树种、多层次、多色彩交通生态绿色廊道。协同实施天然林保护、防护林建设、退耕还林、水土保持、湿地恢复等重大生态修复治理工程，系统修复森林、湿地生态系统，继续巩固和扩大生态空间，夯实交通廊道的生态基础。结合城市整体风貌，依托废旧交通设施，鼓励打造集生态、休闲、文化、旅游等多种功能于一体的城市主题公园。积极发展城市慢行步道、滨河绿道等绿色交通出行设施。

促进交通基础设施军民融合发展。贯彻总体国家安全观，统筹发展和安全，深入实施军民融合发展战略。推进交通基础设施建设发展与国防建设、军事运输、战时应战和应急保障、科技创新和标准规范等深度融合。加强国防交通基础设施建设，依托综合运输大通道建设，完善连通战区间、省际间、前沿阵地与战略纵深间的国防交通战略通道和主要战略方向的战役通道，统筹推进沿边、沿海铁路和公路基础设施建设。加强界河航道日常维护和管理，加强铁路场站、高速公路、飞机跑道、战备码头、机场等重点设施国防交通建设。构建平战结合、防管一体、深度融合的现代交通基础设施体系。

第四节

依托交通基础设施培育发展新经济

一、大力发展通道经济和枢纽经济

大力发展通道经济。以铁路、公路、内河航运等交通干线通道为轴线，强化交通通道对区域经济的带状支撑，推进人流、物流、信息、资金、技术等经济要素沿轴线流动，培育发展通道经济。依托“十纵十横”综合运输大通道，培育壮大沿线新极点和经济合作走廊，形成区域经济带状联动。依托“八纵八横”高铁通道，培育壮大高铁与经济深度融合发展的高铁经济新业态，打造一批高铁经济带。依托“7 射、11 纵、18 横”国家高速公路网和“12 射、47 纵、60 横”普通国道网，大力发展路衍经济，打造公路沿线路衍产业集群；加快推进长江经济带、京杭大运河等航运经济带建设。加快建设西部陆海新通道。加快“一带一路”国际经济合作走廊建设，畅通 21 世纪海上丝绸之路海运贸易通道。

大力发展枢纽经济。以港口、机场和铁路、公路交通枢纽港站为核心，强化枢纽圈层辐射和聚流、引流、驻流作用，优化区域经济要素时空配置，重塑产业空间分工体系，打造区域经济新的增长极。依托重要港口，打造一批港产城深度联动融合的临港经济区。围绕高铁车站、铁路货场、物流园区、沿边陆路口岸等交通枢纽，打造集交通、商业、经贸等于一体现代城市综合体和产业聚集区。围绕大型枢纽机场和专业货运机场，高水准打造一批具有资源要素集聚配置和国际国内辐射功能的现代航空经济区。探索发展集产业、城市功能于一体的特色航空小镇。引导地方统筹城市空间布局和产业发展，推动交通枢纽港站与地上、地下、周边空间综合利用，拓展交通枢纽港站区域内餐饮、商业、商务、会展、休闲等功能，打造依托综合交通枢纽的城市综合体和产业综合区，大力发展站区经济、临站经济。促进综合客运枢纽站城融合，探索建立枢纽开发利益共享机制，推动枢纽与周边区域统一规划、综合开发，加强开发时序协调、服务功能共享。充分发挥国家物流枢纽辐射广、成本低、效率高的优势，带动区域农业、制造、商贸等产业集聚发展，打造形成各种要素大聚集、大流通、大交易的枢纽经济。

表 6.2 列出了国家层面有关枢纽经济的政策文件。

国家层面有关枢纽经济的政策文件 表 6.2

时间	发文单位	文件名称	主要内容
2015 年 5 月	国家发展改革委	关于当前更好发挥交通运输支撑引领经济社会发展作用的意见(发改基础〔2015〕969 号)	依托大型机场、港口、铁路枢纽建设，促进临空、临港经济发展

续上表

时间	发文单位	文件名称	主要内容
2016年6月	国家发展改革委、交通运输部	印发《关于推动交通提质增效提升供给服务能力的实施方案》的通知（发改基础〔2016〕1198号）	加快全国性、区域性综合交通枢纽建设，发展枢纽经济，强化区域联动开发。依托综合交通枢纽和城市轨道交通场站，鼓励建设城市交通综合体，充分利用地上地下空间，促进交通与商业、商务、会展、休闲等功能融合
2016年7月	国家发展改革委、交通运输部、中国铁路总公司（经国务院批准）	关于印发《中长期铁路网规划》的通知（发改基础〔2016〕1536号）	打造高效便捷的综合客运枢纽和产城融合发展的临站经济区。以高铁站区综合开发为载体，发展站区经济
2016年12月	中国民用航空局、国家发展改革委、交通运输部	关于印发《中国民用航空发展第十三个五年规划》的通知（民航发〔2016〕138号）	大力推进大众化战略，大力提升普遍服务能力，大力发展航空经济
2016年12月	国家发展改革委（经国务院同意）	关于印发《促进中部地区崛起"十三五"规划》的通知（发改地区〔2016〕2664号）	有序发展临空经济，支持郑州航空港经济综合实验区打造多式联运国际物流中心和以航空经济为引领的现代产业基地，规划建设武汉、长沙、合肥、南昌等临空经济区。鼓励支持各地因地制宜发展临港经济、临站经济，促进港口、高铁车站与周边地区协调发展
2017年2月	国务院	关于印发《"十三五"现代综合交通运输体系发展规划》的通知（国发〔2017〕11号）	培育壮大高铁经济，建设北京新机场、郑州航空港等临空经济区
2017年6月	国家发展改革委（经国务院同意）	关于印发《服务业创新发展大纲（2017—2025年）》的通知（发改规划〔2017〕1116号）	鼓励打造交通枢纽型经济区

续上表

时间	发文单位	文件名称	主要内容
2018 年 12 月	国家发展改革委、交通运输部（经国务院同意）	关于印发《国家物流枢纽布局和建设规划》的通知（发改经贸〔2018〕1886 号）	枢纽经济培育工程。发挥国家物流枢纽要素聚集和辐射带动优势，推进东部地区加快要素有机融合与创新发展，提高经济发展效益和产业竞争力，培育一批支撑产业升级和高质量发展的枢纽经济增长极；推进中西部地区加快经济要素聚集，促进产业规模化发展，培育一批带动区域经济增长的枢纽经济区
2019 年 9 月	中共中央、国务院	关于印发《交通强国建设纲要》的通知（中发〔2019〕39 号）	大力发展枢纽经济
2021 年 2 月	中共中央、国务院	国家综合立体交通网规划纲要	发展交通运输平台经济、枢纽经济、通道经济、低空经济
2021 年 3 月	国家发展改革委	关于印发《国家物流枢纽网络建设实施方案（2021—2025 年）》的通知（发改经贸〔2021〕956 号）	到 2025 年，建设 20 个左右特色鲜明的国家物流枢纽经济示范区
2021 年 11 月	交通运输部、国家铁路局、中国民用航空局、国家邮政局、中国国家铁路集团有限公司	关于印发《现代综合交通枢纽体系"十四五"发展规划》的通知（交规划发〔2021〕113 号）	大力发展综合交通枢纽经济，推动综合客运枢纽向城市综合体转型。推动综合货运枢纽向物流集聚区转型。推动"枢纽 +"产业深度融合，开拓临空经济发展新空间，发展邮轮经济与临港经济，培育临站经济新业态
2022 年 1 月	国家发展改革委（经国务院同意）	"十四五"现代流通体系建设规划	推进物流与相关产业融合创新发展。推进国家物流枢纽经济示范区建设，培育壮大枢纽经济

续上表

时间	发文单位	文件名称	主要内容
2022年5月	国务院办公厅	关于印发《"十四五"现代物流发展规划》的通知(国发办〔2022〕17号)	壮大物流枢纽经济。发挥国家物流枢纽、国家骨干冷链物流基地辐射广、成本低、效率高等优势条件,推动现代物流和相关产业深度融合创新发展,促进区域产业空间布局优化,打造具有区域集聚辐射能力的产业集群,稳妥有序开展国家物流枢纽经济示范区建设

资料来源:作者根据相关资料整理。

二、稳步推进平台经济和共享经济

推动平台经济规范健康持续发展。平台经济是以互联网平台为主要载体,以数据为关键生产要素,以新一代信息技术为核心驱动力,以网络信息基础设施为重要支撑的新型经济形态。近些年来,互联网、大数据、云计算、移动互联等新技术在交通运输领域的广泛应用,推进了交通基础设施运行平台、智慧交通管理平台、网络货运物流平台等新型交通基础设施的加速发展,并催生了一大批"交通+互联网"平台企业,推动了交通运输领域平台经济的蓬勃兴起。但是,交通运输平台经济运行过程中逐渐也暴露出规模扩张过快、新旧业态融合困难、信息联通不畅、标准规范不统一、法律法规缺位、政府监管乏力等问题。未来,应坚持发展和规范并重的思想,优化发展环境,增强创新发展能力,保障平台经济健康发展、可持续发展。推进数据资源赋能交通发展,加速平台与交通基础设施网、运输服务网、能源网融合发展,构建泛在先进的交通信息基础设施。支持有条件的出行服务平台整合社会运力资源,加强出行服务产品和服务应用场景开发,打造出行便利的垂直服务平台。鼓励运用大数据、云计算等技术,实现居民长途出行和城乡交通服务无缝衔接。引导企业树立出行即服务理念,通过政企合作等方式开发高品质、差异化的"大数据+交通服务"。加快建设网络货运监管服务平台,构建全链条风险防控体系。

创新推进共享经济健康持续发展。共享经济是利用互联网平台将分散资源进行优化配置,通过推动资产权属、组织形态、就业模式和消费方式的创新,提高资源利用效率、便利群众生活的新业态新模式①。共享经济强调所有权与使用权的相对分离,倡导共享利用、集约发展、灵活创新的先进理念;强调供给侧与需求侧的弹性匹配,促进消费使用与生产服务的深度融合,实现动态及时、精准高效的供需对接。交通领域是共享经济的重要应用场景,目前共享单车、共享汽车、网约车等形式的共享出行已经在许多城市得到广泛应用。未来,随着5G、人工智能、区块链、元宇宙等新一轮技术革命与产业革命的加快推进,数字经济、智慧社区等持续普及深化,将为共享经济持续优化产品和服务供给、改善消费体验提供重要支撑,创造更为沉浸化、更具交互性、更富体验感的服务场景。一方面,合理规划布局共享单车、共享汽车、网约车等共享交通设施,完善共享交通网络和停车点位设置,规范共享企业运营服务,推动共享出行产业化发展;另一方面,优化既有交通基础设施资源配置,推动新建交通基础设施与相关产业融合共建共享,创新培育共享经济新业态新模式。

三、培育壮大高铁经济和快递经济

持续壮大高铁经济。以高速铁路通道和枢纽为依托,引领支撑沿线城镇、产业、人口等合理布局,推动高铁枢纽站区及周边地区综合开发,培育壮大高铁与经济深度融合发展的高铁经济新业态。发挥高铁通道网络优势,促进要素合理流动和资源高效配置,引导产业有序转移和推动新旧动能转换,发展高铁与城镇、产业、旅游等现代经济体系深度融合的通道经济。发挥高铁车站辐射带动作用,科学推进高铁站区及周边综合开发建设,引导和推动站区及其周边地区现代物流、商贸金融、电子商务、旅游餐

① 参考"十四五"规划《纲要》名词解释之85:共享经济,https://www.ndrc.gov.cn/fggz/fzzlgh/gjfzgh/202112/t20211224_1309340.html.

饮等关联产业聚集和规模发展,发展交产互促融合的站区经济和站城一体融合的临站经济。积极稳妥地规划和推进新的城市功能区和高铁产业带(园)建设。

培育发展快递经济。快递业一头连着生产供给,一头连着消费需求,是经济发展与消费活力的“晴雨表”。加快推进邮政快递业发展,研究编制快递经济指数,将快递经济纳入国民经济运行统筹考虑。完善国内寄递基础设施网络布局,重点打造特色快递产业园区,加快区域快递总部建设,大力发展总部经济。加快推进国家邮政快递枢纽建设,完善邮(快)件干支仓配网络,构建“枢纽+通道+网络”的快递经济运行体系。围绕超大型快递转运、分拨中心和国家级、省级快递物流园区,在全国范围内打造一批高能级快递枢纽经济区,推动快递业与制造业、商贸物流、现代金融等产业深入融合发展。依托邮政快递枢纽规划建设制造产业园区,吸引高端制造业依托快递网络开展集成制造、分销配送、售后维修等集成业务,打造快递经济圈。完善海外寄递基础设施网络,巩固各行业供应链在全球市场的竞争力。

四、加快发展低空经济和邮轮经济

推动低空经济创新发展。低空经济产业是以各种有人驾驶航空器和无人驾驶航空器的低空飞行活动为牵引,辐射带动相关领域融合发展的综合性经济形态,具有辐射面广、产业链条长、成长性和带动性强等特点。2016 年国务院办公厅印发《关于促进通用航空业发展的指导意见》,明确加快通用机场建设,大力培育通用航空市场;2021 年中共中央、国务院印发《国家综合立体交通网规划纲要》,明确提出要发展低空经济;2022 年中共中央、国务院印发《扩大内需战略规划纲要(2022—2035 年)》,强调要“释放通用航空的消费潜力”;2023 年国务院、中央军委公布《无人驾驶航空器飞行管理暂行条例》,为防范化解无人驾驶航空器安全风险、助推相关产业持续健康发展提供了有力法治保障。同时,地方政府也出台了一系列相关政策。湖南、江西、安徽、四川、海南、广东等地积极开展低空经济试点工作,城市空中交通(UAM)、先进空中交通(AAM)、电动垂直起降航空器(eVTOL)等新的应用场景陆续拓展,航空器与各类产业的融合加快推进。但是,当前我国低空经济发展仍然处于较低水平,虽然无人机产业在全球具有领先优势,但传统通航产业却落后于发达国家。未来,我国应聚焦短板问题和弱项,加快低空基础设施建设,统筹规划无人机起降场所和服务基地,提升通用机场的数字化、智能化、信息化水平;加快推进体制机制创新,强化市场开发力度,加强政策法规标准支撑,在全国范围内规划建设一批低空经济中心,打造通用航空产业综合示范区、民用无人驾驶航空试验区,培育发展低空制造、低空飞行等新业态。

表6.3列出了国家层面有关低空经济的政策文件。

国家层面有关低空经济的政策文件 表6.3

时间	发文单位	文件名称	主要内容
2016年5月	国务院办公厅	关于促进通用航空业发展的指导意见(国办发〔2016〕38号)	鼓励航空消费。推动通用航空与互联网、创意经济融合,拓展通用航空新业态。促进通用航空与旅游业结合,在适宜地区开展空中游览活动。加快通用机场建设。促进通用航空业集聚发展。扩大低空空域开放
2021年2月	中共中央、国务院	国家综合立体交通网规划纲要	发展交通运输平台经济、枢纽经济、通道经济、低空经济
2021年3月	十三届全国人大四次会议	中华人民共和国国民经济和社会发展第十四个五年规划和2035年远景目标纲要	完善邮轮游艇、低空旅游等发展政策
2021年12月	国务院	关于印发《"十四五"现代综合交通运输体系发展规划》的通知(国发〔2021〕27号)	探索通用航空与低空旅游、应急救援、医疗救护、警务航空等融合发展。深化低空空域管理改革

续上表

时间	发文单位	文件名称	主要内容
2021年12月	国务院	关于印发《"十四五"旅游业发展规划》的通知(国发〔2021〕32号)	选择一批符合条件的旅游景区、城镇开展多种形式的低空旅游,强化安全监管,推动通用航空旅游示范工程和航空飞行营地建设。加强低空飞行器等旅游装备研发应用和产业化发展
2022年12月	中共中央、国务院	扩大内需战略规划纲要(2022—2035年)	加快培育海岛、邮轮、低空、沙漠等旅游业态。释放通用航空消费潜力
2023年5月	国务院、中央军委	无人驾驶航空器飞行管理暂行条例(国务院令第761号)	规范无人驾驶航空器飞行以及有关活动。国家鼓励无人驾驶航空器科研创新及其成果的推广应用,促进无人驾驶航空器与大数据、人工智能等新技术融合创新

资料来源:作者根据相关资料整理。

促进邮轮经济高质量发展。邮轮经济是以邮轮旅客需求为出发点,以邮轮产和水上旅游为核心,集船舶制造、交通运输、港口服务、船舶供应、游览观光、餐饮酒店、金融保险、房地产、加工制造等相关产业活动于一体的经济形态。邮轮经济产业链长、带动性强,对推动扩大内需、释放消费潜力、培育发展动能、促进国内国际双循环良性互动具有重要意义。目前,我国邮轮经济发展尚处起步阶段,在邮轮设计建造、邮轮港口发展、旅游市场培育等方面与国际成熟邮轮市场还有较大差距。未来,我国应着力完善邮轮港口布局规划,加快构建形成布局合理、层次分明、功能完善的母港、始发港、访问港邮轮港口体系;有序推进邮轮码头建设,鼓励通过老港区功能调整、现有设施改造以满足邮轮靠泊要求;大力开发邮轮航线,积极培育邮轮市场;壮大邮轮物流产业规模,积极发展邮轮保税仓储,鼓励有条件的地区发展邮轮维修保养、设计建造等业务,做大做强邮轮核心产业;推动邮轮游艇装备及产业创新发展,实施邮轮游艇产业链提升工程,加快形成邮轮游艇装备产业体系,带动国内旅游客船品质升级,培育完善产业生态;大力推动邮轮港口城市服务业发展,提升城市商贸、餐饮、娱乐、休闲及购物等配套服务能力,带动城市经济发展;促进邮轮运输与航空、铁路、公路等其他运输方式的有效衔接，扩大辐射范围；鼓励有条件的省市发展邮轮相关金融、法律、保险、理赔、培训、咨询等业务，拓展邮轮增值服务。完善我国邮轮产业链，壮大邮轮经济规模，提升邮轮产业对我国经济社会发展的贡献度。

专栏6.3 上海市推动国际邮轮经济高质量发展的政策措施

（一）做大邮轮总部经济。

1. 培育本土邮轮企业总部。对标国际通行规则，在设计建造、自主运营、物资供应、航线安排、船员国籍、邮轮年限等领域探索先行先试。打造具有全球影响力和竞争力的中国邮轮企业。

2. 集聚外资邮轮企业总部。打造服务体系完善、政策优势明显、市场资源集聚的上海 邮轮跨国公司总部基地。

（二）做强邮轮制造体系。

3. 建立邮轮自主研发设计体系。聚焦邮轮游艇装备产业体系建设，以生产总装、修造配套、设计研发为重点，建立邮轮自主研发设计体系，打造具有自主知识产权的邮轮产品。支持设立市级大型邮轮制造业创新中心，积极推动重点邮轮制造企业设立国家级企业技术中心和国家级大型邮轮研发平台。

4. 培育邮轮建造工程总包能力。推动建设世界级邮轮设计制造总装基地。开展邮轮数字设计、影音娱乐、暖通空调、内装工程等核心设备集群攻关。推动产业链上下游企业协同发展，打造邮轮建造和运营标准体系，建立技术标准规范，开展邮轮检测认证服务。

5. 拓展邮轮维修改造业务。支持有条件的海关特殊监管区域外邮轮制造企业，承接国际邮轮制造、保税维修等业务。优化丰富邮轮经济产业综合功能，提升邮轮维修改造经济效益。

（三）做实港口枢纽功能。

6. 形成优势互补产业空间布局。宝山吴淞口着力打造具有全球资源配置能力的邮轮运营总部基地和以“邮轮、游船、游艇”为主题的上海国际邮轮旅游度假区；虹口北外滩重点发展“精品邮轮、内河游轮、休闲游艇”联动运营的航运总部经济；浦东外高桥以邮轮制造基地建设为重点，拓展邮轮贸易服务、商务服务和研发服务。

7. 丰富邮轮航线产品供给。

8. 增强邮轮旅游目的地吸引力。推进邮轮交通配套枢纽建设纳入全市综合交通规划。

9. 提升邮轮访问港影响力。

10. 优化邮轮口岸功能。

11. 深化邮轮口岸通关“单一窗口”建设。

(四)做精邮轮配套服务。

12. 打造亚太邮轮服务贸易平台。

13. 建设亚太邮轮物资供应中心。

14. 培育亚太邮轮消费中心。

15. 建立亚太邮轮船员服务中心。

(五)做优邮轮产业生态。

16. 强化金融服务体系建设。

17. 构建完整的邮轮人才体系。

18. 建立邮轮数据统计监测体系。

19. 推进完善综合配套政策体系。

20. 打造具有国际影响力的合作交流平台。

——节选自上海市人民政府办公厅关于印发《推进国际邮轮经济高质量发展上海行动方案(2023—2025)》的通知(沪府办发〔2023〕10号)。

本章参考文献

[1] 习近平. 习近平著作选读[M]. 第一卷. 北京:人民出版社,2023.

[2] 杨公朴,夏大慰. 现代产业经济学[M]. 2版. 上海:上海财经大学出版社,2005.

[3] 张文尝,金凤君,樊杰. 交通经济带[M]. 北京:科学出版社,2002.

[4] 汪鸣,吴文化,樊一江. 交通大融合[M]. 北京:中国计划出版社,2019.

[5] 吴文化,孙峻岭,向爱兵. 中国交通基础设施产业升级战略研究[M]. 北京:人民交通出版社股份有限公司,2018.

[6] 吴文化,向爱兵,毛科俊. 我国枢纽经济发展理论与实践[M]. 北京:经济科学出版社,2019.

[7] 李连成. 研判好远景规模,把握好交通基础设施适度超前建设的“度”[J]. 中国发展观察, 2022(08):45-47.

[8] 吴有红,邹晓梅. 适度超前投资助力构建现代化基础设施体系[N]. 中国社会科学报,2023-03-15(03).

[9] 范恒山. 五方面着力促进低空经济发展[N]. 经济参考报,2023-01-31(A07).

[10] 向爱兵,等. 我国发展枢纽经济的战略思考[J]. 综合运输(参考资料),2017.

[11] 中共中央 国务院印发国家综合立体交通网规划纲要[EB/OL]. (2021-02-24). https://www.gov.cn/zhengce/2021-02/24/content_5588654.htm.

[12] 国家发展改革委 交通运输部 中国铁路总公司关于印发《中长期铁路网规划》的通知[EB/OL]. (2016-07-20). https://www.gov.cn/xinwen/2016-07/20/content_5093165.htm.

[13] 中国国家铁路集团有限公司. 新时代交通强国铁路先行规划纲要[EB/OL]. (2020-08-12). http://www.china-railway.com.cn/xwzx/rdzt/ghgy/gyqw/202008/t20200812_107636.html.

[14] 国务院办公厅关于促进通用航空业发展的指导意见[EB/OL]. (2016-05-17). https://www.gov.cn/zhengce/zhengceku/2016-05/17/content_5074120.htm.

[15] 交通运输部关于促进我国邮轮运输业持续健康发展的指导意见[EB/OL]. (2014-03-18). https://xxgk.mot.gov.cn/2020/jigou/syj/202006/t20200623_3314191.html.

[16] 工业和信息化部 国家发展和改革委员会 财政部 交通运输部 文化和旅游部 工业和信息化部等五部委关于加快邮轮游艇装备及产业发展的实施意见[EB/OL]. (2022-08-17). https://www.gov.cn/zhengce/zhengceku/2022-08/18/content_5705934.htm.

[17] 上海市人民政府办公厅关于印发《推进国际邮轮经济高质量发展上海行动方案(2023—2025)》的通知[EB/OL]. (2023.07-12). https://www.shanghai.gov.cn/nw12344/20230712/913fd1bd8d4049c1bffb18358f53679e.html.

第七章

区域政策——打造交通基础设施高质量发展新空间

内容摘要

交通基础设施建设发展与国土空间资源开发利用和区域开放密切相关,不同地理空间尺度下交通基础设施高质量发展的目标要求和政策导向有所不同。推动交通基础设施高质量发展,应统筹考虑不同地理空间的人口分布、经济布局、国土利用、生态环境保护等因素,以国土空间基础信息平台为底板,以国家重大战略为引领,推动跨省区际、城市群城际、都市圈、城市和农村等交通基础设施高质量发展。围绕新型城镇化、乡村振兴和陆海空全疆域一体,着力强化综合运输通道的经济社会功能,优化完善区际交通经济廊道布局,打造世界一流综合交通枢纽集群,强化区际交通对区域重大战略、区域协同战略的支撑引领作用;加强城镇化地区交通基础互联互通和一体衔接,打造城市群 2 小时交通圈和都市区 1 小时通勤圈,推动城市群、都市圈率先实现现代化;完善城市交通基础设施网络,打造现代化城市交通系统;持续推进“四好农村路”建设,增强农村交通服务乡村振兴战略、支撑中国式现代化的保障能力。

交通基础设施高质量发展战略与政策研究

RESEARCH ON HIGH-QUALITY DEVELOPMENT
STRATEGIES AND POLICIES
FOR TRANSPORTATION INFRASTRUCTURE

第一节

强化区际交通战略支撑作用

区际交通是连接我国省际间、城市群间以及国际间的运输主动脉，主要由国家综合立体交通网主骨架和国家综合交通枢纽集群构成。其中，国家综合立体交通网主骨架指“6 轴 7 廊 8 通道”，涵盖“十纵十横”综合运输大通道；国家综合交通枢纽集群主要以国家级城市群为载体。区际交通在落实国家重大战略实施、保障国民经济循环畅通、支撑国土空间开发保护中发挥着战略支撑作用。

一、增强对国家重大战略的服务能力

推动区际交通高质量发展，要充分发挥交通对区域经济社会发展的支撑引领作用，增强区际交通对区域重大战略、区域协调发展、主体功能区战略、新型城镇化战略、乡村振兴战略等国家战略的服务保障能力。

推进区域重大战略地区交通率先发展。区域重大战略是指党的十八大以来实施的京津冀协同发展、长江经济带发展、粤港澳大湾区建设、长三角一体化发展、黄河流域生态保护和高质量发展等若干区域发展战略。区域重大战略的实施充分考虑了我国国土空间类型多样、差别巨大的客观实际，旨在从不同空间尺度、区域类型和功能定位推动战略重点区域加快发展，发挥对区域经济发展布局的示范引领和辐射带动作用。推动区际交通高质量发展，应优先考虑区域重大战略实施地区交通高质量发展，在全国形成示范并率先进入现代化。具体而言，要加快推进京津冀地区交通一体化，建设世界一流交通体系，高标准、高质量建设雄安新区综合交通运输体系；要建设“轨道上的长三角”和辐射全球的航运枢纽，把长三角打造成为全国交通高质量发展先行区；要推动粤港澳大湾区实现高水平互联互通，巩固提升港口群、机场群

的国际竞争力和辐射带动力，建成具有全球影响力的交通枢纽集群；要提升成渝地区双城经济圈对外连通水平，强化门户枢纽功能，构建一体化综合交通运输体系；要建设东西畅通、南北辐射、有效覆盖、立体互联的长江经济带现代化综合立体交通走廊。要推进海南自由贸易港、西部陆海新通道建设；要优化黄河流域交通基础设施空间布局，统筹流域生态环境保护与交通运输高质量发展。

推进东中西部和东北地区交通协调发展。深入实施区域协调发展战略，统筹推进东、中、西部和东北地区交通基础设施网络建设。加速东部地区交通基础设施网络提质升级，提高人口、经济密集地区交通承载力，强化对外开放国际运输服务功能；增强中部地区交通互联互通能力，推进大通道、大枢纽建设，更好发挥承东启西、连南接北功能；补齐西部地区交通基础设施网络短板，推进西部陆海新通道建设，打造东西双向互济、对外开放通道网络；提升东北地区交通基础设施网络整体质量水平，强化与京津冀、俄罗斯远东地区和朝鲜半岛的互联互通，打造面向东北亚对外开放的交通枢纽。加快推进沿边、沿江、沿海交通基础设施建设，打造边防交通骨干通道。进一步提升革命老区、民族地区、边疆地区和西部脱贫地区等特殊类型地区的交通基础设施网络覆盖密度。

二、加快推进区际交通经济廊道建设

强化综合运输通道的经济社会功能。区际交通经济廊道一般是在综合运输通道构建形成的基础上逐步发展形成的。既有全国“十纵十横”综合运输大通道布局主要从交通运输行业自身视角对未来综合交通网络格局进行布局谋篇，强调通道的大容量、快速集散、便捷换乘等交通运输功能。未来推动区际交通高质量发展，应强调综合运输大通道对沿线产业、城镇空间的影响和支撑引领作用，统筹生产、生活、生态空间，将综合运输大通道打造成为区域经济廊道。同时，充分发挥综合运输大通道对区域协调发展的促进作用，缩小“南北”地区经济差距，推动东、中、西部地区均衡发展。

优化完善区际交通经济廊道布局。从交通运输与国土空间、区域经济关系视角看，未来可依托“十纵十横一环”综合运输大通道，在筑牢“两横三纵”城镇化战略格局的基础上，加快构建形成连接全国主要城市群以及经济中心、工矿基地、能源基地和重要口岸，推动实现交通、产业和城镇融合发展的区际交通经济廊道新格局。2021 年中共中央、国务院印发《国家综合立体交通网规划纲要》，提出打造“6 轴 7 廊 8 通道”国家综合立体交通网主骨架。综合立体交通网主骨架的设计已跳出了交通行业思维，统筹考虑通道经济功能和区域协同发展，其实质是对未来我国区际交通经济廊道基本空间形态的展望。依据国家区域发展战略和国土空间开发保护格局，结合未来交通运输发展和空间分布特点，按照交通运输需求量级大小，未来我交通发展将聚焦 3 类重点区域：一是极，京津冀、长三角、粤港澳大湾区和成渝地区双城经济圈等 4 个地区；二是组群，包括长江中游、山东半岛、海峡西岸、中原地区、哈长、辽中南、北部湾和关中平原等 8 个地区；三是组团，包括呼包鄂榆、黔中、滇中、山西中部、天山北坡、兰西、宁夏沿黄、拉萨和喀什等 9 个地区。

推进“6 轴 7 廊 8 通道”主骨架建设。按照极、组群、组团之间交通联系强度，未来我国将打造由 6 条主轴、7 条走廊、8 条通道组成的国家综合立体交通网主骨架。一是要加强京津冀、长三角、粤港澳大湾区、成渝地区双城经济圈 4 极之间联系，建设 6 条综合性、多通道、立体化、大容量、快速化的交通主轴，推动我国综合立体交通协同发展和国内国际交通衔接转换，促进全国区域发展南北互动、东西交融。二是要强化京津冀、长三角、粤港澳大湾区、成渝地区双城经济圈 4 极的辐射作用，加强极与组群和组团之间联系，建设京哈、京藏、大陆桥、西部陆海、沪昆、成渝昆、广昆等 7 条多方式、多通道、便捷化的交通走廊。三是强化主轴与走廊之间的衔接协调，加强组群与组团之间、组团与组团之间联系，加强资源产业集聚地、重要口岸的连接覆盖，建设绥满、京延、沿边、福银、二湛、川藏、湘桂、厦蓉等 8 条交通通道，促进内外连通、通边达海，扩大中西部和东北地区交通网络覆盖。

三、打造世界一流综合交通枢纽集群

综合交通枢纽城市集群化是经济全球化、区域一体化发展要求下的必然趋势。综合交通枢纽城市之间通过枢纽协同、产业联动等方式,不断提升对周边地区乃至全国、全球更大地理范围的集聚辐射功能,提高区域和国家的竞争能力。从全球视角看,未来要建设面向世界的京津冀、长三角、粤港澳大湾区、成渝地区双城经济圈等国际性综合交通枢纽集群,提升全球互联互通水平和辐射能级;同时,要培育一批辐射区域、连通全国的综合交通枢纽集群,支撑区域经济更高层次发展。此外,要合理组织集群服务网络,提高集群内枢纽城市协同效率。

建设世界一流的国际性综合交通枢纽集群。打造世界一流的京津冀枢纽集群,推进北京国际航空枢纽、天津国际航空货运枢纽、天津北方国际航运中心建设,加强石家庄、雄安与北京国际航空枢纽、天津国际枢纽海港等高效连通,推进北京-天津-雄安全球性国际邮政快递枢纽集群建设。强化上海国际航空枢纽、上海国际航运中心建设,打造上海、宁波舟山港世界级港口群,推进上海-南京-杭州全球性国际邮政快递枢纽集群建设,提高长三角枢纽集群国际辐射能级,打造高质量发展先行区。推动粤港澳大湾区枢纽集群更高水平互联互通,建设具有全球影响力的枢纽集群。打造广州、深圳国际航空枢纽,强化广州、深圳、香港、珠海、澳门等城市间交通联系,共同打造国际贸易枢纽港,推动广州-深圳全球性国际邮政快递枢纽集群建设。强化重庆、成都国际航空枢纽功能,完善重庆果园港、成都国际铁路港等的集疏运体系,提升成渝地区双城经济圈枢纽集群对外连通水平。

培育一批辐射带动能力强的综合交通枢纽集群。以国家综合立体交通网主骨架“7 廊 8 通道”为纽带,依托重要城市群及内部和周边全国性综合交通枢纽,培育一批辐射区域、联通全国的综合交通枢纽集群,强化城市间协作与快速联系,提高区域协同发展水平。织密区际、城际等多层次设施服务网络,强化内外联通,提升综合交通枢纽集群的中转集散组织作用及辐射能级。

四、推动省际毗邻区和江河流域互联互通

推动省际毗邻区域交通协同发展。目前,我国省际毗邻地区特别是边远交界地区的交通基础设施相对薄弱。未来应着力加强省际交界地区交通互

联互通建设,加强省际毗邻地区交通网络与国家综合大运输的有效连接,着力打通跨省“断头路”“瓶颈路”,推动省际毗邻区域交通一体化发展。积极推动跨省毗邻县乡农村交通一体化发展,以交通为纽带探索推动建设跨省经济协作区。同时,继续加强六盘山区、秦巴山区、武陵山区、乌蒙山区、滇桂黔石漠化区、滇西边境山区、大兴安岭南麓山区、燕山-太行山区、吕梁山区、大别山区、罗霄山区等地区交通建设,着力构建一体化的区域现代综合交通运输体系。

完善各江河流域现代综合交通运输体系。以跨省内陆河流、跨境国际河流和省域内重要干支流等为纽带,优化流域内水路、铁路、公路、机场等交通基础设施的网络空间布局,着力构建支撑引领流域经济发展的现代综合交通运输体系。我国境内跨省内陆河流主要涉及长江、黄河、淮河、海河、珠江、松花江、辽河、黑河、钱塘江、疏勒河等主要河流以及京杭大运河。一些重要干线河流的支流流经多省市,形成众多的小空间范围的跨省江河流域。譬如,长江流域的湘江、汉江、赣江、信江、资水等;淮河流域的池河、白塔河及高邮湖等;松辽流域的霍林河等。建设跨省内陆河流流域综合交通运输体系,应充分发挥水运大运量、低成本、少排放的技术经济比较优势,统筹考虑流域铁路、公路、民航等交通方式建设。还有一些内陆河流不属于跨省河流,但其流域串联了省内众多经济重镇,譬如长江上游支流沱江,经简阳市、资阳市、资中县、内江市、自贡市、富顺县等至泸州市汇入长江。未来也应加强这类河流流域综合交通运输体系建设。我国跨境国际河流主要分布在东北、西北、西南地区,包括东北地区黑龙江、乌苏里江、鸭绿江、图们江、绥芬河等;西北地区的额尔齐斯河、伊犁河、塔里木河等;西南地区的独龙江、怒江、澜沧江、珠江、雅鲁藏布江、狮泉河、元江等。跨境国际河流流域交通建设,应以沿河道路建设和航电枢纽综合开发为重点,加快推进国际跨境河流互联互通。

第二节

推动城市群城际交通一体化发展

城市群是我国城镇化发展的主要载体①。城际交通是城市群交通的主要表现形式,主要服务于城市群内中心城市与中小城市和卫星城镇间、中小城市与卫星城镇间的客货运输,对城市群内城镇体系空间和产业合理布局具有重要的支撑和引导作用。依据运输需求特征的不同,城际交通又可细分为三个层次,即城际主通道、中心城市都市圈交通网和城际交通基础网。城际主通道是城市群内中心城市间或中心城市与区域主要大城市间交通与经济互动发展形成的大运量、集中布局的交通廊道;中心城市都市圈交通网是中心城市及其周边大中小城镇间形成的以轨道交通、城市快速路等为主的大运量、高密度、集中布局的快速交通干线网络;城际交通基础网是在中小城镇间形成的小运量、低密度、分散布局的一般交通线路网络。城际交通网络结构如图 7.1 所示。

一、构建便捷高效的城际交通网

打造城市群 2 小时交通圈。加快推进城市群轨道交通网络化建设,进一步完善城市群快速公路网络,加强城市交界地区道路和轨道顺畅连通,构建以高速铁路、城际铁路、普通铁路城际列车、高等级公路为主骨架的城际交通网络,实现城市群中心城市之间 2 小时通达,为城际旅客出行提供安全、便捷、高效的运输服务,满足多样化的城际交通需求。加强城市群内重要港口、站场、机场的路网连

① 2006 年国家"十一五"规划纲要首次提出"把城市群作为推进城镇化的主体形态";"十二五"规划纲要、"十三五"规划纲要、党的十八大报告、党的十九大报告、《国家新型城镇化规划(2014—2020)》等多部重要文件均明确城市群是未来城镇化发展的主要主体形态。《中华人民共和国国民经济和社会发展第十四个五年规划和 2035 年远景目标纲要》中指出发展壮大城市群和都市圈,推动城市群一体化发展,全面形成"两横三纵"城镇化战略格局,形成若干个城市群,成为经济发展重要增长极。

通,促进城市群内港口群、机场群统筹资源利用、信息共享、分工协作、互利共赢,提高城市群交通枢纽体系整体效率和国际竞争力。统筹城市群综合性通用机场布局建设,疏解繁忙机场的通用航空活动,构建城市群内快速空中交通网络。建立健全城市群内交通运输协同发展体制机制,推动相关政策、法规、标准等一体化。

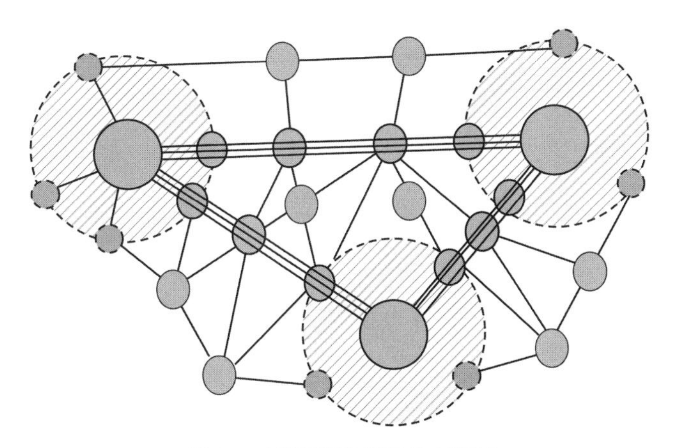

图7.1　城际交通网络结构示意图

注:(1)图中粗实线圈为城际主通道,点线圈为中心城市都市圈交通网,细实线圈为城际交通基础网。

(2)资料来源于赵丽珍. 我国城市群交通模式选择对策[J]. 综合运输,2012(12)。

有序推进城际铁路建设。我国城市群发展是相对缓慢、渐进的,全国城际铁路建设也是长期、渐进的。尤其在我国城市群当前处于初级阶段、需求仍不旺盛的背景下,应审慎有序推进城际铁路网建设。对于长三角、粤港澳大湾区等发展相对比较成熟的城市群,可超前谋划,加快推动城际铁路网建设。对于大多数发展刚刚起步的城市群,一方面要紧抓我国高速铁路网络正趋于完善的契机,在部分高铁尚未覆盖的城际通道内同标准、同时期补充、织密城际轨道交通网络,增设沿途站点,推动形成城际铁路骨干网络;另一方面可以充分利用既有铁路开行城际列车,满足城际客运需求。

完善城际交通基础网。加强城市群中小城镇间公路交通联系,加快构建高速公路、国省干线、县乡公路等都市圈多层次公路网。全面提升城市群内普通公路的技术等级,有针对性地对个别线路和路段实施必要的拓宽改扩建。打造一体化公路客运网络,完善充电桩、加气站、公交站场等布局,支持毗邻城市

(镇)开行城际公交,加快推动近郊班线公交化。优化交界地区公交线网,促进与市域公交网络快速接驳。加快推进都市圈内城市间公交一卡互通、票制资费标准一致,健全运营补偿和结算机制,推动信息共享和监管协同。

二、因地制宜建设复合型城际交通廊道

交通廊道是城市群城际交通基础设施建设的重点,要充分认识交通廊道引导城市群经济、人口科学布局的重要作用,根据不同城市群人口、产业分布特点、空间形态、发展基础等因素,以高速铁路、城际铁路、高速公路为骨干,以国省干线公路为基础,构建速度快、容量大、效率高的复合型城际交通廊道,引导城市群形成合理的空间形态,吸引经济、人口以廊道为轴带积聚,形成城市群高质量发展的基础。目前长三角城市群轨道交通体系呈"高铁 + 地铁"二元结构,城际客运主要由国家高铁兼顾。未来可考虑研究建设贯通长三角、粤港澳、京津冀三大世界级城市群以及北部湾、海西、图们江、辽中、山东半岛等多个城市群的高速铁路,构建以超高速铁路、高速铁路、城际快速铁路为主导的多层次、多通道、多模式大沿海综合立体交通走廊;研究建设沿长江、沿大运河复合型城际交通廊道,推进长江经济带高质量发展。

三、推动都市圈交通一体化发展

打造都市区 1 小时通勤圈。都市圈是城市群内部以超大特大城市或辐射带动功能强的大城市为中心、以 1 小时通勤圈为基本范围的城镇化空间形态,也是我国经济最发达,人口、产业聚集程度最高的城镇化区域。从交通供需视角看,都市圈集中了中长途运输、城际交通、市域通勤和中心城区日常出行等多层次交通出行需求。推动都市圈交通一体化发展,应统筹都市圈交通与区际交通、城市群城际交通、城市交通与国土空间等规划布局,系统考虑都市圈不同圈层多元化出行需求和客货运输特征,科学规划都市圈轨道交通网络和公路道路网络,提高都市圈交通基础设施的整体供给质量;优化确定不同功能层次轨道交通系统分工衔接和互联互通方案,加强公路道路网对轨道交通的接驳衔接,

建设中心城区连接卫星城、新城的大容量、快速化轨道交通网络，推进公交化运营，加强道路交通衔接，打造1小时“门到门”通勤圈。

打造“轨道上的都市圈”。坚持以科学规划为统领，统筹考虑都市圈轨道交通网络布局，加快推进轨道交通“四网融合”，重点抓好都市圈市域（郊）铁路规划建设，加快构建形成多层次、高效便捷的都市圈轨道交通网络体系。具体来讲，一是要加快推进轨道交通“四网融合”。打破区域分割和行业垄断等制约因素，创新都市圈轨道交通规划体制机制，充分发挥既有铁路服务都市圈功能作用，推动城市轨道交通多元化创新发展，合理确定各类轨道交通方式功能定位和发展重点，修改完善标准规范和规章制度，推动都市圈内干线铁路（含高速铁路和普速铁路）、城际铁路、市域（郊）铁路、城市轨道交通“四网融合”；探索都市圈中心城市轨道交通适当向周边城市（镇）延伸，统筹布局都市圈城际铁路线路和站点，完善城际铁路网络规划，有序推进城际铁路建设，充分利用普速铁路和高速铁路等提供城际列车服务；探索都市圈轨道交通运营管理“一张网”，推动中心城市、周边城市（镇）、新城新区等轨道交通有效衔接，加快实现便捷换乘，更好适应通勤需求；通过通道资源的统筹利用、设施层面的轨道共享、运营的互联互通以及枢纽的综合立体衔接等，实现对要素资源的集约节约利用。二是要有序建设都市圈市域（郊）铁路。市域（郊）铁路主要布局在经济发达、人口聚集的都市圈内的中心城市，联通城区与郊区及周边城镇组团，采取灵活编组、高密度、公交化的运输组织方式，重点满足1小时通勤圈快速通达出行需求，与干线铁路、城际铁路、城市轨道交通形成网络层次清晰、功能定位合理、衔接一体高效的交通体系。规划建设市域（郊）铁路，要准确把握市域（郊）铁路功能定位、技术标准和建设时机。新建市域（郊）铁路要注重与其他轨道交通网络的互联互通，在建设初期就要明确与城际铁路、城市轨道快线的互联互通技术要求，使得市域（郊）铁路建设成为都市圈“四网融合”的关键环节和突破口。新建市域（郊）铁路应尽可能将市郊通勤功能与市区快线功能结合起来，通过直达甚至贯穿都市圈核心区，提高郊区旅客出行的便捷性，同时提升、加密核心区轨道密度和服务水平。对于衔接节点在市区外围的线路，在规划设计时就必须确保新建线路与市区轨道技术标准的统一，为后期开展直通运营做好准备。推动市域(郊)铁路运营纳入城市公共交通系统。三是要优先利用既有资源开行市域(郊)列车。结合城市空间布局优化和铁路枢纽功能调整,加强对既有铁路资源利用的可行性论证,鼓励具备条件的城市内部铁路功能合理外迁,充分挖掘和释放运力,创造条件开行市域(郊)列车。支持通过优化运输组织、补强既有铁路、改扩建局部线路、改造站房站台、增建复线支线及联络线、增设车站等方式,使市域(郊)列车开行公交化;提高都市圈中心城区既有铁路和通道利用效率,综合考虑利用富余能力开行市域(郊)列车、错峰开行高密度通勤列车和普速长途列车、新建都市圈核心区轨道复线和合理实施货运铁路功能外迁等方式,确定改建、新建轨道交通具体要求,充分发挥既有铁路通道服务都市圈功能;对于近期建成或在建的高铁、城际铁路,也可考虑在早期运营阶段兼顾承担都市圈通勤出行功能。

打通都市圈"断头路""瓶颈路"。实施"断头路"畅通工程和"瓶颈路"拓宽工程,全面摸排都市圈内各类"断头路"和"瓶颈路",加快打通"断头路",提升都市圈路网联通程度,推进"瓶颈路"改造扩容,保证交界地区公路畅通,全面取缔跨行政区道路非法设置的限高、限宽等路障设施。具体而言,一是加快推进拥堵路段改扩建或新建工程。对于交通量达到设计能力80%以上或高峰时段严重拥堵的干线公路,要根据路网布局、需求特征、建设条件等,积极采取改扩建既有路段、建设快速联络线、新建平行或绕行路段等方式解决拥堵问题,并合理选择地面、高架、地下及其组合等线路形式。二是建设形成都市圈快速公路网。对于以常住人口500万以上的超大城市和特大城市为中心的都市圈,要统筹考虑国家高速公路和地方高速公路布局,根据都市圈具体特点,因地制宜,规划建设都市圈快速通道和主城区外围高等级公路,并加强与进出城公路的衔接,疏解穿越都市圈核心区和主城区的车流。同时,视条件建设并行道路或快速联络线,及时疏解干线交通拥堵。三是有序建设绕城公路。在重点提高都市圈公路技术等级的同时,要结合高速公路和普通国省干线建设,规划建设都市圈外围高等级公路,解决穿越城区、街道化严重的干线公路拥堵问题。同时,充分考虑新型城镇化建设需求,规划建设主城区通往新城新区的连接通道。

加强进出城干线公路道路化改造。以中心城区进出城公路,即与周边新城、卫星城之间的干线公路为重点,进行城市道路化改造。一是完善进出城道路网络布局。坚持规划引领,根据都市圈规模、区位条件、空间布局和产业规划,综合考虑路网结构、交通方式、运输需求和建设条件等,统筹干线公路与城市道路规划建设,合理布局进出城道路网络,促进形成干线公路、城市快速路、主次干路和支路级配合理、布局均衡的都市圈路网体系。二是加快升级改造重要拥堵节点。针对节点"锁喉"造成的进出城交通拥堵,要抓紧采取有力措施升级改造,扩大通行能力。对于因进出城收费站能力不足造成的交通拥堵,要通过改移收费站、增加收费通道、实行复式收费等措施,扩大收费口通行能力。对于因交叉口设计不合理、与干线公路衔接的城市道路通行能力不匹配、上跨桥梁空间受限等原因造成的节点性拥堵,要通过改善交叉口设计、拓宽城市道路、优化改造立交桥等局部改扩建方式进行疏解。三是增设干线公路进出城出入口。在高速公路临近都市圈路段和绕城公路上适当增加出入口数量,并建设必要的辅道,在保证主线交通安全顺畅的前提下,力争实现高速公路与所有城市快速路、主干路均能有效连接。根据城市总体规划和城市综合交通体系规划等专项规划,做好干线公路与规划城市快速路、主干路以及新城、新区的对接,预留新增进出城出入口建设条件。四是优化调整客货运枢纽布局。合理布局都市圈客货运枢纽,减少其对进出城交通的影响,从源头上治理都市圈客货运枢纽节点拥堵问题。对于布置在干线公路出入口附近并造成进出城交通拥堵的货运枢纽、物流园区或商贸市场,要根据都市圈产业布局、交通条件和物流配送要求,统筹规划、有序外迁。对于布置在干线公路出入口附近、易产生大规模客流集散和交通拥堵的客运枢纽,要推进开放式、立体化改造,并增加停车设施供给、加强公共交通衔接,优化枢纽周边路网和交通组织。

四、推动公共交通引领都市圈发展

大力发展以公共交通为导向的开发(Transit-Oriented Development,TOD)模式。培育发展现代化都市圈,关键在于构建起布局合理、产城协调、宜居宜业的都市圈结构形态框架。应当依托公共交通特别是轨道交通的骨干运输能力和核心通道资源优势,确立 TOD 的总体思路。TOD 是指以大容量公共交通站点(包括轨道交通和快速公交车站以及主要交通换乘枢纽)为中心,在周边合理的步行范围内,进行中、高密度用地开发,集居住、就业、商业、娱乐等多种土地用途于一体,并创造出适合公共交通和慢行交通出行环境的区域发展模式。要通过轨道交通"点-线-面"的 TOD 发展引导塑造、优化都市圈结构,利用公共交通的发展来驱动土地利用发展,形成与交通建设相协调的都市圈布局形态。具体而言,都市圈的空间规划要围绕公共交通(特别是轨道交通)站点布局,推动都市圈核心城市各组团和周边中小城市间专业化分工协作,促进城市功能互补、产业错位布局和特色化发展,促进都市圈核心区域高密度混合开发,周边城镇组团围绕公共交通(特别是轨道交通)站点周边多点集聚,形成密疏结合、产城协调、职住平衡的城镇化空间形态。

构建"公交 + 慢行"的都市圈组团结构。要最大程度发挥公共交通在塑造都市圈空间形态中的作用,就要建立起适宜公共交通出行特征的都市圈空间发展模式。围绕都市圈轨道交通站点形成的都市圈组团,应当摒弃小汽车为主的发展理念,按照"公交 + 慢行"的思路进行设计。在都市圈核心城市中心区、周边中小城镇组团等区域性功能节点,应重点加强市域(郊)铁路与城市轨道建设方案的协调,为都市圈一体化通行提供便利服务;周边中小城镇组团应逐步形成以市域(郊)铁路为核心优化、整合其他各种公交设施的格局,鼓励围绕市域(郊)铁路站点构建中运量公交系统或高密度的常规公交网络,形成地区性公交网络的主体,提高公交服务水平。此外,要构建适宜自行车和步行的网络化生活街区。按照"窄马路、密路网"的道路布局理念优化都市圈组团街区路网结构,推动发展开放便捷、尺度适宜、配套完善的生活街区。完善自行车道、步行道等慢行交通基础设施建设,通过网络化便利化等设施建设、路权优先和交通保障等政策设计,切实营造鼓励慢行交通出行的发展环境。

第三节

打造现代化城市交通系统

城市交通是指覆盖城市群内部大中小城市建成区范围所有交通系统的总称，具体包括城市交通枢纽港站、城市道路交通、城市轨道交通、慢行交通、静态交通等子系统。城市交通以通勤客运为重点，具有明显的高峰特征。由于每个城市总体规划和布局各不相同，各城市的城市交通都有自身的特点和规律。

一、强化综合交通枢纽城市功能

综合交通枢纽城市是现代综合交通网中综合运输大通道或主要交通干线连接交会点所在城镇化地区，是城市交通系统（尤其是城市交通枢纽港站）对外交通运输功能和支撑引领区域经济发展作用的集中体现。按照其所处的区位、功能和作用，衔接的交通运输线路的数量，吸引和辐射的服务范围大小，以及承担的客货运量和增长潜力，综合交通枢纽城市可分为国际性综合交通枢纽、全国性综合交通枢纽、区域性综合交通枢纽和地区性综合交通枢纽 4 个层次。

优化综合交通枢纽城市布局。结合全国国土空间、城镇体系和产业布局，明确不同资源禀赋、交通条件、经济基础、城市的功能层级，优化完善综合交通枢纽城市布局，强化不同层级综合交通枢纽城市之间功能互补、设施连通、运行协同。推进国际性综合交通枢纽建设，提升其全球联通水平和资源要素配置能力，增强部分枢纽国际门户功能，打造通达全球、衔接高效、功能完善的交通中枢。加快建设全国性综合交通枢纽，优化其中转设施、连接系统和集疏运网络，促使各种运输方式协调高效，扩大枢纽城市对外辐射范围和能力。积极建设区域性综合交通枢纽，提升其对周边的辐射带动能力，加强其对综合运输大通道和全国性综合交通枢纽的支撑作用。

强化国际性综合交通枢纽城市门户功能。加快建设国际枢纽机场、国际枢纽海港、国际铁路枢纽场站、国际邮政快递处理中心，完善国际旅客、跨境物流中转设施，强化与境外枢纽节点的战略合作和业务联系。支持国际性综合交通枢纽城市拓展连接世界重要机场、港口的航线网络，扩大国际铁路班列服务半径。鼓励建设全球转运分拨中心、国际交易中心、国际结算中心，提升全球资源要素配置能力。加强枢纽城市与周边产业基地、货源地、口岸节点之间联系，为实现周边区域快速接入国际运输网络创造条件。

提升全国性综合交通枢纽城市中转组织能力。以服务区域重大战略和区域协调发展战略为重点，完善全国性综合交通枢纽城市运输组织功能，推进与国际性、区域性枢纽城市协同发展。加强全国性综合交通枢纽城市间有机联系，完善国际、区际、城际等不同层次有效衔接的服务网络，提高运输整体效率与服务水平。鼓励组合型综合交通枢纽城市协同联动与互联互通，发挥各自比较优势，共商、共建、共享重大枢纽设施，提升整体效益。以枢纽机场、枢纽海港、铁路枢纽场站等为重点，完善换乘换装功能设施和配套服务网络，增强跨区域人员交往和物资中转组织功能。

提高区域性、地区性综合交通枢纽城市衔接服务水平。综合考量经济、人口、交通条件和发展潜力等因素，完善区域性、地区性综合交通枢纽城市布局。加强与国际性、全国性综合交通枢纽城市的交通联系，承接本区域内运输需求，做好“最后一公里”服务，形成错位发展格局。提升城际、城乡服务功能及区域衔接转运能力，加强与服务腹地的对接和末端辐射，更好融入国家综合立体交通网。因地制宜发挥枢纽城市区位优势，增强跨区域辐射能力，为提升枢纽城市层级创造条件。

专栏7.1 国家综合交通枢纽城市

国际性综合交通枢纽城市(20个左右)：北京、天津、上海、杭州、南京、广州、深圳、成都、重庆、沈阳、大连、哈尔滨、青岛、厦门、郑州、武汉、海口、昆明、西安、乌鲁木齐。

全国性综合交通枢纽城市(80个左右)：石家庄、太原、呼和浩特、长春、宁波、合肥、福州、南昌-九江、济南、长沙-株洲-湘潭、南宁、贵阳、拉萨、兰州、西宁、银川，宁波、合肥、长沙、唐山-秦皇岛、雄安、邯郸、大同、包头、通辽、营口、吉林、齐齐哈尔、连云港-徐州-淮安、苏州-无锡-南通、温州、金华(义乌)、蚌埠、芜湖、泉州、赣州、上饶、烟台、潍坊、临沂、洛阳、商丘、南阳、襄阳、宜昌、黄冈-鄂州-黄石、岳阳、怀化、衡阳、珠海、湛江、汕头-揭阳-潮州、柳州、桂林、钦州-北海-防城港、三亚、攀枝花、泸州-宜宾、万州-达州-开州、广元、遵义、曲靖、大理、宝鸡、榆林、安康、酒泉-嘉峪关、格尔木、中卫、喀什、库尔勒、伊宁。

——节选自《现代综合交通枢纽体系“十四五”发展规划》。

二、完善城市交通基础设施网络

加快发展快速干线交通、生活性集散交通、绿色慢行交通,实现道路顺畅衔接。加强大城市微循环和支路网建设,优化快速、主干、次干、支路比例,加快城市支路街巷建设改造和畸形交叉口改造,分类分区优化停车设施供给,提高停车资源利用效率和精细化服务水平,加强停车资源共享和错时开放。合理提高中小城市路网密度,用好用足停车资源,适度增加停车设施,规范停车秩序。

完善轨道交通和公交道路网络。推进城市轨道交通建设,提升城市核心区轨道交通线网覆盖密度。拓展地面公交专用道网络,加大对于违法占道行驶的监管和处罚力度,提升地面公交路权保障水平。以零距离换乘为导向,推动轨道交通与地面公交在站点布局、枢纽设施、运营组织上实现更高水平的衔接贯通。推进以公共交通为导向的城市土地开发模式,提高城市绿色交通分担率。超大城市充分利用轨道交通地下空间和建筑,优化客流疏散。

补齐城市慢行和静态交通短板。因地制宜建设自行车专用道,建设安全、连续、舒适的城市慢行交通系统,提高非机动车道和步道的连续性、通畅性,在商业办公区域、公共交通站点、旅游景区等场所增加非机动车停放设施,改善行人过街设施条件。稳步推进老旧小区、医院、学校、商业聚集区等区域公共停车设施建设,适度增加灵活便捷的道路班车配客站点。合理配置停车设施,开展人行道净化行动。按照“还清旧账、不欠新账”的思路,通过产业化手段加快推动城市停车设施建设。其中,大城市(城区人口超过100万人)主要集中在用地稀缺的中心城区，应重点考虑地上、地下立体化停车设施。中小城市用地开发强度相对较低，可主要通过挖掘居住区及周边用地潜力、施划路侧车位加快补足缺口，实现规范停车。另外，停车设施建设过程中应同步推动新能源车充电设施、路侧自动收费设施发展，并考虑预留未来自动驾驶功能接口。

三、推动城市交通设施更新改造

以城市更新为契机实现交通与土地更高水平的匹配。受新增建设用地资源减少及地方政府债务规模约束影响，土地城镇化进一步推进的空间已经很有限，城市更新将成为实现城市高质量发展的必由之路。要抓住未来新一轮城市更新，尤其是一批城市老旧枢纽改扩建的窗口期，引导对枢纽站场地上、地下空间进行综合开发，鼓励打造开放式、立体化的枢纽，提升站点与周边建筑环境的连通水平，新形成一批有利于以公共交通为导向的（TOD）模式落地实施的城市交通运输组织节点，强化老旧枢纽对城市发展的支撑带动能力。建立健全有利于 TOD 发展的体制机制，推动公交廊道和枢纽站点周边实现集约化、高强度的交通与土地一体化综合开发，促进职住一体功能组团的布局和发展。妥善解决 TOD 体制机制矛盾问题：一是要“破”，改革土地供应政策，寻求交通建设和土地开发主体统一，调整土地容积率限制等一系列与 TOD 理念冲突的现行标准规范；二是要“立”，建立多元主体参与的常态化沟通机制，明确政府部门之间，以及交通建设、土地开发等市场方各自的利益诉求与责任归属，完善利益传导和分享机制。

推动公共交通站点的综合一体化开发利用。推进轨道交通站点周边 400～800 米范围（约 5～10 分钟步行时间）的综合一体化开发利用，按照“城市综合体”“产业综合体”发展理念，建设集轨道交通设施、写字楼、商城、文化、娱乐、教育、居住及公共服务多种功能于一体的城市功能中心。在交通一体化方面，牢固树立枢纽站点设施布局一体化的理念意识，优先考虑采用立体化布局模式，建成市域（郊）铁路、城际公交、城市交通等设施布局一体化的综合交通枢纽站点，实现各种运输方式无缝衔接、乘客同站、立体换乘。结合周边商业建筑环境，实现地下空间综合开发，延伸扩展多方向的地下连接通道，使由枢纽站点产生的人流尽可能步行直接进入周边建筑。在产城一体化方面,创新枢纽站点开发方式、合作模式、融资模式、运营模式、服务模式和盈利模式,充分发挥市场在枢纽综合开发中的关键作用,强化交通、地产、传统商业、电商等之间的深度融合,创新开发方式,增强内生动力,从根本上提升枢纽站点区域的发展活力和持续发展能力。

推动城市交通设施人性化、智能化改造。一是优化城市慢行交通系统。加快完善非机动车道、步行道网络,提升慢行交通系统的连续性、独立性和景观性。对非机动交通与机动交通冲突点进行系统梳理和优化设计,提升非机动交通安全性。加快非机动车停车设施规划建设,提升非机动出行便利性。开展城市街道优化设计,增强慢行交通系统与公共交通、周边建筑之间的协调性。加强相关立法与执法,杜绝违法占用慢行空间现象,维护慢行交通出行环境。二是完善城市无障碍出行系统。加快完善相关标准规范,全方位提升绿色交通系统无障碍化程度,重点关注公共交通站点无障碍、公共交通车辆无障碍以及道路设施无障碍三个方面。如地铁站点配备足量无障碍电梯,地面公交站点设置上下车专用坡道;公共交通车辆配置残疾人上下车、乘车专用装置;提升非机动车道、步行专用道、盲道的连续性与平整性,在交叉口配备残疾人专用优先过街按钮等。三是打造城市智慧交通系统。以智慧城市建设为契机,依托“城市大脑”“智慧路灯”等设施,加快多源交通数据的实时采集、标准化与共享,以整合、分析各项关键信息,全面提升实时监测、全面布局、整体协调能力。如通过全覆盖、长周期采集居民出行数据,分析居民出行分布、方式偏好等,以辅助规划决策;通过采集实时交通流数据,自动生成整体最优、局部优先解决方案,以辅助交通控制等。要进一步加强对于共享汽车、共享单车租赁网点和停车场地布局的统筹规划,实现与公众出行需求、城市空间资源以及公交换乘枢纽更高水平的匹配和协同,提升服务便利化水平。要构建出行即服务、自动驾驶等未来新一轮变革的发展基础,推动城市交通基础设施智能化改造。尤其要利用5G等新技术嵌入现有系统的契机,统筹整合不同行业、不同主体的信息采集和传输设备,强化数据收集和反馈能力。

四、提升城市公共交通供给品质

深入实施公交优先发展战略，构建以城市轨道交通为骨干、常规公交为主体的城市公共交通系统。针对新时期不断增多的个性化、高品质，以及更加公平包容的出行需求，进一步丰富公交优先发展战略内涵。一是要加大对微循环、定制化等多元公交服务的推广力度，在提升灵活性的同时尽可能保证集约化，避免因网约车、出租车等方式过度发展而影响城市整体交通效率。二是要在设施建设、标准规范上引导慢行、无障碍交通与公共交通实现统筹协同发展，以进一步提升公交服务吸引力。有序发展共享交通，鼓励公众绿色出行。

第四节

推动农村交通高质量发展

农村交通是我国综合交通运输体系的重要组成部分，主要由县域农村公路、通村道路以及内河水运、专用或支线铁路、通用航空等交通运输方式构成。作为农民生活、农业和农村经济发展的重要基础和支撑，农村交通在改善农村面貌、繁荣农村经济、增强农村自我发展能力、促进农村居民持续增收，以及实现城乡基本公共服务均等化发展等方面发挥着重要作用。

一、持续推动农村交通转型发展

新发展阶段，在乡村振兴和新型城镇化双轮驱动下，我国城乡空间结构、城镇格局、人口分布、产业体系、村庄演变等将发生重大变革，要求农村交通进一步提升服务品质、提高服务效率、拓展服务功能，构建城乡联通的交通网络，营造安全宜人的出行环境，形成多元融合的发展格局。推进农村交通高质量发展，要从改革创新要动力，加快推进农村交通转型升级实现四个转变。一是由侧重普惠公平向兼顾效率效益转变；二是要由注重规模速度向高质量发展转变；三是要由满足公共服务一致性要求向提供差异化、个性化服务转变；四是要由行业自身发展向多元融合发展转变。

以支撑乡村振兴战略和交通强国战略为核心，以深化供给侧结构性改革和推动"四好农村路"高质量发展为主线，围绕更好满足农村地区交通出行和运输需求，合理确定农村交通基础设施相对稳定的路网规模，加快补齐农村交通基础设施发展短板，保证对外衔接的区域骨干通道畅通，提高农村路网通达水平，打通"最后一公里"，有序拓展农村交通基础设施网络覆盖广度和通达深度，推动东部与中西部地区以及不同类型农村地区农村交通基础设施供给结构的平衡发展，着力增强发展韧性，打造耐久可靠的农村交通基础设施，持续完善农村交通基础设施防护、排水、服务等附属设施，推进农村公路路容路貌持续改观，不断增强农民群众对农村交通运输的获得感、幸福感、安全感。

二、完善农村交通基础设施网络

保证对外衔接高效的农村交通骨干网络畅通。以提高农村交通网络通行能力和运行效率为重点，着重补齐当前农村交通与高速公路、国省干线公路的衔接联通，加快消除断头路。按照三级及以上标准，推进以乡镇、主要经济节点、重要枢纽等为中心，服务乡村地区对外沟通交流和产业经济发展的对外快速公路通道建设。结合农村产业布局、旅游发展和资源开发，按照三级及以上标准，推动串联乡村主要产业节点、旅游景区景点、资源开发地等的乡村旅游路、产业路和资源路建设，逐步推进农村地区公路干线成网。立足农村地区交通运输网络体系整体效率和综合效益，结合公路枢纽场站及综合交通运输体系发展，推进农村公路、农村客货运与铁路、农村通用航空等各类运输方式衔接换乘，加快构建多种运输方式衔接融合的农村交通运输通道，提升农村交通与周边地区各类运输方式的快速联通。

织密内部循环畅通的农村交通基础网络。按照"保基本、惠民生"的要求，着力解决农村地区相邻行政单元间无路连通和单方向农村"断头路"问题，改变传统的农村交通"树状"空间结构布局和"一乡一路、一村一路"的单向建设模式;在全力推进农村骨干公路通达、通畅工程的同时,加快推进自然村和村内道路建设,加强通村畅乡、连田达园的农村公路建设,着力打通通村公路“断头路”和农村公路“最后一公里”,织密农村公路“毛细血管”,积极构建广泛覆盖人口聚居的主要村庄、直接服务农民群众出行和农村生产生活的农村基础公路网络,推进县、乡公路网和建制村道路网的互联互通,实现有条件的地区连片成网,构建农村地区“内通外联、通乡到村”的公路网络体系,不断增强农民群众更多更直接的交通获得感。

完善农村客货场站和运输服务网络。结合乡村振兴发展要求,加快构建新时代多种功能的农村交通枢纽,逐步使公路客运与其他运输方式衔接换乘顺畅无阻,提高货运枢纽发展服务能力。重点是围绕农村地区产业集散地和游客集散中心建设,合理布局公路枢纽场站,做好物流园区与重点农业生产基地和优势农产品产区产地市场、田头市场、新型生产经营主体(专业大户、家庭农场和农民合作社)、农资配送中心、邮政和快件处理中心的对接,扩大空间服务范围,提升流通服务能力,加强枢纽场站对产品和游客集散的支撑能力,形成与农产品物流、集贸市场、批发市场以及超级市场联动发展的良好局面。创新传统客运班线运输组织模式,针对人口密度低、客流需求波动较大的地区,大力推广赶集班车、学生班车、周末班车、隔日班车等多种服务产品,支持通过区域经营、线路延伸等多种运营模式实行农村客运网络化经营。借助互联网等先进技术,积极发展响应型客运服务,通过灵活调整运营线路、时刻,在适应农村地区低密度、多样化出行的同时,提高农村客运线路的覆盖面。全面促进农村消费,加快完善县乡村三级农村物流体系,改造提升农村寄递物流基础设施,深入推进电子商务进农村和农产品出村进城,推动城乡生产与消费有效对接;加快实施农产品仓储保鲜冷链物流设施建设工程,推进田头小型仓储保鲜冷链设施、产地低温直销配送中心、国家骨干冷链物流基地建设。加强村级客运站点等服务设施建设。在有条件的农村地区,加快推广定时、定点、定线的农村物流“货运班线”模式,开展县至乡镇、沿途行政村的双向货物运输配送服务。

精准补齐农村交通网络的配套设施短板。一是加强农村交通基础设施安防设施建设。加快补齐地形地貌特殊、事故多发地段等地区安防配套设施短板。结合地方发展需要，适时启动安防设施建设专项行动，对当前事故多发、高危地带开展安防设施攻坚行动。科学制定安防建设标准，筑牢农村交通基础设施安全底线红线。重点是加强农村公路交通安全隐患治理，开展农村公路安全生命防护工程建设，及时改造四、五类危桥，配套建设必要桥梁，完善农村公路交通标志、标线和指路标识，加强农村公路重点隐患路段治理，着力打造平安农村路，夯实农村公路交通安全基础。二是积极推进农村静态设施建设。顺应农村地区小汽车发展趋势和发展需求，立足本地经济社会发展需要和汽车保有量情况，重点完善农村地区停车设施建设，适时推进农村地区停车场、停车库建设，有效缓解路侧停车引发的道路拥堵。顺应农村公路与乡村旅游、生态宜居乡村建设等融合发展趋势，结合功能性道路发展需要，因地制宜积极完善交通驿站、停车休息观景点、慢行步道、自行车道、绿化风景道等农村公路沿线服务设施建设。三是加快农村交通相关新型基础设施建设。加强道路监控、智慧互联等相关设施在农村交通基础设施中的应用，建设智慧农村交通。依托农村新型基础设施建设，配套建设农村交通基础设施及相关出行信息数字基础设施，为全面提升农村交通基础设施现代化发展水平提供新型基础设施发展保障。四是完善农村交通应急保障设施建设。加强农村交通韧性建设，加快构建农村交通应急响应配套设施体系。针对重大公共突发事件，及时加强路障、指示标志等配套设施建设，切实保障应急响应期间农村交通有序组织和开展。同时，根据自然灾害灾后农村公路受损情况，加强路面修复，确保农村路网有序运行。

三、推动农村交通精细化发展

分类施策、因地制宜推进农村交通发展。科学把握我国乡村区域差异，顺应乡村发展规律和演变趋势，根据不同类型农村地区交通基础设施发展现状、发展阶段、发展条件、资源禀赋等差异，按照分片区、场景化研判，因地制宜，分类梯次推进农村交通基础设施有序发展。对于以县城为核心的城镇化地区，加快推进农村交通基础设施现代化发展和市政化建设；对于革命老区、民族地区以及生存条件恶劣、生态环境脆弱、自然灾害频发等自然条件复杂的地区，加快补齐农村交通基础设施发展短板，推进通自然村（组）公路建设；对于历史文化名村、传统村落、少数民族特色村寨、特色景观旅游等自然历史文化特色资源丰富的农村地区，加快推进旅游路及配套设施建设；对于特色农产品丰富的农村地区，加快农村公路产业路建设；对于矿产资源较为富集的农村地区，加快推进资源路建设；对于农场、林场、海岛、草湖等地区，加快推进专用道路建设；对于偏远高寒高海拔地区及沿边地区自然村（组）因地制宜建设砂石路，全面提升农村公路通达深度和覆盖广度；对于陆路边境地区，以沿边公路为主骨架完善农村交通基础设施网络，推动军地资源共享和优化配置。

分区域梯次有序推进农村交通基础设施建设。具备条件的东部地区加快推进农村交通市政化建设，适时推进农村公路的市政化改造。对于具备条件的农村公路，将其吸纳为城区路网的重要组成部分。东部地区、中部地区、部分西部地区加快推进农村交通基础设施功能性补强，服务农村经济体系不断完善后提出的新要求，保障多元化生产体系下农村交通基础设施各种新功能，进一步丰富农村交通基础设施功能，实现精准补强。西部地区加快补齐农村交通基础设施短板，结合实际加快补齐“毛细血管”的缺漏，重点加强通自然村公路、村内道路等与农村群众出行息息相关的项目建设，确保农村交通基础设施发挥应有的作用。

分类型因地制宜完善农村交通基础设施短板。以县城为核心的城镇化地区是农村人口的主要集聚区和承载地，要加快推进其交通基础设施现代化建设。应加快农村交通基础设施提档升级工程，推动县到乡通二级、乡到乡通三级、乡到村通四级公路建设，逐步推动较大人口规模建制村通双车道公路改造建设，因地制宜推进窄路基路面公路拓宽改造成错车道。加快补齐集中连片特困地区农村交通基础设施发展短板。围绕增强革命老区、民族地区等集中连片特困地区的自我“造血”功能，加强通村畅乡、连田达园的农村公路建设，大力推进剩余乡镇和建制村通硬化路建设，加快自然村和村内道路建设，推进具备条件的较大人口规模自然村（组）通硬化路建设。加强自然条件复杂地区农村交通基础设施的兜底性保障。推进生存条件恶劣、生态环境脆弱、自然灾害频发等自然条件复杂地区通自然村（组）公路建设，逐步消除农村公路“断头路”“瓶颈路”“回头路”，着力解决“最后一公里”和“毛细血管”问题，实现农村公路进村入户。

分领域推进农村地区融合型交通基础设施发展。推进旅游资源富集地区旅游路及配套设施建设。大力改善历史文化名村、传统村落、少数民族特色村寨、特色景观旅游等自然历史文化特色资源丰富的农村地区乡村旅游交通条件,重点推进乡村旅游示范区、乡村旅游扶贫试点村及重点村寨公路建设,加强重点旅游区、乡村旅游点之间旅游连接公路建设,建设地区旅游交通环线、旅游专线公路。加强特色农产品优势地区产业路建设。支持农业生产、农畜牧产业等发展,加快推进产业路和园区路建设,将分散在不同地块的产业资源串联起来,构建广覆盖、深通达支撑村镇特色产业发展的农村公路微循环网络。

分功能推进农村地区专用型交通基础设施建设。推进矿产资源较为富集地区资源路建设。围绕农村地区矿产资源开发利用,切实解决矿产企业和矿区群众出行难的问题,加快推进矿区资源路建设,不断提高对矿产资源勘探开发的后勤服务保障能力,加快矿产资源富集地区资源优势向经济优势转换。加强农场、林场、海岛、草湖等地区专用道路建设。推进国有农林场场部通硬化路和国有林区林下经济节点对外连接公路建设,实现每个保留居民居住的国有林场林区场部至少有一条硬化路对外连通,合理推进国有农场、林场等连通管护站(含分场、工区和已搬迁撤并林场)、护林点的森林防火应急道路等管护道路建设。加强海岛、草湖等道路建设,因地制宜建设旅游公路。强化边疆地区沿边交通基础设施建设。统筹边境地区经济发展需求和国边防保障需要,加快推进沿边公路体系建设,加快构建由主干线、并行线、放射线、抵边线构成的环绕边境一线区域的沿边公路网络,因地制宜推进沿边地区自然村(组)砂石路建设,全面提升农村公路通达深度和覆盖广度。

四、推进城乡交通一体化发展

城乡发展不平衡不协调,是我国经济社会发展存在的突出矛盾,是加快推进中国式现代化必须解决的重大问题。现阶段,城乡差距大最直观的是基础设施和公共服务差距大。要把公共基础设施建设的重点放在农村,推进城乡基础设施共建共享、互联互通,推动农村基础设施建设提档升级,特别是加快道路、农田水利、水利设施建设,完善管护运行机制。对农村交通而言,要聚焦农村交通基础设施条件、城乡客运物流服务等领域短板,加快推进城乡交通基础设施的衔接和城乡交通运输服务的一体化建设,着力提升城乡交通基本公共服务均等化水平,逐步缩小城乡差距和地区差异。

推进城乡交通设施一体化建设。一是加强城乡交通运输规划衔接。立足城乡发展,统筹规划城乡交通基础设施、客运、货运物流、邮政快递等,加强城乡交通基础设施衔接,整合城乡综合交通运输资源,完善优化运输网络,提升城乡交通运输公共服务水平。统筹规划地方高速公路网,加强与国道、省道、农村公路以及其他交通方式的衔接协调。建立规划衔接协调机制,实现与经济社会发展规划、城乡规划、土地利用规划统筹衔接。二是加快城乡交通基础路网建设。建设外通内联的城乡交通骨干通道,加强城市道路、干线公路、农村公路、渡口码头之间的衔接,强化市县乡村之间的交通联系。三是完善城乡运输站场体系建设。加强既有客运站点的升级改造和功能完善,鼓励客运站与城市公交站点有序衔接和融合建设,推进公交停靠站向道路客运班线车辆开放共享,方便客车乘员下车换乘。推动农村客运站点应与农村公路同步规划、同步设计、同步建设和同步交付使用。四是保证城乡交通运输连接畅通,推进县乡村(户)道路连通、城乡客运一体化。提高城乡交通运输公共服务均等化水平,巩固拓展交通运输脱贫攻坚成果同乡村振兴有效衔接。

推进城乡客运服务一体化发展。满足城乡融合发展及城乡居民一体化出行服务需求,统筹协调城市公共交通、城际客运和农村客运发展,采取不同模式提高建制村通客车率,提高城乡客运网络的覆盖广度、深度和服务水平。灵活采用“城乡公交+乡村班线客运公交化运营”“城乡班线客运公交化运营+镇村公交”“城乡公交全覆盖”等多种模式推动全域公交发展。对于重点乡镇及道路通行条件良好的农村地区,鼓励通过城市公交线网延伸或客运班线公交化改造,提升标准化、规范化服务能力。对于出行需求较小且相对分散的偏远地区,鼓励开展预约、定制式等个性化客运服务。城郊融合类村庄通过延伸城市公交线路、开通城乡公交等,推动城乡客运公交一体化。集聚提升类村庄根据客流科学制定客运班线、班次及发班时间等,推动农村客运公交化运营。特色保护类村庄通过开行旅游班线(包车)或旅游公交等,推动旅游客运发展。搬迁撤并类村庄通过班线客运、预约响应、区域经营等模式,保障搬迁撤并前的基本公共客运服务供给,解决偏远山村群众“行有所乘”问题。推进城乡客运结构调整,加快整合城乡客运资源,引导农村客运班线采取区域经营、循环运行、设置临时发车点等灵活方式运营。完善城乡客运价格形成机制,合理确定票制票价,建立多层次、差异化的价格体系。

推进城乡货运物流一体化发展。充分对接区际、城际物流通道网络,加快构建覆盖县乡村三级农村物流网络。丰富和完善县域农村物流新业态、新模式、新服务,让农村居民享受到和城市居民一样的物流服务。加强农村交通运输资源整合,推进城乡交通运输“路、站、运、邮”协调发展。按照“多点合一、资源共享”模式,加快集客运、货运、邮政于一体的乡镇综合客运服务站点建设。引导交通运输、邮政、商贸、供销等物流资源的整合,促进农产品进城和农资、消费品下乡双向流通。引导运输企业与农村商贸流通企业、供销合作社共同制定运输、配送计划,积极发展以城带乡、城乡一体的农村物流共同配送模式,提高农村物流集约化和组织化水平。

五、推进“四好农村路”高质量发展

农村公路是农村地区最主要甚至是唯一的交通方式和重要基础设施,是保障和改善农村民生的基础性、先导性条件,对实施乡村振兴战略具有重要的先行引领和服务支撑作用。农村公路包括县道、乡道、村道[①],是我国公路网的有机组成部分。截至2020年底,我国具备条件的乡镇和建制村通硬化路、通客车目标全面实现,基本形成了遍布农村、连接城乡的农村公路网络。但是,相对于人民日益增长的美好生活需要、农业农村现代化发展需求和交通强国建设要

---

① 2007年之前,我国正式颁布的法律法规中没有对农村公路的概念给予界定。《中华人民共和国公路法》和《中华人民共和国公路管理条例实施细则》只涉及乡道以上的公路行政等级。县道是指具有全县(旗、县级市)政治、经济意义,连接县城和县内主要乡(镇)、主要商品生产和集散地的公路,以及不属于国、省道的县际间的公路;乡道是指主要为乡(镇)村经济、文化、行政服务的公路,以及不属于县道以上公路的乡(镇)与乡(镇)之间及乡(镇)与外部联络的公路。2008年,交通运输部发布《农村公路养护管理暂行规定办法》,对村道进行了界定,明确村道是指“经地方交通主管部门认定,连接乡镇与建制村或建制村与建制村的公路”。

求，农村公路发展还存在一定差距，包括路网通达深度仍然不足、技术等级水平总体偏低、安全防护及桥涵等配套设施建设不足、管理养护存在明显短板、客货运输服务水平不高，以及“四好农村路”发展长效机制有待完善等。

“四好农村路”是新时代中国农村变化和社会变迁的主要标志。立足新发展阶段，推进“四好农村路”高质量发展，要从实际出发，因地制宜、以人为本，不贪大求洋，也不跨越阶段，要符合乡情村情，与优化城镇布局、农村经济发展和广大农民安全便捷出行相适应。“四好农村路”建设是一个系统工程，要着力推动建设、管养、运维一体化发展。“建好”是基础，“管好”是手段，“护好”是保障，“运营好”是目的，只有建管养运协调发展，才能实现系统最优。要强调体制创新和政策完善，着力推动农村公路发展质量变革、效率变革、动力变革，提升服务品质、功能和效率，支撑引领农村产业体系和生态宜居美丽乡村建设，更好满足农民群众日益增长的美好生活需要。

持续推进高品质农村公路网建设。统筹考虑区域经济发展状况、产业发展需要以及地理、人文、文化传统等因素，科学编制农村公路网规划，因地制宜确定农村公路建设类型和建设标准。加快农村公路提档升级，有序实施窄路基路面加宽改造、乡镇通三级及以上公路、农村公路联网路建设，强化农村公路与干线公路衔接。巩固提升乡镇和建制村通硬化路建设成果，推进农村公路建设项目更多向进村入户倾斜，因地制宜推动较大人口规模自然村通硬化路建设，统筹规划和实施农村公路的穿村路段建设，灵活选用技术标准，兼顾村内主干道功能，因地制宜支持村内道路建设和改造，改善特色小镇、美丽休闲乡村、农林牧场、乡村旅游景点景区、产业园区和特色农业基地等交通运输条件。严格落实农村交通安全设施与公路建设主体工程同时设计、同时施工、同时投入使用的“三同时”制度。

建立健全现代化农村公路管养体系。深化农村公路管理养护体制改革，推动省、市、县、乡农村公路管理责任落实到位。加强农村公路日常养护，保持较高较好的路况水平，有效改善路域环境。提升农村公路管理信息化水平，推动农村公路基础信息数字化，加强互联网、卫星遥感、快速检测等新技术的应用，建立数据采集、处理的长效机制，完善农村公路综合监管能力，强化信息资源共享交换，提升农村公路管理效能。

不断完善现代农村综合运输服务体系。推进城乡交通运输一体化发展，建立优质高效的运输服务体系。扩大农村客运覆盖范围，推进交通一卡通在农村客运的应用，建立农村客运政府购买服务或运营补贴机制，实现农村客运可持续稳定发展。推进"多站合一，一站多用"乡镇运输服务站建设，融合管理、养护、客运、货运、物流、邮政、快递、供销网点、电商、农民合作社等多种服务功能。推进县、乡、村三级物流网络节点建设，提升农村物流综合服务能力。

不断增强农民群众的获得感和幸福感。发展共享共治的群众参与体系，健全群众爱路护路的乡规民约、村规民约。充分调动各方（特别是农民群众）的积极性，切实发挥农民群众主体作用，使群众成为农村公路发展的参与者、监督者和受益者。在小型交通基础设施建设领域积极推广以工代赈，进一步开发"四好农村路"各类公益性岗位，帮助农民创收增收。落实"七公开"制度，引导农民群众参与农村公路工程监督和项目验收，切实提升农民群众的话语权。

本章参考文献

[1] 高国力. 持续深入实施区域重大战略[N]. 经济日报，2023-04-12(10).

[2] 王淑伟. 推动城市群交通运输高质量发展[M]. 北京：人民日报出版社，2023 年.

[3] 中共中央 国务院印发《国家新型城镇化规划（2014—2020 年）》[EB/OL]. (2014-03-17). http://www.gov.cn/gongbao/content/2014/content_2644805.htm? 76p.

[4] 中共中央 国务院印发《海南自由贸易港建设总体方案》[EB/OL]. (2020-06-01). http://www.gov.cn/gongbao/content/2020/content_5519942.htm.

[5] 中共中央 国务院印发《乡村振兴战略规划（2018—2022 年）》[EB/OL]. (2018-09-26). http://www.gov.cn/gongbao/content/2018/content_5331958.htm.

[6] 国务院关于印发《全国国土规划纲要（2016—2030 年）》的通知（国发〔2017〕3 号）[EB/OL]. (2017-01-03). http://www.gov.cn/zhengce/content/2017-02/04/content_5165309.htm.

[7] 国务院关于印发《全国主体功能区规划》的通知（国发〔2010〕46 号）[EB/OL]. (2011-06-08). http://www.gov.cn/zwgk/2011-06/08/content_1879180.htm.

[8] 国务院办公厅.关于加快农村寄递物流体系建设的意见(国办发〔2021〕29号)[EB/OL].(2021-07-29).https://www.gov.cn/gongbao/content/2021/content_5636140.htm.

[9] 国务院办公厅.关于深化农村公路管理养护体制改革的意见(国办发〔2019〕45号)[EB/OL].(2019-09-05).https://www.gov.cn/gongbao/content/2019/content_5437134.htm.

[10] 国家发展和改革委员会.关于培育发展现代化都市圈的指导意见(发改规划〔2019〕328号)[EB/OL].(2019-02-19).http://www.gov.cn/xinwen/2019-02/21/content_5367465.htm.

[11] 国家发展改革委 住房城乡建设部 交通运输部 国家铁路局 中国铁路总公司关于促进市域(郊)铁路发展的指导意见(发改基础〔2017〕1173号)[EB/OL].(2017-06-20).https://www.ndre.gov.cn/fggz/zcssfz/zcgh/201706/t20170628_1145768.html.

[12] 交通运输部 财政部 农业农村部 国家乡村振兴局关于深化"四好农村路"示范创建工作的意见(交公路发〔2021〕48号)[EB/OL].(2021-10-26).https://www.gov.cn/zhengce/zhengcekn/2021-05/04/content_5610780.htm.

[13] 交通运输部关于印发《农村公路中长期发展纲要》的通知(交规划发〔2021〕21号).(2021-02-22).https://www.gov.cn/zhengce/zhengceku/2021-03/03/confent_5589937.htm.

第八章

开放政策——构筑交通基础设施高质量发展新势能

内容摘要

交通基础设施是对外开放的纽带和关键领域，高水平对外开放是实现高质量发展的重要推动力量。推动交通基础设施高质量发展，需要把我国置身于全球交通基础设施体系中，以更开放的胸襟实施更大范围、更宽领域、更深层次的对外开放，全面提升我国交通基础设施网络的便捷性、经济性和可靠性，强化交通基础设施对全球供应链、产业链的支撑保障作用，加快构建形成陆海内外联动、东西双向互济的开放格局。围绕推动共建"一带一路"高质量发展，以推动全球交通基础设施互联互通为抓手，加强国际通道与国内通道有机衔接，提升境内口岸枢纽保障能力，增强海外枢纽战略支点作用，加快构建通达全球的快捷运输网；重点服务支撑丝绸之路经济带，保障21世纪海上丝绸之路畅通，高水平建设"空中丝绸之路"；加快交通基础设施"走出去"步伐，推动"引进来""走出去"更好结合，推动实现从传统劳务输出和工程承包向技术、标准、资本、管理输出转变；积极参与交通领域全球治理。

交通基础设施高质量发展战略与政策研究

RESEARCH ON HIGH-QUALITY DEVELOPMENT
STRATEGIES AND POLICIES
FOR TRANSPORTATION INFRASTRUCTURE

第一节

推动全球交通设施互联互通

设施联通是共建“一带一路”的优先领域，也是推动交通基础设施高质量发展重要抓手。推动全球交通基础设施互联互通，应以“六廊六路多国多港”为基本架构，有序推进国际通道互联互通，加强国际通道与国内通道有机衔接，加快构建形成“陆海天网”四位一体的互联互通格局和通达全球的快捷运输网络。

一、发展多元化的国际运输通道

推动更高水平的开放，需要建设海上、陆上、空中和陆海等多种方式国际运输通道，将高质量的国际运输通道打造成多元化的开放型通道。多元化的开放型国际运输通道有助于国内外需求与供给灵活有效对接，特别是面对更具波动性的外部市场需求，有利于防范能源、原材料等大宗货物从单一通道大规模进口随时中断的风险。根据《推动共建丝绸之路经济带和21世纪海上丝绸之路的愿景与行动》，未来我国国际运输通道建设，陆上应依托跨境铁路、公路等交通干线，以丝绸之路经济带沿线中心城市为支撑，加快推进中蒙俄、新亚欧大陆桥、中国—中亚—西亚、中国—中南半岛、中巴、孟中印缅等国际运输通道建设，适时推进中俄加美国际通道建设；海上应以重点港口为节点，以海上丝绸之路沿线中心城市为支撑，共同建设通畅安全高效的运输大通道。

具体来讲，中蒙俄国际通道有两个方向：其一为第一欧亚大陆桥通道，目前已实现全线贯通；其二为愿景规划的北极航道，将纵贯亚洲大陆，打通与北冰洋航线的连接。新亚欧陆桥国际通道是贯通欧亚的主干大通道，从新疆阿拉山口北上，途经哈萨克斯坦、俄罗斯、白俄罗斯、波兰、德国、法国，至英国伦敦。该通道还可以与连接匈牙利、塞尔维亚、马其顿、希腊四国的中欧陆海快线对接,抵达“欧洲南大门”——希腊比雷埃夫斯港。中国—中亚—西亚国际通道与古老的“丝绸之路”重合,起点是乌鲁木齐,经由吉尔吉斯斯坦、哈萨克斯坦、乌兹别克斯坦、土库曼斯坦、伊朗、土耳其等国家,最终到达德国。这一贯通欧亚的便捷大通道,将有助于共建“一带一路”国家发展的大提速,实现“丝绸之路”复兴。中国—中南半岛国际通道是泛亚交通网络的核心,将中国与东南亚交通网连为一体,其路径大致从昆明、南宁出发,连接缅甸、老挝、越南、柬埔寨、泰国,经马来西亚直抵新加坡。孟中印缅国际通道是我国连接南亚乃至欧洲的重要战略通道,是实现我国交通网络向南亚印度洋方向延伸的重要通道,也是构建泛亚交通网的重要组成部分。中巴国际通道是“一带一路”构想中的重要组成部分,包括中国至巴基斯坦瓜达尔港的公路,以及规划建设的中国新疆喀什至巴基斯坦瓜达尔港的中巴铁路、油气管道等。中俄加美国际通道为远期展望通道,线路从东北出发一路往北,经西伯利亚至白令海峡,以修建隧道的方式穿过太平洋,抵达阿拉斯加,再从阿拉斯加去往加拿大,最终抵达美国。

二、增强海外枢纽战略支点作用

围绕构建新发展格局,立足于服务我国国内强大的生产能力和消费市场,以沿海港口、航空枢纽、产业合作园区等为依托,以“多国多港”主体架构为重点,前瞻性谋划建设一批全球或区域竞争力强、具有门户地位的海外物流枢纽,构筑和完善与周边国家互联互通的陆上交通网络和覆盖全球的海上物流网络,支撑全球资源和市场的流通。优化跨境电商海外仓布局,加强海外快递物流基础设施网络建设。积极加强与全球主要集装箱枢纽港的合作,推进与重要外贸区域核心港口的合作,参与国际次区域合作相关港口的开发建设,加强具有较好介入基础的港口的示范带动效应,并加快参与利于我国产业转移和资源引进的码头建设。加强与国际城市的密切联系,密切关注全球新兴物流集群的发展,积极建设异地保税物流中心。同时,还要积极建设位于国内的全球性国际航空枢纽和国际航运中心,占领国际航空航运领域制高点。

三、提升境内口岸枢纽保障能力

口岸是国家对外开放的门户，口岸枢纽是实现全球互联互通的重要载体。未来应着力完善铁路、航空、公路等口岸枢纽交通基础设施网络，提升口岸枢纽国际运输服务功能。加强口岸基础设施和大通关一体化建设，进一步提升我国重点枢纽口岸参与国际竞争和服务腹地经济社会发展能力。强化边境口岸交通设施建设，大力改善边境地区交通出行条件，提升边境城镇人口集聚能力。统筹推进边境地区国省干线公路、农村公路等建设，全面完善国道干线主骨架，推进沿边公路并行线建设和低等级公路提质改造，加快抵边公路建设，尽快形成层次清晰、结构合理的沿边公路网。稳步推进边境地区机场建设，构建多层级航空网，扩大航空运输服务覆盖面。补强同江、二连浩特、阿拉山口、霍尔果斯、瑞丽、磨憨等口岸后方铁路通道能力。

四、构建通达全球的快捷运输网

推动高水平对外开放，需要在推动全球交通基础设施互联互通的基础上，加快构建通达全球的快捷运输网。一是持续拓展国际多式联运大通道，依托新亚欧大陆桥、中蒙俄、中国—中亚—西亚、中国—中南半岛、中巴、中尼印和孟中印缅等陆路国际运输通道，促进国际道路运输、铁路运输便利化，推动中欧班列、中欧陆海快线、西部陆海新通道、连云港—霍尔果斯新欧亚陆海联运等国际多式联运大通道高质量发展。目前，中欧班列已通达欧洲 25 个国家的 200 多个城市，86 条时速 120 公里的运行线路穿越亚欧腹地主要区域，物流配送网络覆盖欧亚大陆。图 8.1 为 2011—2022 年中欧班列开行量及货运量统计数据图。截至 2023 年 6 月底，中欧班列累计开行 7.4 万列，运输近 700 万标箱，货物品类达 5 万多种，涉及汽车整车、机械设备、电子产品等 53 个门类，合计货值超 3000 亿美元。中欧陆海快线从无到有，成为继传统海运航线、陆上中欧班列之外，中欧间的第三条贸易通道。2022 年全通道运输总箱量超过 18 万标箱，火车开行 2600 余列。西部陆海新通道铁海联运班列覆盖中国中西部18个省(区、市),货物流向通达100多个国家的300多个港口。二是要强化国际航运中心辐射能力,完善经日韩跨太平洋至美洲,经东南亚至大洋洲,经东南亚、南亚跨印度洋至欧洲和非洲,跨北冰洋的冰上丝绸之路等4条海上国际运输通道,保障原油、铁矿石、粮食、液化天然气等国家重点物资国际运输,拓展国际海运物流网络。三是要依托国际航空枢纽,构建四通八达、覆盖全球的空中客货运输网络。四是要加快推进国际邮政快递枢纽和快递海外仓建设,着力打造覆盖五洲、连通全球、互利共赢、协同高效的国际干线邮路网。

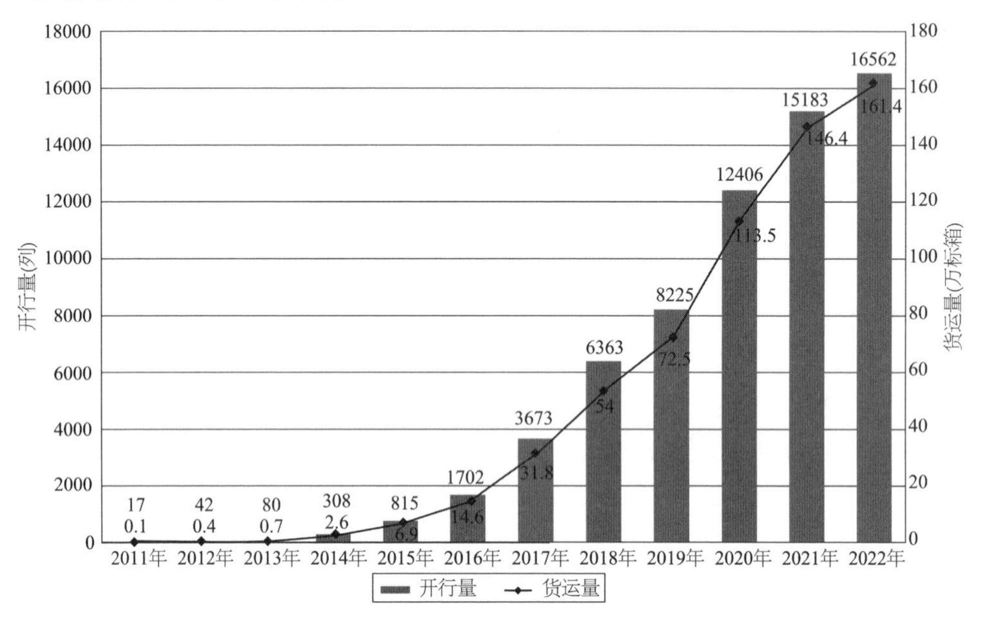

图8.1　2011—2022年中欧班列开行量及货运量

资料来源:国务院新闻办公室《共建"一带一路":构建人类命运共同体的重大实践》。

第二节

支撑高质量共建"一带一路"

"一带一路"("丝绸之路经济带"和"21世纪海上丝绸之路")贯穿亚欧非

大陆，一头是活跃的东亚经济圈，一头是发达的欧洲经济圈，中间广大腹地国家经济发展潜力巨大。截至2023年8月，我国已与152个国家、32个国际组织签署了200多份共建“一带一路”合作文件，覆盖我国83%的建交国。共建国家数量占全球国家总数的2/3以上，合作伙伴遍布五大洲。

一、服务支撑丝绸之路经济带

加强与周边国家和地区交通互联互通。以新疆为核心区，以乌鲁木齐、喀什为支点，发挥陕西、甘肃、宁夏、青海的区位优势，连接陆桥和西北北部运输通道，逐步构建经中亚、西亚分别至欧洲、北非的西北国际运输走廊。发挥广西、云南开发开放优势，建设云南面向南亚、东南亚辐射中心，构建广西面向东盟国际大通道，以昆明、南宁为支点，连接上海至瑞丽、临河至磨憨、济南至昆明等运输通道，推进我国西藏自治区与尼泊尔等国交通合作，逐步构建衔接东南亚、南亚的西南国际运输走廊。发挥内蒙古自治区联通蒙俄的区位优势，加强黑龙江、吉林、辽宁与俄远东地区陆海联运合作，连接绥芬河至满洲里、珲春至二连浩特等运输通道，构建至俄罗斯远东、蒙古国、朝鲜半岛的东北国际运输走廊。积极推进与周边国家和地区铁路、公路、水运、管道连通项目建设，发挥民航网络灵活性优势，率先实现与周边国家和地区互联互通。

高质量建设新疆丝绸之路经济带核心区。新疆位于欧亚大陆中部，是连接我国与中亚、西亚、南亚乃至东西欧的重要桥梁和通道，是丝绸之路经济带建设的核心区，是推进“一带一路”建设的重要支撑区域。新时期推进丝绸之路经济带核心区高质量发展，要实施更加主动的开放战略，推动“一港、两区、五大中心、口岸经济带”建设取得新突破，不断提升对外大通道畅通水平，保障中欧班列高质量运行，深化与周边国家特别是中亚五国多领域交流合作，着力打造亚欧黄金通道和向西开放的桥头堡。围绕构建“东西两面辐射、南北双向畅通、枢纽集疏便利”的亚欧交通枢纽中心，优化完善运输通道和交通枢纽布局，提升客货运输服务网络和管网运营质效，加快推动与周边国家互联互通建设。加快完善现代物流体系，高质量建设陆上边境口岸型国家物流枢纽，推进中欧班列枢纽建设，打造亚欧国际物流枢纽。

专栏8.1 新疆丝绸之路经济带核心区建设成果丰硕

共建"一带一路"倡议提出10年来,新疆充分发挥"五口通八国、一路连欧亚"的独特区位优势,创新开放型经济体制,加快建设对外开放大通道,打造内陆开放和沿边开放高地,推动丝绸之路经济带核心区建设取得扎实成效。公路方面,连接中国西部与欧洲西部的"双西公路"全线贯通,中巴公路国内段完成改造提升,开通双边国际道路运输线路118条、多边国际道路运输线路10条,国际道路线路数和运营里程均居全国首位。铁路方面,中国霍尔果斯—哈萨克斯坦阿腾科里、中国阿拉山口—哈萨克斯坦多斯特克跨境铁路战略通道运营畅通,库尔勒—格尔木铁路开通运营,西部陆海新通道与中欧班列实现高效衔接。截至2023年9月底,经新疆过境的中欧班列累计达6.6万列,占全国总计比例超八成。民航方面,全疆民用机场数量由2013年的16个增至25个,高峰时开通客货航线309条,与19个国家的23个国际(地区)城市实现通航,"疆内成网、东西成扇、干支结合、客货并举、连接亚欧"的航线网加快形成。同时,乌鲁木齐国际陆港建设全面推进,喀什、霍尔果斯经济开发区建设日新月异,塔城重点开发开放试验区建设全面提速,20个国家一类口岸功能不断完善,新疆"一港、两区、五大中心、口岸经济带"开放平台建设越来越坚实。

——根据《新疆丝绸之路经济带核心区建设成果丰硕》(《光明日报》,2023年10月20日10版)整理。

二、畅通21世纪海上丝绸之路

21世纪海上丝绸之路有两大走向:一是从中国沿海港口过南海,经马六甲海峡到印度洋,延伸至欧洲;二是从中国沿海港口过南海,向南太平洋延伸。截至2023年10月,中国已与22个拉美地区国家签署了共建"一带一路"双边协议。

拓展和畅通海上国际航线通道。截至2023年6月底,"丝路海运"航线已通达全球43个国家的117个港口,300多家国内外知名航运公司、港口企业、智库等加入“丝路海运”联盟。未来，应进一步推进中国与世界各国港口合作建设，拓展和加密“丝路海运”航线，打造通达全球的海上国际航线通道。一是畅通中国—东南亚—大洋洲—南太平洋南行航线通道，加强我国东部沿海港口及我国港澳地区与东南亚、澳新等国家、地区的经贸往来。二是巩固提升中国—印度洋—非洲—地中海—欧洲的西行航线通道，通达南亚、非洲、欧洲等地区各国主要港口，提升中国—波斯湾、中国—红海、中国—地中海、中国—非洲、中国—欧洲等国际航线的服务保障能力。三是积极建设中国—东北亚—北冰洋—欧洲的北行航线通道，加强我国沿海港口与日、韩、朝等东北亚国家以及俄罗斯的远东地区港口之间的联系。中国—东北亚—北冰洋—欧洲航线通道里程约 8000 海里，在空间布局上以沿海基本港为起点，至白令海峡向西航行，经过楚科奇海、德朗海峡、东西伯利亚海、新西伯利亚群岛北部、拉普捷夫海、维利基茨基海峡、喀拉海、新地岛北部、巴伦支海，到达挪威北角附近，前往欧洲各港口。该航道使亚欧远洋航线的行驶里程从 13000 海里减少到 8000 海里，航程减少约 35%，运输成本降低约 30%，为东北乃至全国开辟了一条通往欧洲的便捷、经济的海上通道。四是积极推进中国—太平洋—南北美洲的东行航线通道建设，加强中国沿海各主要港口与北美和中南美相关国家各主要港口之间的联系。

高水平建设福建省 21 世纪海上丝绸之路核心区。福建地处东南沿海，是古代海上丝绸之路的重要起点和发祥地。2015 年 3 月，国家发展改革委、外交部、商务部发布《推动共建丝绸之路经济带和 21 世纪海上丝绸之路的愿景与行动》，明确提出支持福建建设 21 世纪海上丝绸之路核心区。2021 年 3 月，《中华人民共和国国民经济和社会发展第十四个五年规划和 2035 年远景目标纲要》再次强调，要推进福建建设“一带一路”核心区。未来应以充分发挥福建开放程度高、经济实力强、辐射带动作用大的优势，围绕打造互联互通的重要枢纽、经贸合作的前沿平台、体制机制创新的先行区域、人文交流的重要纽带，强化港口和机场门户功能，完善铁路和干线公路网络，加强与海上丝绸之路共建国家和地区在港口建设、口岸通关、物流信息化等方面的合作，构建以福建港口城市为海上合作战略支点、与共建国家和地区互联互通、安全高效便捷的海陆空运输通道网络，推动 21 世纪海上丝绸之路核心区建设向高质量发展走深走实。

专栏8.2 福建省21世纪海上丝绸之路核心区设施联通建设任务

加强以港口为重点的海上通道建设。加快集约化、专业化、规模化港口群建设，集中力量打造“两集两散两液”核心港区，整合港口航线资源，拓展港口综合服务功能。重点加快厦门东南国际航运中心建设，提高其在国际航运网络中的枢纽地位。加强与海上丝绸之路沿线国家和地区的港航合作，推动沿海港口与沿线重要港口缔结友好港口，鼓励港口、航运企业互设分支机构，推进港口合作建设，增开海上航线航班。鼓励省内企业参与沿线国家的航运基地、港口物流园区建设和运营，吸引境外港航企业来闽合作建设港口物流园区和专业物流基地，支持内陆省市来闽合作建设飞地港。加快厦门国际邮轮母港建设，争取开通福建—中国台湾—中国香港—东盟邮轮航线。积极发展平潭邮轮旅游服务，重点开拓闽台旅游市场。

强化航空枢纽和空中通道建设。重点推进厦门新机场建设，强化厦门国际机场区域枢纽功能，将厦门建设成我国至东盟的国际航班中转地；加快福州机场第二轮扩能及二期扩建工程建设，强化门户枢纽机场功能；推进泉州新机场、武夷山机场迁建等规划建设。积极拓展境外航线，鼓励国内外航空公司新开和增开福建至东南亚、南亚、西亚、非洲、欧洲等主要城市的国际航线，重点开通和加密至东盟国家的航线。改善航空与旅游、商务会展的合作机制，支持航空企业开展包机服务、高端商务服务等。

完善陆海联运通道建设。加强以港口集疏运体系为重点的陆路通道建设，推进港口与铁路、高速公路、民航等交通方式的紧密衔接。积极拓展港口腹地，鼓励发展“陆地港”、多式联运，建设服务中西部地区对外开放的重要出海通道。建立由铁路、港口管理部门和企业共同参与的协商机制，大力发展海铁联运。重点加快建设衢(州)宁(德)铁路、吉(安)永(安)泉(州)铁路、福(州)厦(门)铁路客运专线等铁路通道，以及宁波至东莞、莆田至炎陵等高速公路，完善疏港铁路、公路网络，进一步保障福建连接长三角、珠三角和中西部地区的陆上运输大通道畅通。

深化口岸通关体系建设。进一步扩大口岸开放，加强口岸基础设施建设，完善口岸通关机制，促进港口通关有效整合，推动实现地方电子口岸的互联互通和信息共享，提升口岸通关便利化程度。加强与国内港口物流信息服务、电子口岸服务、跨境电商服务、大型物流企业信息服务等资源的互联互通，打造21世纪海上丝绸之路物流信息中心。推进与东盟国家跨境运输便利化，加强海上物流信息化合作，依托福建省国际贸易“单一窗口”平台，探索推进与东盟国家、中国台港澳地区口岸通关部门信息互换、监管互认、执法互助等，打造便捷的通关体系。

加强现代化信息通道建设。积极推动福建与东盟国家的信息走廊建设，完善信息网络合作与信息传输机制，促进与海上丝绸之路沿线国家和地区信息互联互通，打造便捷的信息传输体系。

——摘自《福建省21世纪海上丝绸之路核心区建设方案》。

三、高水平建设“空中丝绸之路”

2017年6月14日，国家主席习近平在会见卢森堡首相贝泰尔时，首次提出支持建设郑州—卢森堡“空中丝绸之路”①。2021年3月，第十三届全国人民代表大会第四次会议审议通过的《中华人民共和国国民经济和社会发展第十四个五年规划和2035年远景目标纲要》明确提出建设“空中丝绸之路”。推进“空中丝绸之路”建设作为共建“一带一路”的重要内容，是民航参与共建“一带一路”的核心任务。我国已与100多个共建国家签署双边航空运输协定，与50多个共建国家实现空中直航。进入新发展阶段，高水平建设“空中丝绸之路”成为加快构建新发展格局、推进高质量共建“一带一路”的重要抓手，将不断增强我国民航运输的国际通达性、服务高效性、网络可靠性和产业协同性。

推动共建“一带一路”国家民航领域全方位合作。围绕政策沟通、设施联通、贸易畅通和民心相通，加强中国与“一带一路”国家在民航领域深度合作。

---

① 杨晔. 习近平会见卢森堡首相贝泰尔[N]. 人民日报，2017-06-15(01).

一是深化国内航空枢纽开放发展,加强国际航线网络互联互通,推动“硬联通”迈上新台阶;二是加强政策对接和标准联通,积极参与多边国际民航治理,加快“软联通”实现新突破。三是建立健全合作机制,拓展人文交流领域,促进“心联通”取得新进展。四是增强风险防控能力,提升安全治理水平,推进航空安全水平再上新台阶。五是加强“空中丝绸之路”品牌建设,进一步扩大“朋友圈”,稳步推动国际影响力、感召力、塑造力实现新提升。

积极推动西部和沿边地区支线机场建设航空口岸。借鉴国际航空口岸发展经验,统筹谋划航空口岸发展。将哈尔滨航空口岸建设成为面向东北亚,将乌鲁木齐、西安航空口岸建设成为面向中亚,将昆明、南宁航空口岸建设成为面向南亚和东南亚的门户型航空口岸。对沿边和西部机场加快第五航权和沿边口岸机场过境72小时免签开放,发挥航空口岸机场对沿边和内陆地区城市经济与产业带动作用,为西部拓展国际市场提供快捷运输支持。

专栏8.3 郑州—卢森堡“空中丝绸之路”建设方案

(1)战略布局。

以航空网络为依托,拓展覆盖区域和合作领域,构建“双枢纽、多节点、多线路、广覆盖”的发展格局。“双枢纽”主要是完善郑州和卢森堡枢纽功能,提升集疏能力,构建以郑州为中心的亚太集疏分拨基地、以卢森堡为中心的欧美集疏分拨基地;“多节点”主要是以国际枢纽节点城市为重点,加强经贸人文交流,形成莫斯科、莱比锡、芝加哥、悉尼、亚的斯亚贝巴等多点支撑的网络框架;“多线路”主要是依托“双枢纽”和主要节点城市,开辟航线,加密航班,构建连接世界主要枢纽机场的若干空中骨干通道;“广覆盖”主要是通过多式联运,增强枢纽和节点的辐射功能,构建覆盖亚太、连接欧美、辐射非洲和大洋洲的航空网络体系和陆空联运高效、空空中转便捷的集疏体系。

(2)发展目标。

到2025年,郑州—卢森堡“空中丝绸之路”与航空港实验区同步全面建成,郑州、卢森堡成为亚太和欧美物流集散分拨基地,在支撑国家“一带一路”建设中发挥核心作用。卢森堡货航及合资货航公司航空货运量超过

100 万吨,航空维修、航空租赁、金融服务、跨境贸易等关联产业形成集聚发展态势,郑州—卢森堡“空中丝绸之路”成为引领中部、服务全国、连通欧亚、辐射全球的空中经济廊道。

(3)建设任务。

①夯实基础,提升“双枢纽”功能。深化郑州—卢森堡“双枢纽”战略合作,建设郑州国际性现代综合交通枢纽,推进郑州、卢森堡枢纽对接,构建多式联运体系,提升服务“一带一路”建设的物流枢纽功能。一是提升现代航空枢纽功能。研究编制《郑州机场国际航空货运枢纽战略规划》,加快郑州机场三期工程建设,建成北货运区及卢森堡货航(及其成员企业)专属作业区,打造卢森堡货航亚太地区分拨转运中心。开展国际资本战略合作,引入国内外知名物流集成商和货代企业,积极推进具有全球资源的国际物流集成商兼并重组工作。探索与国际主要枢纽机场合作,成立机场货运联盟,建立国际化航空物流网络。二是完善多式联运体系。围绕构建高效衔接的集疏运体系,加快建设便捷顺畅的空铁、陆空联运设施。高标准建设郑州南站及高铁快运物流基地,同步建设郑州南站至郑州机场的铁路联络线,实现高铁与航空无缝对接。引进卢森堡战略合作伙伴,创新郑州卡车航班服务模式,拓展卡车航班覆盖范围。推动卢森堡货航参与河南省多式联运体系构建,打造服务多物流渠道、多运营模式、多贸易形态的一体化多式联运智能平台,推进郑州机场多式联运中心规模化运营,形成全国性“空空 + 空地”集散中心。拓展中欧班列(郑州)运输网络和腹地范围,探索将运行线路延伸至卢森堡,建成卢森堡二级操作场站,开展卢森堡与汉堡间的空铁、公铁等多式联运业务。三是促进郑卢枢纽对接。推进双方多式联运模式创新和标准对接,加强空铁联运航空物流体系建设,实现统一运输箱体、统一安检标准、统一操作流程、统一管理体制等标准对接。促进物流信息共享,实现货运航空公司及相关货代企业与郑州机场国际物流多式联运数据交易服务平台数据对接,实现“一单到底、物流全球”的贸易便利化。

②拓展布局,构建国际航线网络。以连接全球重要枢纽机场为重点,完

善通航点布局，加密国际货运航线航班，新开直飞洲际客运航线，形成覆盖全球的国际客货运航空网络。一是拓展货运航线网络。吸引更多集疏能力强、覆盖范围广的货运航空公司开辟和加密货运航线，扩大全货机航班运营规模，构建骨干航空物流通道。欧洲方向，重点开通至莱比锡、科隆、华沙、马斯特里赫特等航线；美洲方向，重点开通至达拉斯、迈阿密、哈利法克斯、亚特兰大、洛杉矶、辛辛那提、圣地亚哥等航线；亚洲方向，重点开通至曼谷、东京、河内、阿布扎比等航线；大洋洲方向，重点开通至悉尼、墨尔本等航线；非洲方向，重点开通至吉布提、内罗毕、约翰内斯堡、亚的斯亚贝巴等航线。二是增开国际客运航线。加密欧美航线，开通至莫斯科、卢森堡、洛杉矶等航线，辐射欧美发达经济体；拓展澳洲航线，开通至墨尔本、悉尼、奥克兰等航线，辐射南太平洋广阔地区；对接非洲客运网络，以迪拜为中转点，连接开罗、开普敦等非洲主要机场；串飞亚洲航线，以仁川、东京、吉隆坡等枢纽机场为主要通航点，完善日韩、东南亚中短程国际航线网络及中国港澳台地区航线网络，开辟暹粒、西港、斯里巴加湾等重点旅游航线。三是积极引进培育基地航空公司。加快推进与卢森堡货航合资组建货运航空公司，提升卢森堡货航、合资货航及成员企业郑州机场直航覆盖率，推动卢森堡货航成为郑州机场主要货运基地航空公司。加快组建本土货运航空公司，增加南航河南分公司运力投放，引进西部航空、祥鹏航空等国内航空公司在郑州设立基地公司，扩大机队规模。

③强化合作，培育航空特色产业。

④扩大开放，推动经贸交流合作。

⑤促进融通，强化金融服务保障。

⑥沟通民心，深化人文交流合作。

——根据《郑州—卢森堡“空中丝绸之路”建设专项规划(2017—2025年)》整理。

第三节

推动“引进来”“走出去”更好结合

改革开放以来，我国对外开放方式逐步从以“引进来”为主向“引进来”和“走出去”并重转变。推动交通基础设施高质量发展，应继续坚持“引进来”和“走出去”并重的原则，在进一步提升“引进来”质量的基础上加快“走出去”步伐。

一、提高交通基础设施“引进来”质量

改革开放40多年，我国交通基础设施领域通过招商引资的方式引入外资、先进技术、商业模式、管理经验等，推动了交通基础设施网络规模快速扩张和客货运输加速融入全球市场。进入新发展阶段，推动我国交通基础高质量发展仍然需要引进外资、先进技术、管理经验和高素质人才等，“引进来”对促进我国高水平对外开放和高质量发展具有不可替代的作用。与既有路径不同的是，未来需要着力提升“引进来”的质量，高效用好两个市场、两种资源，更好发挥国外资金、技术、人才对我国交通基础设施高质量发展的助力作用。

二、加快交通基础设施“走出去”步伐

推动交通基础设施高质量“走出去”，是高质量共建“一带一路”的重要途径，也是我国加强国际产能合作、促进产业迈向全球价值链中高端的必然选择。目前，以高铁工程、港珠澳大桥等为代表的超级交通工程，已经成为中国建造享誉全球的“中国名片”。我国交通基础设施产业无论是设计、建造还是运营领域都向世界展示了雄厚的竞争实力，具备了“走出去”的

条件。

推进交通基础设施工程建造"走出去"。工程建造是我国技术优势领域,也是我国交通基础设施"走出去"的重要力量。加快推进交通基础设施工程建造"走出去"步伐主要有两条途径。一是要"打好广告",加强"一带一路"项目合作示范。加强与"一带一路"共建国家和地区合作,广泛参与境外铁路、公路、桥梁、港口、机场等交通基础设施的设计、咨询、建设和运营,鼓励中国企业对外承包和劳务合作,共同打造"一带一路"交通互联互通示范工程。习近平总书记指出,"互联互通是一条脚下之路,无论是公路、铁路、航路还是网络,路通到哪里,我们的合作就到哪里","建设高质量、可持续、抗风险、价格合理、包容可及的基础设施,有利于各国充分发挥资源禀赋,更好融入全球供应链、产业链、价值链,实现联动发展"①。二是要"练好内功",提高中国企业对外总承包能力。鼓励我国交通建筑企业、工程设计咨询服务企业参与共建"一带一路",积极开展国际工程承包和劳务合作。支持中国企业开展工程总承包和全过程工程咨询业务,推动对外承包业务向项目融资、设计咨询、运营维护管理等高附加值领域拓展。创新国际工程建造模式,推动从传统施工总承包项目、EPC(设计—采购—施工)项目为主,向投资带动工程承包、规划设计引领、投建营一体化等高层次合作转变,探索通过BOT(建设—经营—转让)、PPP(政府和社会资本合作)以及对外投资并购等方式拓展新的业务空间。加强对外承包工程监督管理,规范企业海外经营行为。

推动交通基础设施标准规则"走出去"。标准规则"走出去"是目前我国交通基础设施领域对外开放的薄弱环节。未来,应着力加强中国交通基础设施建设运营标准与国际接轨,推进交通工程建设运营标准国际化进程。加强与有关国际标准化组织的交流合作,参与国际标准化战略、政策和规则制定。主动参与国际标准编制和管理工作,积极主导国际标准制定。健全多语种交通工程技术标准体系,加快我国工程建设运营标准外文

---

① 习近平.共建面向未来的亚太伙伴关系——在亚太经合组织第二十二次领导人非正式会议上的开幕辞[N].人民日报,2014-11-12(02).

版编译,鼓励重要标准制修订同步翻译。加强与"一带一路"共建国家及地区的多边双边工程建设标准交流与合作,推动我国标准转化为国际或区域标准。加强我国标准在援外工程、"一带一路"建设工程中的推广应用。

推动交通基础设施产业体系"走出去"。推动交通基础设施产业全链条"走出去"。在推动交通工程建造、标准规则"走出去"的同时,强化交通基础设施全生命周期管理和一体化服务,带动我国交通技术与载运工具、运输服务和养护管理等关联业务"走出去"。推动交通基础设施与关联产业联合"走出去"。依托交通基础设施产业"走出去",带动装备制造、商贸物流、国际旅游、特色农业等领域的中国企业、中国产品和中国服务"走出去"。充分利用国际国内两个市场资源,通过集群式、链条式合作推动交通基础设施关联产业"走出去",实现企业"组团落户"境外园区。

三、统筹协调好"引进来""走出去"关系

从唯物辩证视角看,"引进来"与"走出去"不是割裂的,而是一体的、相辅相成的。提高交通基础设施"引进来"的吸引力和"走出去"的竞争力,实质上是在更好地开拓内需市场的同时,更积极地参与到全球经济竞争与合作中去,表现为更高水平的双向开放。"引进来"是为了借力借势,而"走出去"又能进一步解放思想、扩大视野,促进更好的"引进来"。这是一个循环上升的过程,关键是要利用好国际国内两个市场、两种资源,实现高效互动,深度融入国内国际双循环中去。推动交通基础设施高质量发展,必须统筹协调好这对关系,让适应高质量发展要求的资源要素和技术产品"引进来",让提升国际竞争力和影响力的产品和产业链"走出去"。在制度层面上,应建立健全"引进来"和"走出去"统筹协调的体制机制,加大对交通基础设施"引进来"和"走出去"政策支持力度,充分发挥"一带一路"在"引进来"和"走出去"中的统领作用,推动"引进来"和"走出去"的相互促进和良性互动。

专栏8.4 中国主持制定的国际铁路联盟标准《高速铁路设计 基础设施》正式发布实施

近日,国际铁路联盟(UIC)发布实施由我国主持制定的UIC标准《高速铁路设计 基础设施》(IRS 60680:2022)。该标准是高速铁路基础设施设计领域的首部国际铁路标准,也是继《高速铁路设计 通信信号》(IRS 60681:2021)之后发布的第2部UIC《高速铁路设计》系列国际标准,彰显了我国铁路在推动标准国际化、促进制度"软联通"方面的新担当新作为。

《高速铁路设计 基础设施》(IRS 60680:2022)由中国国家铁路集团有限公司科技和信息化部、中国铁路经济规划研究院有限公司等单位专家主持,法国、德国、日本、西班牙、意大利等十余个国家的20余名专家参与,历时4年编制而成。该标准在全面总结世界高速铁路基础设施设计成功经验、系统集成先进技术、充分吸纳先进科学理念的基础上,引入代表中国高速铁路顶层设计理念的总体设计相关内容,吸纳中国高速铁路列车荷载图式、路基填料分类标准及压实指标、桥梁梁部及墩台设计指标、隧道围岩分类标准等核心技术,吸收中国高速铁路设计超高、最小曲线半径、线间距等关键标准,推介中国CRTS Ⅲ型板式无砟轨道和动车组四级检修规程等优势技术,并首次纳入地理信息系统(GIS)和建筑信息模型(BIM)等信息化手段,最终确立了UIC高速铁路总体设计、线路、路基、桥梁、隧道、轨道、车站、动车组运用检修设施、维修设施、综合防护、环境保护等领域的设计理念、关键参数和技术要求,为世界高速铁路建设运营贡献了中国智慧和中国方案。

截至目前,我国累计主持制定UIC标准31项(其中14项已发布实施),累计参与制定UIC标准30项。

——资料来源:国家铁路局(我国主持制定的国际铁路联盟标准《高速铁路设计 基础设施》正式发布实施)。

第四节

积极参与交通领域全球治理

一、认真履行国际责任和义务

我国重视并积极参与交通运输国际组织事务，认真履行各项国际义务，在铁路合作组织、国际海事组织、国际民用航空组织和万国邮政联盟等重要交通运输国际组织中发挥着建设性作用。积极参与联合国亚洲及太平洋经济社会委员会、铁路合作组织、国际铁路联盟、世界道路协会、国际运输论坛、国际海事组织、国际民航组织、万国邮政联盟等国际组织事务。推动实现联合国2030年可持续发展议程框架下的交通领域可持续发展目标，携手其他发展中国家推动交通可持续发展全球治理改革。积极履行国际义务，向其他发展中国家提供交通基础设施建设、规划编制、能力建设等方面支持和援助。

二、加强国际交流与项目合作

我国始终遵循平等互利、合作共赢的原则，与各国深入开展交通领域交流合作。完善交通基础设施双边、多边合作机制，深化国际交通科技合作。深度参与国际规则和标准制定，加强交通规划、法律法规、技术标准体系对接。密切关注并参与世界性重大工程，积极参与马六甲、苏伊士、巴拿马等重要航道事务，关注北极航道、克拉地峡、尼加拉瓜运河、南美两洋铁路、非洲两洋铁路和白令海峡大通道等重大工程进展，探索推动全球化战略新通道建设。加快推动与“一带一路”共建国家及地区签订双边工程建设合作备忘录，加强政府主管部门沟通协调和信息共享。推进注册建筑师等工程建设领域执业资格国际互认，拓展青年人才交流合作渠道，加快培养熟悉国际规则的复合型人才。

三、贡献可持续交通中国智慧

交通是世界经济的脉络和人类文明的纽带，是全球经济、社会和环境可持续发展的核心内容。围绕构建人类命运共同体和实现人与自然和谐共生，我国创造性提出了促进全球交通可持续发展的中国方案。坚持交通天下，共建“一带一路”推进全球互联互通。坚持共同发展，助力全球消除绝对贫困、缩小贫富差距。坚持生态优先，大力发展低碳交通，坚决不走现代化先发国家“黑色发展”和“先污染后治理”的老路。坚持互利共赢，践行共商共建共享的全球治理观，与世界各国一道建设持久和平、普遍安全、共同繁荣的新型可持续交通体系。积极向国际交通组织推送优秀人才，吸引重要交通国际组织来华落驻，为全球交通发展贡献中国智慧。

本章参考文献

[1] 推动共建“一带一路”高质量发展[M]//“学习贯彻习近平新时代中国特色社会主义经济思想　做好‘十四五’规划编制和发展改革工作”系列丛书. 北京：中国计划出版社，中国市场出版社，2020.

[2] 推进“一带一路”建设工作领导小组办公室. 共建“一带一路”倡议：进展、贡献与展望[EB/OL]. (2019-04-22). https://www.gov.cn/xinwen/2019-04/22/content_5385144.htm.

[3] 国务院新闻办公室. 共建“一带一路”：构建人类命运共同体的重大实践[M]. 北京：人民出版社，2023.

[4] 民航局，国家发展改革委. “十四五”时期推进“空中丝绸之路”建设高质量发展实施方案(民航发〔2022〕23号)，2022-05-07.

[5] 河南省人民政府. 关于印发郑州—卢森堡“空中丝绸之路”建设专项规划(2017—2025年)的通知(豫政〔2017〕31号)[EB/OL]. (2017-09-18). https://www.henan.gov.cn/2017/09-26/239791.html.

[6] 福建省发展改革委，福建省外办，福建省商务厅. 福建省21世纪海上丝绸之路核心区建设方案[N]. 福建日报，2015-11-17.

[7] 国家推进"一带一路"建设工作领导小组办公室. 新疆高质量建设丝绸之路经济带核心区实施方案,2022.

[8] 新疆维吾尔自治区推进丝绸之路经济带核心区建设工作领导小组办公室. 关于印发《贯彻落实习近平总书记重要讲话精神　加快推进丝绸之路经济带核心区建设的意见》的通知(新核心区发〔2017〕1 号)[EB/OL]. (2017-10-13). https://www.pkulaw.com/chl/5af4b5b70f4fc544bdfb.html? isFromV5 = 1.

第九章

治理政策——夯实交通基础设施高质量发展的根基

内容摘要

交通基础设施是国家治理的重要领域,推动交通基础设施高质量发展是加快推进国家治理体系和治理能力现代化的内在要求。改革开放以来,我国交通基础设施经历了从缓步建设到规模快速扩张再到规模质量兼顾的发展过程,其治理理念、路径和方式也发生了深刻的变化。从管理到治理、从改革到全面深化改革、从高度集权到逐步放松管制再到市场化转变,交通基础设施领域逐步形成了政府、市场和社会共同作用的治理体系。进入新发展阶段,适应高质量发展和中国式现代化建设要求,按照科学治理、民主治理、依法治理的原则,聚焦规划调控、重点领域和关键环节改革、法律法规标准体系建设等重点任务,着力加强政府治理、市场治理和社会治理,全面提升交通基础设施领域制度的形成力、整合力和执行力,着力构建形成成熟规范、运行有效、公众参与、社会协同、法治保障的现代交通基础设施领域治理体系。

交通基础设施高质量发展战略与政策研究

RESEARCH ON HIGH-QUALITY DEVELOPMENT
STRATEGIES AND POLICIES
FOR TRANSPORTATION INFRASTRUCTURE

第一节

推动交通基础设施领域治理现代化

交通基础设施领域治理是中国特色社会主义制度框架下交通基础设施领域制度及其执行能力的集中体现。交通基础设施领域治理主要聚焦交通基础设施项目的投资建设、管护运维等经济活动以及依托交通基础设施网络从事的客货空间位移活动,属于经济治理范畴。但是,实践中并不局限于经济活动,还包括基本公共交通服务供给等社会活动。交通基础设施领域治理体系是指与交通基础设施生产活动相关的体制机制、法律法规等制度安排,服从国家制度有关经济、政治、文化、社会、生态文明和党的建设等各领域体制机制、法律法规安排,是一整套紧密相连、相互协调的制度体系。交通基础设施领域治理能力则是运用国家制度管理交通基础设施生产活动各方面事务的能力,包括交通基础设施投资建设、网络运行、技术创新、机制改革、人才队伍和党组织建设、区域交通、绿色交通、智慧交通、国防交通等各个方面。交通基础设施领域治理能力的表现形式主要包括吸纳力、整合力和执行力。其中,吸纳力指通过交通基础设施建设发展以保障公民通行权、提供基本公共服务、增进民生福祉的能力;整合力指在交通基础设施领域统筹协调集权与分权、政府与市场、中央与地方、国有经济与民营经济、先富与后富等关系的能力;执行力指将国家根本制度、基本制度、重要制度以及交通基础设施领域自身的体制机制、法律法规安排等将目标转换为现实的能力。

推动交通基础设施高质量发展,需要提升交通基础设施领域治理体系和治理能力现代化水平。围绕推进国家治理体系和治理能力现代化,瞄准建设交通强国战略目标要求,坚持以人民为中心的发展思想,以全面深化改革和坚持创新发展为抓手,妥善处理好政府与市场、政府与社会以及中央与地方的关系,着力构建形成成熟规范、运行有效、公众参与、社会协同、法治保障的现代交通基础设施领域治理体系,推动交通基础设施领域治理逐步向法治、服务、社会本位转变。具体来讲,一是要以固根基、扬优势、补短板、强弱项为着力点强化制度形成力。坚定制度自信,稳固制度根基,厚植制度优势,补齐制度建设短板,增强能力建设弱项,推动交通基础设施领域制度优势更好转化为治理效能。二是要以持续深化的体制机制改革为关键点提升制度整合力。制度更加成熟更加定型是一个动态过程,提升交通基础设施领域治理能力,应持续推进交通基础设施领域体制机制改革,妥善处理交通基础设施领域中央与地方间、不同运输方式间、不同区域间、不同行业管理部门间的关系,着力提升制度的整合力,增强交通基础设施领域治理体系的稳定性与成熟度。三是要以加强系统治理、依法治理、源头治理和综合治理为抓手保证制度执行力。

第二节

强化交通基础设施领域政府治理

推动交通基础设施高质量发展,应围绕现代化政府治理体系建设,加强政府宏观规划调控管理,完善交通基础设施领域法律法规和标准制度体系,深化交通运输管理体制机制改革,加快推进法治政府和服务型政府建设。

一、构建强有力的规划引领顶层制度

规划引领是我国交通快速发展的宝贵经验。改革开放以来,我国交通基础设施发展取得的巨大成就,与顶层设计层面始终坚持规划引领密不可分。20世纪90年代末以来,我国先后制定实施了《国道主干线系统规划》《国家高速公路网规划》《中长期铁路网规划》《全国沿海港口布局规划》《综合交通网中长期发展规划》《国家高速公路网规划》《全国民用运输机场布局规划》《国家综合立体交通网规划纲要》等规划,初步构建形成了“战略-规划-行动方案”宏微观相结合、“中远期-近期-年度计划”长短相统一的规划体系。以交通强国战略为引导，统筹综合交通运输体系及分方式中长期发展，结合发展时序明确五年规划时期建设重点，并细化形成各年度滚动实施方案。同时，交通规划的内涵不断延伸，逐步由聚焦分方式发展逐步转向体系化、网络化整体发展规划，并立足新发展阶段，统筹交通与经济、社会与环境，进一步延伸至交通运输与经济社会融合发展领域。交通规划的形式也在不断丰富，逐步形成了“中央规划＋地方规划”“跨区域规划＋城市群规划＋城市规划＋农村规划”“综合规划＋行业分方式规划”等多种维度的规划细分。国家层面的规划统领，为优化交通基础设施布局、促进健康持续发展提供了强有力的指导。

交通基础设施高质量发展应始终坚持规划引领。推动交通基础设施建设发展，应始终坚持以规划引领为抓手，有效整合各方面力量，提升政府宏观管理能力，保持政策连续性和稳定性。以规划为统筹，突出各种方式的比较优势，推动方式间相互支撑、一体发展，从而避免因为分方式分阶段发展而引起重复建设，减少浪费；以规划为统筹，在综合交通运输体系“一盘棋”“一张网”建设推进中，多点开花，同时推进，精准布局，为我国在短时间内取得交通运输建设发展巨大成就奠定坚实基础；以规划为统筹，在持续高质量推进基础设施建设发展的同时，切实提升交通运输公共服务水平，丰富运输服务类型，并持续优化提升运输装备竞争力研发力，构建完备丰富的综合交通运输供给结构，确保交通运输建设发展成果真正转化为人民“获得感”“成就感”“幸福感”。

加快构建形成高质量的交通基础设施规划体系。构建高质量的交通基础设施规划体系是持续推动交通基础设施高质量发展的重要保障。未来应以交通基础设施领域各维度专项规划为主体，以国民经济社会关联领域各类规划衔接为支撑，加快构建形成定位准确、边界清晰、功能互补、统一衔接的交通基础设施规划体系。一是要进一步完善交通基础设施系统规划。加强综合交通与各方式间、不同地理空间尺度间、中央与地方间的交通基础设施规划有效衔接和相互支撑促进，使交通基础设施领域各类规划形成一个有机整体。二是要统筹推进交通与能源、水利、信息、市政等基础设施规划建设，共同研究编制现代基础设施体系高质量发展规划。充分发挥规划在政府宏观调控和行业治理中的战略导向作用，强化交通基础设施规划与国民经济社会发展规划、国土空间总体规划和土地、生态、环保、文物等专项规划,以及城市总体规划等各层级相关规划的有机衔接。完善交通运输与国土空间开发、城乡建设、生态环境保护等政策协商机制,推进多规融合,提高政策统一性、规则一致性和执行协同性。三是要建立健全规划实施机制。强化规划的权威性、科学性、延续性和有效性,加强规划监督实施。从国情出发,坚持问题导向、目标导向和结果导向相统一,按照系统集成、协同高效要求纵深推进,在规划的精准实施、精准落实上下足功夫。加大督促落实力度,将规划各项政策举措抓实抓细抓出成效。认真研究和妥善解决交通发展中遇到的新情况新问题,对一些重大政策措施做好试点工作,积极稳妥推进规划实施。

二、完善交通基础设施宏观调控体系

重塑交通基础设施领域政府和市场关系。在充分发挥市场的决定性作用基础上,明确政府行政管理的职责和边界,更好发挥交通职能部门的政策规划、事中事后、促进竞争、市场监管、社会管理、公共服务、生态环保等方面作用,加快推动政府管理重心由注重市场准入转向市场秩序维护,消除限制市场竞争的垄断性行为,整合优化监管职能,建立跨地域、跨行业的综合监管体系,完善投资、土地、资金、环保、行政等政策体系,形成政策合力。深化"放管服"改革,精准、协同、有序放权,大幅减少行政审批和全面清理规范行政许可。完善"一件事"全周期服务机制,为各类企业参与交通运输发展营造稳定、公平、透明、可预期的良好环境。全面落实公平竞争审查制度,建立健全竞争政策实施机制,强化竞争政策基础地位,打破不合理行政垄断、阻碍竞争的垄断性行为,在铁路、公路、水路的竞争性环节引入适度竞争。全面实施市场准入负面清单制度,定期评估、排查、清理各类显性和隐性壁垒。

强化政府聚焦公益性领域和公益性服务。优化调整政府财政性资金支出结构,加大交通领域中央对地方一般转移支付力度。对于收费公路、铁路、沿海港口等具备一定盈利性的领域,应逐步减少政府投资比例;政府投资向农村公路、普通国省道、内河航道、城市轨道交通和公共交通枢纽港站等无收益、低收益的公益性领域集中。完善采购、外包、补贴等交通运输领域政府购买公共服务相关政策，加大对公共服务(特别是农村基本公共服务)的财政支出倾斜力度。有序推进公路养护市场化进程，实现养护管理与养护生产分离。加强交通基础设施建设运营和载运工具排放对空气、土壤、水带来污染的治理。以行业协会、商会与政府脱钩为契机，发挥好行业协会、商会统计监测、行业调查、企业协调等作用，有序实施部分政府职能向行业协会商会转移。充分依托国家和民间智库的智力支持，不断提升治理决策水平。

建立健全多元化、精准化的宏观调控体系。精细化综合运用投资、财税、金融、监管、土地、价格等交通运输领域政府宏观调控方式，主动预调微调，加大逆周期调节力度。引导各城市避免均打造运输方式齐全的综合交通运输体系，应宜铁则铁、宜公则公、宜水则水、宜空则空，进一步推进公路与铁路、收费公路与普通公路互动发展机制，以及干线公路与城市道路统筹管理体制的完善。发挥好交通投资应对外部经济冲击的关键作用，以精准补短板为导向，从“大水漫灌”转向“精准滴灌”，通过构建央地间、部门间、政企间等多维度协作机制，做好近期、中期、远期项目储备。强化“一带一路”等对外交通基础设施项目政企合作，建立政府、工程企业、政策性银行、国有商业银行“国家队”机制。

三、全面深入推进交通运输法治建设

完善交通基础设施领域法律法规和标准体系。聚焦交通基础设施领域存在的矛盾问题，按照高质量发展要求及时修订和出台相关法律法规。推动综合交通等重点立法项目制定修订进程，促进不同运输方式法律制度的有效衔接，完善综合交通法规体系。积极推动《中华人民共和国铁路法》《中华人民共和国公路法》《中华人民共和国港口法》《中华人民共和国民用航空法》《中华人民共和国收费公路管理条例》等法律法规修订工作。建立健全交通基础设施技术标准规范体系，加快制定完善枢纽换乘、轨道交通土地开发、低空空域、交通信息化智能化、运输服务新业态等技术标准，加强大数据、物联网、人工智能、区块链等与交通融合发展的技术标准研究。探索试点弹性建设标准，在高速公路、国省干线部分项目试点弹性车道数建设标准，适当降低中小机场配套设施建设标准要求。强化各类标准衔接协调，构建符合高质量发展的标准体系。健全纵横协同联动机制，统筹协调各领域、各部门、各单位，围绕统计监测、跟踪分析、考核监督等方面，提高基础数据采集能力，加快构建科学有效的交通运输发展评估机制。健全针对新业态新领域和融合发展业态的统计指标体系，依托业务管理与服务系统，完善统计指标加工机制。

健全交通基础设施领域依法决策机制。政府治理始于决策，决策的科学化和民主化需要法治化的保障，通过建立健全交通基础设施领域依法决策的规章制度，保障决策程序法律规范，为科学决策、民主决策提供基本的法律依据，同时提高领导干部对重大事项的决策能力，实现依法决策、科学决策和民主决策的统一。一是建立健全重大事项依法决策的规章制度。交通基础设施领域要建立可操作性强、行之有效的重大事项依法决策机制，必须建立健全重大事项依法决策的规章制度，明确重大事项决策的主体要求、具体内容、方式方法、法定程序，依法开展公众参与、专家论证、风险评估、合法性审查、集体讨论决定。二是切实提高领导干部依法行政和依法决策的能力，使其自觉并善于运用法治思维和法治方式化解社会矛盾。三是细化重大决策终身责任追究制度及责任倒查机制。交通基础设施领域相关行政工作人员要切实提高依法决策的责任意识，担负起本地区本部门法治建设的首要责任。要加强法治建设尤其是依法决策考核工作，将其作为衡量各级干部工作实绩的重要依据，纳入政绩考核指标体系，使依法决策真正成为建设法治政府的硬标准和硬要求。

强化法律法规的实施和监督。加强法律法规在具体实施过程中的评估环节，全面把握法律法规实施的效果和存在问题，建立反馈和修正机制。完善执法程序，规范自由裁量权，做到严格规范公正文明执法，同时加强对法律法规实施过程的监督，针对法律法规执行过程中的政府越位、错位和缺位现象，通过严格的司法监督、广泛的民主参与、普遍的舆论监督等多种形式，使权力在阳光下运行。建立健全交通执法监督、制约机制。严格实施交通行政执法责任制，层层签订责任书，严格依法行政，做到执法权限法定化、执法内容标准化、执法程序合法化、执法制度规范化、执法监督经常化、执法管理制度化。真正落实交通行政执法错案追究制度、重大行政处罚决定备案审查制度、行政听证制度、行政执法检查制度等一系列制度。

四、完善交通运输行政管理体制机制

深化交通运输领域"大部制"改革。参考发达国家交通领域行政管理典型架构(详见表9.1),在统筹发展铁路、公路、水路、民航、管道等各种运输方式基础上,探索推动交通与能源、通信、水利、城市等其他领域基础设施协调发展。处理好"大集中"与"小分散"的关系,既要加强发展总体协调性,又要保持各交通方式发展的相对独立性和积极性。积极推动交通基础设施发展由管理行政向服务行政转变,促使以规划、审批为主要特点的交通行政管理模式尽快转向政策管理,提升调控能力和水平。合并业务相近或相关性强的部门,使职能划分逐步向决策、执行、监督三者相互独立、相互协调演进,指导省级层面综合交通运输体系管理体制改革。

发达国家交通领域行政管理典型架构 表9.1

体制模式	典型发达国家	架构概述
"大交通":各运输方式统一管理的综合交通管理体制	美国	1967年组建交通部,下辖联邦航空、铁路、公路、运输等国家局,内设机构更注重政策规划职能。各州机构相对独立
	英国	1976年从环境、运输与地方事务部独立出来后组建交通部,下辖车辆标准局、高速公路局等国家局,内设机构更注重政策规划职能,并成立民航局、综合交通委员会等非政府机构和其他执行机构
"大部制":各运输方式统一管理,且交通与国土、建设、能源等相关职能合并管理体制	日本	2001年日本重组运输省、建设省、国土厅等为国土交通省,在内阁中规模最大,辖本省和外局,交通行业管理和政策规划大多是通过本省执行的,外局主要以海上职能为主。日本拥有世界上最大的交通"大部制"之一,且组织结构出现扁平化趋向
	德国	1998年联邦交通部、建设与住房部合并,2005年更名交通、建设与城市发展部,交通行业管理和政策规划都是通过内设司局执行的,同时半官方的交通运输协会也发挥了很大的作用

续上表

体制模式	典型发达国家	架构概述
“大部制”:各运输方式统一管理,且交通与国土、建设、能源等相关职能合并管理体制	法国	2013 年法国交通部重组为生态、可持续发展和能源部,更侧重于生态和能源职能,辖基础设施、运输与海洋总局

资料来源:作者根据相关资料整理。

完善交通基础设施跨部门协调机制。在基本完成“大部制”改革基础上,进一步完善交通基础设施跨部门协调管理体制,以联席会议等形式建立交通基础设施重大工程、重大事项协调和督办机制。按需成立临时协调机构,重点协调重大项目建设、枢纽管理、建设用地、军民融合等事项。建立枢纽内各部门、各运输企业间的沟通协调机制,确保干线运输方式与集疏运方式的沟通协调顺畅,试点若干枢纽建设运营管理体制改革示范。对于港航码头、过江通道、支线机场、城市交通人防设施等交通基础设施资源,吸收空中交通管理经验,建立“战时军用、平时民用,平战结合”的管养、运营和调度机制。

推动跨行政区交通一体化管理体制改革。构建省际市际战略决策、沟通协调、合作运行等机制。在长三角、京津冀、广东省等具备条件的区域,以协作区等为优先载体,以城际铁路、私家车管理等为重点领域,发挥强强联合优势,探索跨省、跨市交通协同管理机制,激发协同合作内生动力,更好发挥对区域一体化发展支撑带动作用。以宁波舟山港、津冀港口群等为重点,有序完善区域港口一体化体制机制,探索不同类型港口一体化路径。在公交都市建设中试点“一城一交”管理体制,以城乡公交一体化为先导,加强城乡交通运输规划衔接,深化城乡交通一体化改革。

第三节

推进交通基础设施投融资领域改革

健康可持续的交通基础设施投融资体制机制是推动交通基础设施高质量发展的重要保障。未来,应按照推进国家治理体系和治理能力现代化的要求,从充分发挥中央和地方两个积极性以及厘清政府和市场关系入手,以推进财税体制改革与市场化改革为契机,持续深化交通基础设施领域投融资体制机制改革,着力构建"政府主导、分级负责、多元筹资、风险可控"的资金保障和运行机制,建立健全适应交通基础设施高质量发展需要的新型投融资体系。

一、理顺中央和地方财权与支出责任

财政是国家治理的基础和重要支柱。交通基础设施领域建立权责清晰、财力协调、区域均衡的中央和地方财政关系,形成稳定的各级政府事权、支出责任和财力相适应的制度,是构建职责明确、依法行政的政府治理体系的重要内容,也是深化交通基础设施投融资体制机制改革的重要前提。目前,我国交通运输领域根据《国务院关于推进中央与地方财政事权和支出责任划分改革的指导意见》(国发〔2016〕49 号)对公路、水路、铁路、民航、邮政、综合交通等六个方面的中央与地方财政事权和支出责任进行了划分。但是,交通基础设施领域各级政府的事权和支出责任的匹配并非一成不变,而是需要根据实际情况适时进行调整,以求取二者在各级主体间的动态平衡。按照国家建立完善事权和支出责任相适应的制度要求,结合《交通强国建设纲要》《国家综合立体交通网规划纲要》等最新要求,研究修订《交通运输领域中央与地方财政事权和支出责任划分改革方案》,进一步明确新型交通基础设施、交通运输节能减排、城市轨道交通等领域中央事权与支出责任。同时,积极推动

交通领域省以下政府间财政事权和支出责任划分改革,进一步优化省内横向、纵向财力分配格局,积极下沉财力,推动财力向农村交通建设、普通公路养护和管理等倾斜。

二、完善交通领域财政资金保障制度

充分发挥财政支撑引导和保障作用,坚持财政保基本、使用者付费的原则,进一步厘清交通基础设施领域有为政府与有效市场的作用边界,把握好财政投入的方向、力度和节奏,加快构建形成精准有效、可持续的财政资金保障制度。

健全交通基础设施财政投入保障机制。目前,我国交通基础设施领域中央财政资金主要有:车辆购置税收入补助地方资金(以下简称车购税资金)、成品油税费改革转移支付、政府还贷二级公路取消收费后补助资金、中央预算内投资、铁路建设基金、民航发展基金等。推动交通基础设施高质量发展,需要稳定的资金来源和持续投入作保障。考虑当前交通基础设施领域财政投入存在的突出问题和未来我国财税体制改革方向,未来我国交通基础设施领域财政投入政策导向将会在“稳”字上下功夫。一是通过对交通运输领域能源结构调整、消费市场结构调整趋势和规律的预研预判,及时调整完善交通运输领域相关财政政策,合理确定车购税资金、成品油税费改革转移支付等转移支付资金规模。二是探索推动车购税、成品油税费改革。在新能源汽车快速发展和税收减免政策延续的影响下,车购税、燃油税征收规模可能萎缩,建议进一步完善车购税和成品油税费改革,研究开征里程税。三是积极推动收费公路政策改革创新,探索实行长周期、低费率的政策,保证收费公路有稳定的现金流收入,能够回报投入、支撑养护,形成优质资产,也能够吸引更多社会资本集聚。研究授权地方政府根据实际建设成本、自身财力状况以及收费公路运营情况来设定收费期限。完善收费公路专项债券制度,探索发行与项目期限相匹配的长期专项债券,或根据收费期限分阶段发行专项债券。

表 9.2 为 2016—2022 年我国交通基础设施领域中央财政资金投入情况。

2016—2022 年我国交通基础设施领域中央财政资金投入情况(单位:亿元) 表 9.2

项目类型					2016 年	2017 年	2018 年	2019 年	2020 年	2021 年	2022 年
一般公共预算支出	中央本级支出	交通运输支出	合计		812.12	1156.42	1313.71	1422.32	1165.93	821.64	634.71
			公路水路运输	合计	159.52	131.87	176.12	136.15	107.12	97.83	178.49
				其中:公路建设	0.52	0.84	2.87	2.72	0.4	0.32	—
				公路养护	—	—	4.52	4.52	4.69	8.7	—
				港口设施	0.5	—	—			—	50.1
				航道维护	32.37	22.05	25.16	28.87	16.92	13.06	31.18
			铁路运输	合计	341.18	718.88	798.32	982.05	747.66	532.05	411.37
				其中:铁路路网建设	100	325	340	483	304.66	47.07	394.99
			民用航空运输	合计	33.86	34.21	59.59	22.6	16.34	47.44	30.7
				其中:机场建设	0.8	0.34	36.96	2.5	3.58	—	12.26
				空管系统建设	10.49	8.15	0.18	-0.29	0.83	0.3	6.72
			车辆购置税支出	合计	199.1	193.25	194.81	200.25	221.17	93.62	5.36
				其中:用于公路等基础设施建设	45.02	38.9	37.92	46.58	62.18	25.54	5.36
				用于农村公路建设	4.1	4.4	6.51	3.67	8.99	2.24	—

续上表

项目类型				2016 年	2017 年	2018 年	2019 年	2020 年	2021 年	2022 年
一般公共预算支出	中央对地方转移支付	一般性转移支付	车辆购置税收入补助地方资金	—	—	—	3401.38	3015.41	3260	3546.3
			政府还贷二级公路取消收费后补助资金	—	—	—	300	260	196.5	200
			成品油税费改革转移支付	770	693.04	693.04	693.04	693	693.04	693.04
			城市公交车成品油补贴	—	—	—	123.62	15.24	—	—
		专项转移支付#	车辆购置税专项转移支付资金	2030.87	2781.95	3006.43	—	—	—	—
			政府还贷二级公路取消收费后补助资金	298.97	300	296.09	—	—	—	—
			城市公交车成品油补贴	—	158.8	159.96	—	—	—	—
中央政府性基金支出	中央本级支出	交通运输支出		299.65	309.79	368.55	483.53	280.78	436.98	492.22
	中央对地方转移支付	交通中央基建投资		72.06	62.14	71.61	89.13	267.22	172.81	187.86
	铁路建设基金支出	合计		394.04	420.07	565.34	554.9	513.46	536.45	744.24
		中央本级支出	合计	394.04	420.07	565.34	554.9	513.46	536.45	744.24
			其中:铁路还贷	394.11	420.07	565.34	554.9	513.46	536.45	744.24
	民航发展基金支出	合计		305.63	307.19	477.95	407.18	290.87	264.65	151.88
		中央本级支出	合计	118.66	105.83	212.26	120.46	122.59	110.65	101.28
			其中:机场建设	30.71	6.84	93.18	30.93	10.91	20.58	36.28

续上表

项目类型				2016 年	2017 年	2018 年	2019 年	2020 年	2021 年	2022 年
中央政府性基金支出	民航发展基金支出	中央本级支出	空管系统建设	7.38	23.7	43.44	49.43	32.77	28.8	13.79
		对地方转移支付(合计)		186.97	201.36	265.69	286.72	168.28	158.07	50.6
	港口建设费相关支出	合计		157.36	82.84	191.05	186.07	76.82	—	—
		中央本级支出	合计	68.7	57.74	58.73	77.91	33.14	—	—
			其中：航道建设和维护	27.15	25.2	17.13	28.35	21.76	—	—
		对地方转移支付(合计)		88.66	125.1	132.32	108.16	43.68	—	—
	从一般公共预算调入资金*(合计)			—	—	—	—	—	90	—
交通基础设施建设中央财政资金投入(合计)				2329.6	3753.49	4024.78	4620.93	4009.49	4084.64	4745.88
交通基础设施建设和养护中央财政资金投入(合计)				3276.94	4629.972	4904.982	5508.752	4845.5	4857.332	5531.492
交通运输领域中央财政资金投入(合计)				4370.7	6210.1	7072.12	7572.04	6311.51	6209.26	6462.39
中央财政资金用于交通基础设施建设投入占用于交通运输领域总投入的比例(%)				53.30	60.44	56.91	61.03	63.53	65.78	73.44
中央财政资金用于交通基础设施建设养护投入占用于交通运输领域总投入的比例(%)				74.98	74.56	69.36	72.75	76.77	78.23	85.60

注:(1)数据来源:作者根据财政部历年预决算公开资料整理;

(2)#2019 年起车辆购置税专项转移支付资金、政府还贷二级公路取消收费后补助资金、城市公交车成品油补贴等纳入一般转移支付预决算管理;

(3)*反映 2021 年港口建设费取消后为支持重大急需水运建设发展项目从一般公共预算调入的用于解决相关经费缺口的资金,2022 年起沿海港口公共基础设施建设支出纳入车辆购置税收入补助地方资金支出范围。

优化交通基础设施财政资金支出结构。加强中央财政资金统筹使用和管理,进一步优化车购税资金、成品油税费改革转移支付、中央预算内投资等中央财政资金的支出结构。一方面,积极推动扩大中央财政资金在交通基础设施领域的支出范围。一是坚持可持续发展,在继续支持交通运输基础设施建设的同时,更加突出对基础设施养护的支持引导。二是坚持融合发展,更加突出交通与产业的融合,支持融合型新型交通基础设施建设、养护和管理。三坚持一体化发展,在继续支持铁路、公路、民航、水运、邮政等交通网络设施补短板强弱项的同时,更加突出对综合客运枢纽、综合货运枢纽、国家邮政快递枢纽等综合交通枢纽体系建设的支持引导。四坚持绿色低碳发展,更加突出对交通运输领域资源节约集约利用、节能减排的支持引导,加强绿色交通基础设施建设。五是坚持创新驱动发展,更加突出对智慧交通的支持引导,推动大数据、人工智能、区块链等新技术在交通基础设施领域广泛应用。另一方面,提高既有财政资金用于公益性、兜底性交通基础设施建设、养护和管理。譬如,提高车购税用于普通国道建设的比例,加大中央交通专项资金向中西部地区倾斜力度等。

三、鼓励采用多元化市场融资方式

积极拓宽融资渠道,充分发挥市场在资源配置中的决定性作用,鼓励和广泛吸引社会资本参与交通运输基础设施项目建设、管理和运营;更好发挥政府作用,调动社会各界、各领域参与交通基础设施投资建设的积极性。

更好发挥财政引导作用,调动各方积极性。有序推进交通基础设施竞争性领域市场化改革,鼓励符合条件的交通投资建设企业发行企业债券、公司债券,创新使用资产证券化、基础设施领域不动产投资信托基金等金融工具。推动公共财政进一步聚焦“公共服务”领域,鼓励社会资本通过政府和社会资本合作(PPP)模式参与具有一定收益的交通基础设施项目投资、建设、运营和维护等全周期管理。

以股权投资和相关领域率先吸引民营资本进入。交通基础设施引入民营资本有直接投资(固定资产投资)和间接投资(股权投资)两种形式。民营企业对于交通建设运营经验不足,短期内可以股权投资为主,以及拓展更适合民营企业参与的交通相关领域。一是推进民营企业参股、控股交通运输国有企业，创新民营企业参与的混合所有制方式，鼓励交叉持股、债转股、股票期权等方式。二是引入民营资本参与枢纽综合开发的商业、办公、住宅等领域。三是加快高速公路服务区功能拓展，引导民营资本参与旅游、商业、餐饮等功能建设。四是推动交通旅游一体化建设，在旅游景区、海岛开发等领域整体引入民营资本。

分门别类推进各种运输方式引入民营资本。铁路领域要明确国家铁路集团在参与政府与社会资本合作项目中的职能定位，更好发挥国家铁路局的监管作用，明确执行社会知悉的清算规则，防止侵害民营资本等社会资本的利益。收费公路领域推广现有较成熟的建设-经营-转让（BOT）等政府和社会资本合作（PPP）模式经验，完善政府补贴算法。农村公路领域吸引民营资本赞助建设养护资金并给予冠名权等广告权益或景观开发特许经营权，探索收费公路与非收费公路捆绑建设模式。机场领域完善部分或全部经营权转让、移交-经营-移交（TOT）等存量转让模式，引导物流企业投资建设货运功能为主的运输机场。城市轨道交通领域推广与港铁合作经验，不断探索在商业、地产等领域反哺资金的经验，注重与新型基础设施的合作、合并开发。

提升直接融资比例，规范交通债务融资市场。合理丰富交通运输专项债券品种，用好专项债券可作为一定比例项目资本金政策，支持有一定收益但难以商业化合规融资的交通重大公益性项目，通过“债贷组合”进一步满足项目融资需求。对没有收益的交通重大项目，引导通过统筹交通专项资金、财政预算资金和地方政府一般债券予以支持；对有一定收益且收益全部属于政府性基金收入的交通重大项目，引导由地方政府发行专项债券融资；收益兼有政府性基金收入和其他经营性专项收入，鼓励由有关项目业主单位根据自身情况向金融机构进行市场化融资。支持交通运输领域企业债、公司债、项目债等发行，丰富交通运输专项债券品种，延长债券期限，更好匹配交通基础设施特点和生命周期。充分发挥亚洲基础设施投资银行、丝路基金等国际金融机构的作用，吸引新开发银行、国际货币基金组织、亚洲开发银行等多边机构融资。调整和完善交通投资项目资本金比例制度，适时调整车购税、成品油消费税、铁路发展基金、民航发展基金等专项基金政策。研究设立用于现代综合交通运输体系建设的政府投资基金,鼓励以社会资本为主发起成立交通运输产业基金。

盘活既有交通资源,增强存量资产的融资功能。发挥好资产证券化的较长周期、股权投资、降低杠杆、收益稳定等特性,提高交通项目直接融资比例。对于项目边界清晰、回报机制明确的存量交通项目,优先开展不动产投资信托基金(REITs)试点。采用资产证券化方式盘活现金流稳定的存量交通项目。稳步扩大交通基础设施在债券市场规模,支持交通运输领域企业债、公司债、项目债等发行,争取延长债券期限,更好匹配交通基础设施特点和生命周期。探索建立城市轨道交通周边土地溢价税费回收机制,结合现有税种,重点针对住宅且与商业物业分类征收。

专栏 9.1 不动产投资信托基金(REITs)

2020 年 4 月,中国证监会、国家发展改革委发布《关于推进基础设施领域不动产投资信托基金(REITs)试点相关工作的通知》(证监发〔2020〕40 号),这是官方第一次发布关于 REITs 的完整鼓励发展政策。

基础设施领域发行不动产投资信托基金(Real Estate Investment Frust, REITs)是将基础设施项目股权进行证券化,并上市发行的过程,其实质是基础设施项目资产的上市。REITs 能有效盘活存量资产,形成良性投资循环,提升直接融资比例,降低企业杠杆率。作为中等收益、中等风险的金融工具,REITs 具有流动性高、收益稳定、安全性强等特点,有利于丰富资本市场投资品种,拓宽社会资本投资渠道。

根据相关研究成果,我国已形成基础设施存量资产近百万亿。而一般情况下,基础设施存量资产至少能将 60% 的资产盘活为现金。政策明确提出,优先长三角等重点区域试点,试点项目应集中于仓储物流、收费公路等基础设施和新型基础设施补短板的优质项目。

——作者根据互联网资料整理。

四、重塑投资融资联动的资金运转体系

推动交通基础设施全周期投融资一体化。统筹考虑项目近中长期效益收益和反哺机制，推进交通基础设施各领域、各环节全生命周期协同联动。从交通项目“重建设、轻运营”转向规划、设计、建设、运营、开发等全周期统筹，从根本上提升资金使用效率，有效防范债务风险。以土地作为交通运输全周期运转的载体，做好土地预留、变性、规划等工作，试行交通枢纽土地分层供应与周边土地储备制度。实施差异化的土地综合开发政策，鼓励地价较高地区实施交通运输与配套商业办公高密度、高强度开发，通过与商业办公资源运营的长效合作机制平衡交通运输设施长期运营收益，建立联动开发盈利反哺机制。鼓励交通融资平台在政府支持下向项目运营和商业开发延伸，实现全周期运转。鼓励工程企业业务向运维端延伸，推进交通融资平台在全周期运转下转型发展。

强化交通基础设施投资管理效率与公平。加强中央预算内投资、民航发展基金等交通专项资金和车购税的精细化管理，转移支付应按实际的事权与支出责任划分确定项目在省市县的留成比例，并允许地方在年度计划项目内对交通各专项资金统筹安排和平衡使用，提高资金使用效率。以实际需求为导向，严格执行机场航站楼、铁路场站等建设规模标准，杜绝大站房、大广场、豪华装修等投资浪费，对建成规模远超实际需求的项目业主单位通过通报批评、典型案例等措施予以联合惩戒。加强立项阶段工程造价的估算和概算控制，研究推动设计费与工程造价脱钩，积极推行限额设计费，严格施工预算管理。科学主动引导社会资本（特别是全国社保基金、保险机构等中长期资本）和民间资本全面参与交通项目，建立效益高项目与无收益项目的搭配机制，形成竞争有序、充满活力的政府和社会资本合作环境。充分考虑不同类型交通运输项目公益性、经营性的差别及所处外部环境，灵活采用特许经营、使用者付费、政府付费等形式由企业按照政府规划要求实施统一建设运营。对央企、国企、民企投资参与交通项目一视同仁，在招标门槛、资质认定、借贷利率等方面进一步打破对民营资本的“弹簧门”“玻璃门”，在民营资本参与上提供更多项目匹配、贷款找寻等帮助。政府和社会资本合作（PPP）项目杜绝通过约定回购投资本金、承诺保底

收益等方式违法违规变相增加地方政府隐性债务，严防增加地方政府债务风险。

塑造公平竞争、公开透明的投融资市场环境。随着“放管服”改革进入纵深，直接的进入壁垒越来越少，对民营资本和外商资本的“玻璃门”“旋转门”等间接壁垒逐渐显现。确立民营资本和国有资本间的平等市场竞争地位，降低交通项目过高的技术门槛、资产门槛和税费负担，避免提出过往业绩唯一性原则以及不合理排他性技术资质和过高的总资产、净资产、资产负债率等指标要求，以防止产生“马太效应”。降低参与交通项目的民营企业税费负担，在企业所得税、增值税、社保费等支出享受与国企同等政策，清理和精简涉企收费。拓宽民营企业参与交通项目的融资渠道，在银行贷款上提供更多协助。在政府采购、补贴分配等方面适当向民营企业倾斜，纠正交通项目上拖欠民营企业款项的行为。

第四节

推动交通基础设施领域市场化改革

推动交通基础设施高质量发展，应围绕现代化经济体系和高标准市场体系建设，充分发挥市场在资源配置中的决定性作用，深入推进交通基础设施领域市场化改革，推进交通基础设施领域治理体系和治理能力现代化。

一、深化交通领域现代企业制度改革

培育交通综合投资主体。建立产权清晰、权责明确、政企分开、管理科学的现代企业制度，优化交通国有企业法人治理结构，实现所有权和经营权、收益权分离。以资本为纽带，支持轨道交通、航空、交通建筑、智慧交通等领域重点企业做优做强，鼓励产业链较长的头部企业开展跨地区、跨行业、跨所有制的联合兼并和控股参股，实现交通基础设施规模化、多元化、品牌化经营。鼓励交通融

资平台在政府支持下向项目运营和商业开发延伸，实现全周期运转。

深化国铁企业制度改革。持续推动国铁集团公司制、股份制改革，优先在铁路局集团及三级子公司推动国铁混合所有制改革，引入战略投资者，推进国铁市场化债转股，推动优质铁路资产股改上市，有效防范铁路债务风险。有效盘活国铁闲置土地，通过独立开发、联合开发、出让等市场化方式提升效益。促进铁路运输业务市场主体多元化和适度竞争。

推动其他重点交通企业制度改革。逐步推动各省高速公路管理局转企，成为自主经营、自负盈亏、自担风险、自我发展的市场主体，划定好政府还贷公路和经营性公路界限。处理好港口一体化进程中的企业直接合并、兼并收购、股权划转等问题，保障职工基本权益，维护社会基本稳定。实现邮政普遍性服务业务与竞争性业务分业经营，实行公益性服务补偿制度。

二、推进交通基础设施要素市场化改革

推进土地市场化集约化供应。进一步简化进入国家规划项目用地程序，推动实行“多评合一”“多审合一”“多验合一”。以交通基础设施为牵引，在交通与能源、交通与水利、交通与通信等领域鼓励集约利用线位廊道，通过综合管廊、地下空间一体化、电网铺设、通航防洪等建设推进共用建设用地，提升交通基础设施占地集约化水平。试点部分地区地上、地面、地下土地分层出让，建立交通枢纽周边土地储备制度，探索建立土地溢价税费回收机制。

加快发展技术与数据要素市场。促进技术要素与资本要素融合发展，鼓励金融机构采用知识产权质押、预期收益质押等融资方式，为促进交通技术转移转化提供更多金融产品服务。建立综合交通出行信息服务平台，推进政府数据开放共享，加快各部门涉及交通运输数据共享交换，研究建立城市交通等公共数据开放和数据资源有效流动的制度规范。借助协会商会等力量，推动人工智能、车联网、物联网等领域数据采集标准化。探索建立统一规范的数据管理制度，提高数据质量和规范性，丰富数据产品。制定数据隐私保护制度和安全审查制度，加强对政务数据、企业商业秘密

和个人数据的保护。

加强交通运输人才队伍建设。优化人才队伍结构,加强跨学科科研队伍建设,造就一批有影响力的交通科技领军人才和创新团队。弘扬劳模精神、工匠精神,完善人才引进、培养、使用、评价、流动、激励体制机制和以社会主义核心价值观引领行业文化建设的治理机制。加强创新型、应用型、技能型人才培养,建设忠诚干净有担当的高素质干部队伍,造就一支素质优良的劳动者大军。适应交通与各领域跨界融合发展趋势,建立健全科学规范的选人用人、教育培训、轮岗交流、考核评价和奖惩机制,加快人才跨界交流。完善专业技术技能评价制度,创新评价标准,推进社会化职称评审,保障非公有制经济组织、社会组织、自由职业专业技术人员职称申报渠道的通畅。加强交通领域高校和高校交通运输专业交叉学科建设和人才培养,鼓励高校推进院士工作站和博士后科研工作站建设,扶持有需求的企业建设科技孵化器、技能大师工作室和大学生实习实践基地。加快组织优选企业开展技能培训,大力弘扬工匠精神,统筹适应各类运输服务场景的各类服务人员培训。发挥税收优惠、办理落户、住房补贴等鼓励政策作用,保持海外科学家来华工作通道的通畅。

三、推进交通基础设施运行市场化改革

深化铁路行业改革,促进铁路运输业务经营主体多元化和适度竞争,在有条件的地区推进城际铁路、市域(郊)铁路等“网运分离”和“多网融合”发展试点,盘活铁路枢纽周边土地资源,鼓励轨道交通站点上盖物业及周边土地联动开发,建立公开透明、公平合理的铁路清算和分配规则,支持有条件的铁路公司上市,稳步降低铁路负债水平。推进空域管理体制改革,加快开放低空空域,构建市场化导向的航线和时刻资源配置机制,有序推进航油航材市场化供应。推动枢纽管理体制改革试点,鼓励多样化枢纽开发模式。推进邮政普遍性服务业务与竞争性业务分业经营。逐步放开公路、水路、民航、邮政等领域竞争性环节价格管制,加强政府定价成本监审工作,对竞争性服务收费实行市场调节,更好发挥价格杠杆的供需调节作用。推动铁路清算、铁路杂费、公路客运、巡游出

租、航线补贴等重点运输领域价格市场化。

四、推动交通基础设施建管养运一体化

推动交通基础设施各领域、各环节协同创新，提升交通基础设施全生命周期管理能力，着力建立健全权责一致的建管养运一体化协调机制。补足交通基础设施养护短板，研究组建专业化交通设施管养服务机构，统筹既有资金渠道，加大资金支持力度。以普通国省道和农村公路为重点，健全普通国省道、农村公路可持续发展长效机制，推广"路长制"管理模式。有序推进公路养护市场化进程，推行农村公路建设和一定时期的养护捆绑、干线公路建设养护与农村公路捆绑等模式，采用给予冠名权、景观开发权等方式引导企业参与养护工作。

完善农村交通管理养护体制。强化省级统筹和政策引导，完善市级人民政府支持政策和养护资金补助机制，按照"县道县管、乡村道乡村管"的原则，建立健全农村公路管理养护责任制，大力推广县、乡、村三级路长制，建立"精干高效、专兼结合、以专为主"的管理体系。按照"有路必养、养必到位"的要求，将农村公路养护资金及管理机构运行经费和人员支出纳入一般公共财政预算，加大履职能力建设和管理养护投入力度。发挥乡村两级作用和农民群众积极性，按照"农民自愿、民主决策"的原则，采取一事一议、以工代赈等办法组织村道的管理养护工作。鼓励采用以奖代补等方式，推广将日常养护与应急抢通捆绑实施，并交由农民承包；鼓励农村集体经济组织和社会力量自主筹资筹劳参与农村公路管理养护工作。

第五节

推动交通基础设施领域开展社会治理

社会治理是推动交通基础设施高质量发展的重要动力。以建立健全交通安全、应急管理体系为突破口，强化个人、社会组织等力量参与交通基础设施领

域治理。充分发挥市民、基层社会组织、第三部门的能动作用，提高交通决策和交通基础设施建设的社会参与程度，拓宽公众参与交通治理的方式，推动交通基础设施领域治理从单一治理主体向多方参与治理转变。

一、健全交通安全管理体制机制

深化交通安全管理体制改革。一是推动形成强大的政府领导架构。工作层面上，推动地方政府搭建高位平台，建立健全交通安全委员会、省道路交通安全工作领导小组等工作协调机制，以政府为主导，确立目标考核，保障经费来源，以解决治理交通拥堵、停车难、出行难等“城市病”为突破口，统筹各职能部门齐抓共管，督促依法履行道路交通安全监督管理职责；制度层面上，及时完善地方性法规、政府规章，固化政府主导责任，明确要求各级人民政府建立健全道路交通安全责任制和交通安全工作协调机制，有效解决部门协调问题。

建立协调机制，提高综合治理能力。推动交通安全管理体制改革，需要督促各职能部门和相关单位主动担当，建立部门间的协调机制，提高综合治理合力。公安机关交通管理部门应当积极主动向党委、政府汇报，主动协调相关职能部门，在政府领导下开展各项交通安全管理工作，深化研究重点解决各类交通运输顽疾；主动承担并抓好交通安全委员会等平台的日常工作，积极汇报建议、协调各方、层次推进、督导落实，推动各职能部门及运输企业主体同步拓宽思路格局，破除行业壁垒，主动担当作为，实现资源共享，不断提升行业自律意识和能力，形成社会整体联动，共同提升交通安全综合治理能力。

全面提高交通安全管理水平。交通行为是影响交通安全的重要因素之一。一方面，完善交通行为安全管理制度，加大对交通违法行为的执法力度；另一方面，强化交通基础设施规范建设，加强对交通基础设施资源的有效管理和配置，有效减少交通安全事故。此外，加强交通信息化管理也是提高交通安全管理水平的重要举措。新时期亟待建立交通安全运行信息化管理系统，通过对交通运行过程中的各种车流情况进行实时监测，确保交通数据信息和交通信息资源互通共享,为交通运输管理模式创新创造良好的条件。

二、建立健全交通应急管理体系

提升交通领域的社会治理能力,建立健全交通应急管理体系,建立全过程应急管理和响应机制,提前科学谋划交通应急预案,切实提高我国交通领域面对突发事件的应急能力,有力地支持交通应急保障工作的开展。

深化交通应急管理体制改革。进一步完善顶层设计,建议由交通运输部组织国家铁路局、民航局、国家邮政局、中国国家铁路集团有限公司等有关司局和公司,对接国家卫健委、国家发展改革委、国家物资储备局及财政部等部门,就发挥交通运输业在国家应急管理体系中的作用进行沟通,从国家层面研究出台促进交通运输发挥应急管理作用的相关文件,明确各部门在国家应急管理体系中的定位、职责与分工,形成重大应急事件的联防联控工作机制和编写操作指南。

建立全过程应急管理响应机制。加强突发事件事前、事发、事中、事后全过程制度化建设,构建“统一指挥、反应灵敏、协调有序、运转高效”的应急管理和响应机制。建立健全应急物流体系,充分利用国家储备资源及社会物流资源,规划应急物资供需匹配、站场存储和调拨配送空间布局,加强应急物流基地和配送中心建设。同时,建立中央和地方联动的应急物资管理信息系统,以便能够快速满足包括重大疫情在内的应急物资需求。

提前科学筹谋交通应急预案。交通应急预案体系是指由国家交通突发事件应急预案序列、各级政府交通部门应急预案序列、各级企事业单位和社会基层组织制定的应急预案序列构成的有内在联系的预案网络。应急预案的制订必须在国家总体应急预案的指导和支持下,通过建立健全各类相关的法律法规,为各地各级政府与交通行业管理部门在应急处置中各类常规与非常规处置措施的快速决策与有效执行提供相关的法律依据,并以此为依托建立和完善负责事件处置的一线指挥与协调任务的常设机构,同时明确规定各个部门在应对突发公共事件时组织协调各方面的资源和能力的权限范围和移交程序。

三、扩大交通决策服务社会参与

提高交通决策的社会参与程度。遵循“有限政府”原则，尽可能地下放行政权力，将那些监管不了的、不该监管的项目、事项交给市场和社会公众。如开放与公众利益息息相关的、易出现公权寻租的领域，让社会公众参与到对交通违法的处罚、交通运输基础设施建设的行政审批，甚至是对交通运输管理人员的司法监督和问责工作中来，使参与交通运输基础设施建设的企业、负责交通运输管理工作的公职人员及负责对行政管理人员实施监督的司法监督机构都接受社会公众的监督、检验。保障公众在接受交通运输管理者法律规制的同时也能对其进行自下而上的投诉、建议，且不属于当事人的社会公众也能从侧面进行横向监督，形成所有主体共同参与的网络式监督关系，使得交通运输管理者做到有法可依、有法必依、执法必严、违法必究，加强交通运输管理的透明度，使公众利益得到维护、政府公信力随之提高。

建立交通运输决策社会参与的激励机制。一是创新行政考核制度，改变以往只强调效率的行政管理体系，以公众参与程度大小为变量，将民主和公平因素引入交通运输管理部门绩效考核中，对公众参与程度高的部门予以表彰和嘉奖，对过于封闭、公众开放性不足的部门予以警告和批评，从激励交通运输管理人员的角度间接提高公众参与交通运输决策的积极性。二是认真考虑公众参与交通运输管理工作的成本问题。学习相关法律法规和交通运输知识将耗费较多的时间成本，而以举报、信访及其他方式参与交通运输管理所花费的金钱、精力也构成了不可忽略的成本，这些都成了影响社会参与积极性的重要因素。因此，交通运输管理部门应建立完善的激励机制，包括精神激励和物质激励，直接嘉奖那些积极参与交通运输决策和管理的公民，如设置免费举报电话、对参与评估者登报表扬、对建言献策被采纳者给予现金奖励、对揭发重大违规行为者给予记功等。

创新交通运输决策社会参与的方式。参与决策的方式是社会公众实现决策诉求和参与监督管理的核心环节。参与方式的多元化是保障公众参与交通管理积极性的另一有效措施。为此,交通运输管理部门要积极了解社会公众对交通运输决策和监管方式的需求,积极拓展和创新一些新颖的参与方式,激发民众的参与积极性。近年来,伴随着网络技术和信息技术的发展,各种新媒介不断涌现,大大提高了信息传输的便捷性和有效性。智能手机已经普及到千家万户,绝大多数人都喜欢在手机浏览消息和发表建议,多数手机上安装有微信、QQ 等工具,这为公众参与交通运输决策、管理和监督提供了平台。交通管理部门要积极利用微信平台、电子政务、电视问政等方式,及时发布交通管理有关的各种消息,与社会公众进行信息交流,倾听社会公众的看法和建议。开设各种投诉热点、论坛等,提升公众参与交通决策和监管的效率。

本章参考文献

[1] 习近平. 高举中国特色社会主义伟大旗帜 为全面建设社会主义现代化国家而团结奋斗——在中国共产党第二十次全国代表大会上的报告[M]. 北京:人民出版社,2022.

[2] 中共中央关于全面深化改革若干重大问题的决定[M]. 北京:人民出版社,2013.

[3] 加快构建现代综合交通运输体系[M]//"学习贯彻习近平新时代中国特色社会主义经济思想 做好"十四五"规划编制和发展改革工作"系列丛书. 北京:中国计划出版社,中国市场出版社,2020.

[4] 交通运输部推进交通强国建设领导小组. 交通强国建设专项研究成果汇编[M]. 北京:人民交通出版社股份有限公司,2020.

[5] 交通运输部. 中国交通改革开放 40 年[M]. 北京:人民交通出版社股份有限公司,2018.

[6] 吴文化,向爱兵,等. 建党百年看中国交通运输发展(综合交通运输篇)[M] . 北京:经济科学出版社,2021.

[7] 臧雷振. 国家治理:研究方法与理论构建[M]. 北京:社会科学文献出版社,2016.

[8] 李连成,等. 交通运输治理体系现代化问题研究[R]. 国家发展改革委综合运输研究所基本业务课题,2018.

[9] 马德隆. 交通投融资——现实方位与路径转圜[M] . 北京:经济科学出版社,2021.

[10] 徐立乾. 公众参与政府交通运输管理问题研究[J]. 科技经济导刊,2016(36):258.

[11] 李连成,蒋中铭. 坚持和发挥制度优势,推进交通运输治理体系和治理能力现代化[J]. 中国发展观察, 2020(21):11,12-14.

[12] 中共中央关于坚持和完善中国特色社会主义制度 推进国家治理体系和治理能力现代化若干重大问题的决定[EB/OL]. (2019-11-05). http://www.gov.cn/zhengce/2019-11/05/content_5449023.htm.